中国社会科学院文库
国际问题研究系列
The Selected Works of CASS
International Studies

中国社会科学院创新工程学术出版资助项目

中国社会科学院文库·国际问题研究系列
The Selected Works of CASS · International Studies

权力结构与国家发展

国家兴衰的政治经济学

Power Structure and National Development

The Political Economy on Rise and Decline of Nations

高 波 / 著

社会科学文献出版社
SOCIAL SCIENCES ACADEMIC PRESS (CHINA)

《中国社会科学院文库》
出版说明

　　《中国社会科学院文库》（全称为《中国社会科学院重点研究课题成果文库》）是中国社会科学院组织出版的系列学术丛书。组织出版《中国社会科学院文库》，是我院进一步加强课题成果管理和学术成果出版的规范化、制度化建设的重要举措。

　　建院以来，我院广大科研人员坚持以马克思主义为指导，在中国特色社会主义理论和实践的双重探索中做出了重要贡献，在推进马克思主义理论创新、为建设中国特色社会主义提供智力支持和各学科基础建设方面，推出了大量的研究成果，其中每年完成的专著类成果就有三四百种之多。从现在起，我们经过一定的鉴定、结项、评审程序，逐年从中选出一批通过各类别课题研究工作而完成的具有较高学术水平和一定代表性的著作，编入《中国社会科学院文库》集中出版。我们希望这能够从一个侧面展示我院整体科研状况和学术成就，同时为优秀学术成果的面世创造更好的条件。

　　《中国社会科学院文库》分设马克思主义研究、文学语言研究、历史考古研究、哲学宗教研究、经济研究、法学社会学研究、国际问题研究七个系列，选收范围包括专著、研究报告集、学术资料、古籍整理、译著、工具书等。

中国社会科学院科研局

2006 年 11 月

谨以此书献给我的母亲

自　序

这本书试图回答一个重大而现实的问题：国家如何才能发展？

放眼全球，我们会发现，只有少数国家进入了发达状态，大多数国家仍处于欠发达状态。尽管有些国家能够不时搭上主要经济体的"顺风车"，但真正具备内生增长能力、能够实现赶超的后发国家寥寥无几，不少国家甚至越落越远。我们也看到，不少非洲、中亚国家仍处于战乱之中，不少国家为政治动荡所苦，街头抗议、大规模骚乱时有发生。不仅如此，一些老牌发达国家还出现了发展逆转现象：2008 年的金融海啸，是发生在世界资本主义核心地带的大危机，美国、西欧国家受害尤深，而在此前的几十年里，类似的金融货币危机只会出现在发展中国家；自这场危机以来，一众发达国家都在经济衰退的陷阱中苦苦挣扎，至今仍然没有真正实现复苏，与以往的经济周期呈现明显区别；向来困扰发展中国家的政治民粹主义在美国、欧洲国家再次兴起，一些非主流人物执掌了最高政治权力。这些征兆似乎表明，人类又回到了 20 世纪初期的黑暗时代。在那个时代，经济危机引发政治危机，政治异类人物乘势崛起，并引发世界大战，人类被带入苦难的深渊。

如何才能避免发展失败带来的巨大危机？一个国家如何才能实现发展？发展会不会逆转？学术界给出的答案林林总总、不一而足。主流答案大致可以分为两派，一派强调市场，另一派则强调政府干预。市场派的代表——新制度主义——告诉我们，发展要依靠好制度，所谓的好制度主要是私有产权保护、市场准入自由和政治自由制度。这个流派由诺贝尔经济学奖得主诺思等创立，目前已经成为主流发展理论。正如诺思所说："经济与政治发展的成功主要取决于制度的改善。过去 20 年来，这已经成为经济学家的共识。"① 这种理论传遍全球，并且外溢到政治学等学科。像西达·斯考切波（Theda Skocpol）这样著名的政治社会学家都愿意给自己戴上一顶"历史制度主义者"的帽子，尽管他们的理论与正统的制度主义相去甚远。但是，新制度主义观点并没有在现实中得到充分证实，因为非洲、拉美地区及俄罗斯等诸多国家的制度移植并没有把它们带上发展的正轨。新制度主义也不能解释发达国家的发展逆转现象，因为这些国家的基本制度并没有发生变化。从这些事实中可以看出，制度是人为产物，并且不具备自我执行的能力，再好的制度都有可能沦为一纸空文。因此，制度是第二性的，并非国家发展的决定性因素。我曾经在南美国家秘鲁工作数年，目睹了制度在这个国家的苍白无力。以民选官员的公投罢免制度为例，该制度源于欧洲，本意是用来制约腐败官员，但它在秘鲁遭到极端滥用。到 2012 年，秘鲁全国进行中及已结束的公投罢免超过 4000 起。通常一次地方选举刚刚结束，败选者马上就会发起公投罢免，试图把当选者拉下马。即便能逃过被罢免，新政府也会陷入半瘫痪状态，无法正常执政。这种制度在欧洲运作良好，在秘鲁却成为政治恶斗的工具和政府效率的腐蚀剂。这让我意识到，一定有某些比制度更深层次的因素在起作用，制度显然不是起决定性作用的首要因素。诺思其实也意识到了这一点，他晚年开始研究暴力对制度的影响，但没有形成理论突破。

新干预主义的代表是发展型国家理论。阿姆斯登、约翰逊等学者依据东亚的发展经验提出：发展要依靠好政府。但是，他们只概括了好政府的部分特征，如官僚集团内聚力强、拥有相对于经济精英集团的强势地位等，却没有说清楚如何才能缔造出一个好政府。他们也列举了一些好政策，包括出口补贴、金融扶持、建立产业园区等。但是，来自发展中世界的证据表明，这些政策在不同国家产生的效果相差甚远。归根结底，如何构建一个既有为公共利益服务的良好意愿，又有政策制定及执行能力的好政府才是关键，但这个问题始终没

---

① 道格拉斯·诺思等编著《暴力的阴影：政治、经济与发展问题》，刘波译，中信出版社 2018 年版。

有得到解决。还有人说，发展失败是因为民粹主义者的破坏，但他们并没说清楚民粹主义的起源以及如何消除民粹主义。其实，民粹主义问题本质上仍是好政府的构建问题。因此，要解释国家发展的成功、失败与逆转，就不能拘泥于市场与政府的两分，不能自限于新制度主义和新干预主义的樊篱，而是要向更深处探寻，去发现究竟是何种因素导致了好制度、好市场和好政府。

放眼国际学术界，走在探索前列的是大名鼎鼎的麻省理工学院经济学家阿西莫格鲁和哈佛大学政治学者罗宾逊等学者，他们原本是新制度主义者，但在探索制度起源问题时触及了权力因素。"权力"听起来有些抽象，却实实在在地影响着我们每一个人。不同于日常所说的政治权力或官员手中的权力，这里的权力指的是使他人服从的能力，无论这种能力来自暴力、财富还是个人魅力。权力关系普遍存在于人类社会之中，从原始社会至今莫不如此。从宏观层面看，社会各阶级、各利益集团之间存在权力关系。从微观层面看，家庭内部、个人之间也存在权力关系。正是这些宏观与微观层面的权力关系决定了社会的运作模式。阿西莫格鲁等学者提出，精英与大众之间权力博弈的结果决定了制度及制度绩效。诺思所强调的暴力其实只是多种权力资源中的一种，他与阿西莫格鲁的探索方向大致相同，但后者的视野更为宽广。应该说，制度主义者最新的探索已经背离了制度主义，但他们始终没有放弃制度"至高无上"的地位，因而没有突破制度主义的窠臼。

沿着阿西莫格鲁、诺思的新方向，结合经济学界对土地及农业问题的新认知以及著名政治学家迪特里希·鲁施迈耶（Dietrich Rueschemeyer）等对阶级制衡的强调，我与合作者李昊旻共同提出了权力平等发展理论。这一理论的核心思想为：在一个社会中，主要利益集团间的权力博弈决定了社会秩序，而社会秩序的核心与本质就是利益分配格局。因此，是权力决定了利益分配，不同的利益分配格局又产生了不同类型的激励，从而决定了该社会的发展绩效。权力平等发展理论的基本命题包括：权力结构是决定一国能否发展的首要和深层因素；权力结构指经济、政治、社会等诸种权力资源在一国主要利益集团间的分配格局，在权力结构基础上进行的权力博弈决定了一国的制度、政策、资源禀赋演进方向和社会形态，进而决定其发展绩效；权力结构分为平等型和集中型两种类型，平等型权力结构促进发展，集中型权力结构阻碍发展；由权力结构平等化导致的土地平等是实现发展的主要路径；经济发展实现机制为：权力结构初步平等化→土地平等→家庭农场经济繁荣→收入分配平等→内需及投资旺盛→劳动密集型工业化→经济结构升级；政治发展实现机制为：土地平等→经济社会平等→强大政党→高效国家；权力结构的变迁与国家发展都具有周期性，伴随着权力的重新集中化，发达国家也会遭遇发展逆转。

权力平等发展理论挑战了主流的新制度主义和新干预主义，但它并没有完全否定这些理论，而是要探寻一种更深层次的因素，为制度和国家干预提供支撑。也就是说，在吸收前人研究成果的基础上，新理论要再向前迈出一步，解释主流理论没有解决的问题，主要是好制度和好政府的起源与变迁问题。

挑战主流发展理论是一个异常艰巨的任务。为什么在诸多名家止步之处笔者却能前进一步？这要从以往研究的局限性谈起。其中，学科局限性和西方中心论的影响尤为明显。首先，就学科而言，发展问题至少横跨了经济和政治两个学科，同时也涉及了社会学、历史学和心理学等学科。但以往的发展研究向来以经济学为主，经济学思维占据了主导地位。即便在后来兴起的政治经济学派中，也并没有任何一位学者兼具经济学和政治学素养，经济学家依然发挥主导性作用，政治学家仅仅充当了他们的助手，诸如巴里·温加斯特、罗宾逊等分别只是诺思和阿西莫格鲁的次要合作者，发展领域的学科融合仍然不充分、不均衡。所以，以往的学者总是围绕经济自由主义进行理论构建，难以形成突破。可以说，发展研究中的跨学科视野依然不足。其次，发展研究中的西方中心论色彩过于浓厚。新制度主义的开拓者诺思的实证研究集中于美国经济史领域，他对西方世界崛起的阐述立足于欧洲特别是西欧经济史，对拉美、东亚、非洲等发展中或后发国家（地区）的关注严重不足。后起的领军学者阿西莫格鲁擅长量化研究和形式化分析，但他的实证研究比较肤浅，对发展中世界的认知不够深入，所以他的理论重心从殖民文化转到关键节点再转到权力斗争，一直处于游移状态，至今没有形成系统的理论体系。总的来说，传统理论立足于对西欧、北美发展经验的解读，而且是片面的解读，广大发展中世界的经验被视为对经典路径的偏离，没有得到应有的重视和发掘。加之学科分割造成的障碍，主流发展理论其实已经走进了死胡同。

发展理论的创新必须要突破学科樊篱和西方中心论的束缚。首先，学科融合一向是我的追求。除了拥有历史学的博士学位之外，我对比较政治学、社会学的理论也很熟悉。此外，我还拥有金融学的硕士学位，了解经济学的思维方式。这种多学科的学术背景让我拥有了多维视角和时间观念，能够把"经济人"、"政治人"和"社会人"叠加在一起进行思考，也能够把社会结构的稳定与变迁放到时间维度中加以考量，从而能够打破学科间的壁垒，实现多学科理论的交叉融合。其次，我长期从事拉美发展问题研究，熟练掌握英语和西班牙语，长于拉美、东亚及发达国家经验的比较研究，这有助于打破西方中心论的偏见。再次，我独特的职业经历也有助于理论创新。我在博士毕业后入职中央部委，从事政党外交工作。因工作需要，我曾经到访过几乎所有的拉美国家，其中既包括巴西、墨西哥、阿根廷等地区大国，也包括委内瑞拉、洪都拉斯等中小国家以及多米尼克等加勒比小岛国。我还曾在中国驻秘鲁使馆工作三年，负责与对方政党、国会的联络工作。在这段时间里，我不仅与委内瑞拉前总统乌戈·查韦斯、秘鲁前总统阿兰·加西亚、阿根廷前总统克里斯蒂娜·基什内尔等多位拉美政要有过多次面对面的接触，而且与多国政党的中高级领导人有密切的工作交往，和社会底层民众也打过很多交道。在秘鲁，我曾与阿普拉党的几位青年领导人驱车数百公里去基层组织调研，也曾陪同国会议员朋友走访他们的贫民窟选区，还多次受邀参加各政党各层级的会议。我和不少政党朋友结下了深厚的友谊，与他们的倾心长谈让我多有茅塞顿开之感。在阿根廷、智利腹地近万公里的自驾旅行也让我对这些国家的国情有了深刻的体验。因此，和象牙塔里成长的学者不同，我不仅拥有理论素养，而且拥有丰富的一线工作经验和感悟，对拉美国家发展模式的共性与多样性有深切的感受。将这些感受与我对中国乃至东亚的认知相比较，使我对发展中世界有了深入的了解。六年前，我进入中国社会科学院从事研究工作，开始在更高的理论层次上整合多年来积累的感性认知。这种复合型的职业生涯为我的理论创新奠定了坚实的基础，也给了我与那些知名学者砥砺切磋的信心。

总的来说，主流发展理论在解释中国及世界的发展时苍白无力，对未来发展提出的指导建议也往往以偏概全，发展理论亟须创新！怀着忐忑的心情，我和我的合作者在这个广阔的领域里迈出了试探性的一小步，希望对今后的学术探索有所启迪。

CONTENTS 目 录

导　言 ………………………………………………………………… 1

第一部分　既往发展理论述评

第一章　经济发展诸理论 …………………………………………… 7

　第一节　现代增长理论：以增长解释增长 …………………………… 7

　第二节　新制度经济学：背离制度至上论 …………………………… 14

　第三节　新古典政治经济学：市场抑或国家 ……………………… 21

　第四节　平等主义理论：平等才能发展 …………………………… 32

第二章　政治发展诸流派 …………………………………………… 40

　第一节　经济动力论：越富裕越民主？ …………………………… 40

　第二节　文化动力理论：政治文化决定论的终结 ………………… 45

　第三节　新制度主义：质疑制度的首要作用 ……………………… 48

　第四节　平等动力理论：平等才能民主 …………………………… 50

第二部分　新理论的提出

第三章　权力平等发展理论 ………………………………………… 57

　第一节　新理论的基本范式 ………………………………………… 57

　第二节　概念、机制与发展周期 …………………………………… 60

第三部分　实证检验：量化研究与案例分析

第四章　权力结构与发展绩效关系的统计分析 ·········· 75
　第一节　指标体系与统计分析 ·········· 75
　第二节　散点图 ·········· 80

第五章　韩国：权力平等型国家的典型 ·········· 85
　第一节　对汉江奇迹的主流解释 ·········· 85
　第二节　权力结构平等化、土地平等与包容型发展 ·········· 90

第六章　墨西哥：权力集中型国家的典型 ·········· 102
　第一节　革命及权力结构重塑阶段（1910~1940 年） ·········· 103
　第二节　双头霸权时期（1940~1982 年） ·········· 114
　第三节　寡头霸权阶段（1982 年至 21 世纪初期） ·········· 121

第七章　美国：发达国家的发展周期 ·········· 126
　第一节　美国衰落了吗？ ·········· 126
　第二节　周期Ⅰ：从殖民地时期到大萧条 ·········· 130
　第三节　周期Ⅱ：大萧条至今 ·········· 137

第八章　委内瑞拉：没有土地改革的权力集中型国家 ·········· 146
　第一节　对委内瑞拉发展陷阱的既往解释 ·········· 146
　第二节　蓬托菲霍体制的建立 ·········· 152
　第三节　蓬托菲霍体制的权力结构与功能 ·········· 157
　第四节　蓬托菲霍体制的危机 ·········· 163

结　论 ·········· 174

主要参考文献 ·········· 177

后　记 ·········· 183

导　言

　　发展问题至今仍然是全人类面临的共同挑战，不仅对发展中国家来说如此，对发达国家来说亦是如此。

　　在人类漫长的历史中，发展现象是零星和转瞬即逝的。人类生产力的进步在很长的历史时期里都非常迟缓，直到 18 世纪后期才出现快速增长现象，至今只有 30 多个国家（地区）进入了发达经济体的行列。[①] 1950 年以来，只有 13 个经济体实现了长期增长，其中只有 6 个成为高收入经济体（日本、新加坡、韩国、马耳他与中国香港、台湾），中国台湾和韩国是其中仅有的两个从低收入水平起步进入"高收入俱乐部"的经济体。[②] 对于多数经济体而言，实现持续增长仍是遥不可及的梦想。人类的政治发展进程同样曲折，自脱离原始民主状态后，人类社会经历了漫长的专制主义阶段，其间虽雅典诸城邦、罗马共和国、中古时期意大利北部、北欧地区有零星的民主实践，但

[①]　判断是否属于发达经济体不仅要看收入水平，而且要看经济结构和人类发展指数等因素。比如，一些石油输出国虽属于高收入经济体，但不能列入发达经济体。依据国际货币基金组织的综合评价标准，2015 年时发达经济体应为 37 个。详情可参见 International Monetary Fund, *World Economic Outlook: Uneven Growth, Short-and Long-Term Factors* (Washington, D.C., 2015), pp. 147-153。

[②]　The International Bank for Reconstruction and Development, The World Bank, *The Growth Report: Strategies for Sustained Growth and Inclusive Development* (Washington, D.C., 2008), pp. 19-27; Oded Galor, "Comparative Economic Development: Insights from Unified Growth Theory," *International Economic Review*, Vol. 51, No. 1 (February 2010), pp. 1-44；林毅夫：《〈新结构经济学〉评论回应》，《经济学》（季刊）2013 年第 3 期，第 1095 页。

绝大多数政治体系仍是压迫性、剥削性的。直到近代以来才逐渐出现了多种形式的民主体制，以及政治机构的分化和专业化、政治参与程度提高等进步，但能同时实现高度共识、高效政府和广泛参与等目标的政治共同体仍为数甚少。并且，进入 21 世纪以来，美欧发达国家又出现发展逆转迹象，从 2008 年国际金融危机、全球经济进入低迷期再到政治民粹主义的复归，表明美国和一些欧洲发达国家的经济、政治衰败征候日益明显，全球发展前景变得日益灰暗。

为什么只有少数国家能实现发展？国家发展的根本动力何在？经济发展与政治发展是否源于同一动力？强国会不会衰落？发展会不会逆转？为回答这些问题，出现了多种多样的发展动力理论。经济学家深入探讨了物质资本投资、技术进步、制度、国家干预、经济平等等多种变量的作用，政治学家围绕经济增长的推动作用、政治文化和社会平等因素进行了研究，都取得了丰硕成果。然而，这些理论往往偏重某一种变量，缺乏整合，解释能力明显不足。诺贝尔经济学奖得主约瑟夫·斯蒂格利茨（Joseph Stiglitz）曾表示："对于几个亚洲国家取得的现象级的成功，经济学家们完全没有预料到，而很多国家的低增长、停滞和衰退也与标准经济模型的预测不符。"[①] 自 20 世纪 80 年代以来，政治发展理论也受到广泛质疑，甚至被认为处于"垂死"状态。[②] 因此，要想推动发展理论的进一步创新，就必须对现有理论进行跨学科、多视角的评析与整合。令人遗憾的是，这方面的努力仍处于起步阶段。正如道格拉斯·C. 诺思（Douglass C. North）所言，"尽管社会科学家们做出了很多关注和努力，但社会科学仍然未能聚焦于经济发展和政治发展在历史上和当今世界到底是如何联系在一起的"。[③] 正因如此，跨学科的文献综述也寥寥无几，

---

① Joseph Stiglitz, "Rethinking Development Economics," *The World Bank Research Observer*, Vol. 26, No. 2 (August 2011), p. 230.

② Robert C. Bartlett, "On the Decline of Contemporary Political Development Studies," *The Review of Politics*, Vol. 58, No. 2 (Spring, 1996), pp. 269-298.

③ 道格拉斯·C. 诺思、约翰·约瑟夫·瓦利斯、巴里·R. 温格斯特：《暴力与社会秩序：诠释有文字记载的人类历史的一个概念性框架》，杭行等译，格致出版社、上海三联书店、上海人民出版社 2017 年版，第 1 页。

综述范围失之片面且没有聚焦于发展动力问题。[①] 本书尝试沟通经济发展与政治发展两个领域，对发展动力理论及实证研究成果进行分类述评，并提出一种基于权力结构因素的分析框架。

---

① 少数几篇综述文章包括 Vernon Ruttan，"What Happened to Political Development，" *Economic Development and Cultural Change*，Vol. 39，No. 2（January 1991），pp. 265 – 292；Peter Gourevitch，"The Role of Politics in Economic Development，" *Annual Review of Political Science*，Vol. 11，No. 1（February 2008），pp. 137-159；Björn Hettne，"The Development of Development Theory，" *Acta Sociologica*，Vol. 26，No. 3/4（1983），pp. 247-266；等等。另外，有些理论侧重于概括发展的形式、阶段及特征，没有对发展动力问题进行深入探讨，因此不在本书的讨论范围之内。此外，各流派都有大量的研究成果，限于篇幅，本书只选取其中具有代表性的经典文献进行述评。

第一部分　既往发展理论述评

第一章　经济发展诸理论

经济发展的内涵除人均国内生产总值的增长外，还包括经济包容性的提高，这将它与经济增长区别开来。[①] 经济学对经济发展动力的探索由来已久，研究范围从纯经济分析如物质资本、人力资本等变量的作用逐步扩展到政府作用、分配、制度等更广阔的领域。但这不是一个线性进化的过程，不同的理论流派之间也没有出现融合的趋势，分歧远远大于共识。这些理论可以分为四大流派，即现代增长理论、新古典政治经济学、新制度经济学和平等主义理论。

第一节　现代增长理论：以增长解释增长

对经济增长的探索始于古典经济学，包括亚当·斯密、马尔萨斯和大卫·李嘉图等在内的经济学家都对增长问题进行了论述。马尔萨斯和李嘉图的理论强调人口增长与有限资源之间的矛盾，对长期增长持悲观态度。斯密把自由贸易和分工作为经济增长的源泉。他认为，分工来自人类"互通有无、物物交换、互相交易"的自然倾向。分工和专业化可以提高生产效率。第一，劳动者的技巧因分工而得到提升；第二，分工减少了劳动者转换工序的时间；第三，分工导致知识进步和科学家的出现，提高了生产效率。市场规模越大，分工就越精细，专业化程度就越高，生产率也就更高。[②] 因此，富国之道在于自

[①] 参见杜德利·西尔斯《发展的含义》，见塞缪尔·亨廷顿等《现代化：理论与历史经验的再探讨》，上海译文出版社 1993 年版。

[②] 亚当·斯密：《国民财富的性质和原因的研究》，郭大力、王亚南译，商务印书馆 1974 年版，第 5~10 页。

由贸易，盖因自由贸易可以在世界范围内扩大市场规模，最大限度地实现分工和专业化，提高生产效率、增加产出。这个逻辑可以归结为：自由贸易促进市场规模扩大，市场规模扩大则推动分工和专业化的提高，从而实现产出增长。

但自马歇尔创建新古典分析框架后，经济学的焦点问题从分工的演进变成供求的边际分析，经济增长问题研究被边缘化。[①] 直到 20 世纪 40 年代哈罗德—多马模型的出现才将增长问题重置于经济研究的核心位置。英国经济学家罗伊·哈罗德（Roy Harrod）和美国经济学家埃弗希·多马（Evsey Domar）在 1940 年左右分别用数理模型表达了新的增长思路，两者的数理模型被并称为哈罗德—多马模型。该模型的前提假设为：储蓄在国民收入中所占的份额固定并能够全部转化为投资；人口增长率固定，即劳动力以恒定速度增长；生产过程中只使用劳动力和资本两种要素，且两种要素之间不能相互替代；不存在技术进步。模型基本等式为：$G = \Delta Y/Y = s/v$。其中 G 为经济增长率，ΔY 为产出增加量，Y 为总产量，s 为储蓄率，v 为资本产出比。其经济含义为：经济增长是由储蓄率（即投资率）和资本—产出比（即技术水平）共同决定的。当资本—产出比固定时，投资越多，一国的经济增长率就越高。这个模型隐含了一个线性增长模式：一旦某个经济体开始了经济增长进程，其产出就会增加，投资扩大还会增加人们的收入，并通过乘数效应产生足够的有效需求，不断扩大的需求可以消费不断增加的产品，使得经济增长能够长期自我维持。[②]因此，经济发展的关键就是进行足够的物质资本投资，即增加机器、厂房等，如此就可以开启持续增长的良性循环。发展经济学的先驱阿瑟·刘易斯（Arthur Lewis）如此表述这一思想："现在相对发达的国家在过去一段时间里经过了一个快速升级的过程，净投资率从［国民收入的］5% 或以下增加到12% 或以上……经济增长理论的核心问题就是理解这种过程：一个社会的储蓄率从 5% 转变到 12%。"[③] 如果经济落后国家不能形成足够的投资，就会出现所

---

① 参见杨小凯《发展经济学：超边际与边际分析》，张定胜、张永生译，社会科学文献出版社2003 年版，第 9~10 页；左大培《经济学、经济增长理论与经济增长模型》，《社会科学管理与评论》2005 年第 3 期，第 34 页。

② Evsey Domar, "Capital Extension, Rate of Growth and Employment," *Econometrica*, Vol. 14, No. 2（April 1946）, pp. 137–147.

③ 阿瑟·刘易斯：《经济增长理论》，周师铭等译，商务印书馆 1996 年版，第 154 页。

谓的"投资缺口"，这就要依靠外来资本来弥补（外国私人投资或政府援助），否则就会落入"贫困陷阱"。

　　这种"物质资本决定论"符合常识，并易于转化为可操作的政策，很快就变成了最流行的政策指导理论。美国经济学家保罗·罗森斯坦-罗丹（Paul Rosenstein-Rodan）据此提出了"大推进"（big push）理论，即在发达国家政府、国际组织、落后国家政府的协调、支持下，在短期内对落后国家注入大规模的政府援助和私人投资，建立具有内在互补性的轻重工业体系，就可以产生积极的外部性：大规模工业投资创造大量高收入就业岗位（相较之前的农业收入水平而言），形成大规模国内消费市场，足以消化新产出并产生规模收益；相互配套的产业可以降低生产成本；降低单个外国投资者面临的风险，促进更多私人投资，这样落后国家就可以顺利完成工业化。[1] 另一个基于物质资本决定论的著名理论是阿尔伯特·赫希曼（Albert Hirschman）的"非均衡增长"理论，它强调在重点部门集中投资以取得突破而非全面推进。[2] 这两种理论都主张依靠投资的快速扩张启动增长进程，不同之处仅在于前者主张在多个经济部门均衡投资，而后者主张在重点部门集中投资。时至今日，国际援助机构仍在使用改进版的哈罗德—多马模型来计算受援国的资金缺口。[3]

　　但哈罗德—多马模型的前提假设有明显弱点。它假设储蓄率、劳动力增长率和资本—产出比等比例增长，可是"储蓄率反映的是偏好的事实，劳动力增长率反映的是人口学与社会学的事实，资本—产出比反映的是技术性事实……三个因素的变动不仅具有偶发性，相互之间还具有较大独立性"，很难保持相互协调的增长。基于上述假设，经济实现长期稳定增长的可能性微乎其微。这种理念带有浓厚的凯恩斯主义色彩，与新古典经济学的均衡理念相对

---

[1] Paul N. Rosenstein-Rodan, "Problems of Industrialization of Eastern and South-Eastern Europe," *The Economic Journal*, Vol. 53, No. 210/211（June-September 1943）, pp. 202–211.

[2] 阿尔伯特·赫希曼与保罗·罗森斯坦-罗丹同样强调物质资本投资和政府发展规划，但他曾长期担任哥伦比亚政府经济顾问，并意识到发展中国家在特定产业的比较优势及其后向联系，从而提出了在优势领域集中投资可以帮助穷国跳出贫困陷阱的理论。

[3] 威廉·伊斯特利：《经济增长的迷雾：经济学家的发展政策为何失败》，姜世明译，中信出版社2016年第2版，第33页。

立，与经济史上的长期增长现象也不吻合。① 库兹涅茨等人的实证研究对此提出了质疑。② 在越来越多的经验事实面前，多马本人承认了该模型的错误。③ 利用外援来增加投资并促进发展的战略也被证明是错误的。在物质资本决定论问世 30 年后，曾任世界银行首席经济学家并长期参与发展援助的美国经济学家威廉·伊斯特利（William Easterly）指出：长期接受巨额外援的非洲国家经济增长业绩非常惨淡。他还使用 138 个国家的统计数据进行实证检验，结果只有 1 个国家符合所谓的投资缺口理论。④ 据此来看，哈罗德—多马模型及其衍生理论并没有发现经济增长的根源。

继哈罗德—多马模型之后，最著名的增长模型是出现于 1956 年的索洛模型，它的提出者为美国经济学家罗伯特·M. 索洛（Robert M. Solow）。索洛模型的创新之处在于，它使用了柯布—道格拉斯生产函数，放弃了"固定的资本—产出比"假设，使资本与劳动可以相互替代，从而消除了哈罗德—多马模型易于失衡的凯恩斯主义色彩；在生产函数中纳入技术进步，但作为外生变量出现。⑤ 索洛模型最突出的成果是发现了技术进步的重要性。在使用美国 1909～1949 年的经济增长数据来检验该模型时，索洛发现：在这段时间里，美国的人均产出增加了一倍，其中只有 12.5% 源于资本投入的增加，其余 87.5% 要归因于技术进步。⑥ 也就是说，产出增长是要素投入（劳动力、资本）和技术进步共同作用的结果，由于劳动力增长的速度受到人口增长速度的限制，当物质资本无限增加时，就会出现边际收益递减的现象。因此，长期

---

① 罗伯特·M. 索洛：《经济增长理论：一种解说》（第二版），朱保华译，格致出版社、上海三联书店、上海人民出版社 2015 年版，第 2、26～28 页。

② Simon Kuznets, "Notes on the Takeoff," in W. W. Rostow, ed., *The Economics of Takeoff into Self-Sustained Growth* (London：Macmillan, 1963).

③ Evsey Domar, "John R. Commons Lecture：Reflections on Economic Development," *The American Economist*, Vol. 10, No. 1 (Spring, 1966), pp. 5-13.

④ 威廉·伊斯特利：《经济增长的迷雾：经济学家的发展政策为何失败》，姜世明译，中信出版社 2016 年第 2 版，第 25～42 页；William Easterly, "Economic Stagnation, Fixed Factors and Policy Thresholds," *Journal of Monetary Economics* No. 33 (1995), pp. 525-557.

⑤ Robert Solow, "A Contribution to the Theory of Economic Growth," *The Quarterly Journal of Economics*, Vol. 70, No. 1 (February 1956), pp. 65-94.

⑥ Robert Solow, "Technical Change and the Aggregate Production Function," *The Review of Economics and Statistics*, Vol. 39, No. 3 (August 1957), pp. 312-320.

来看，技术进步才是推动经济增长的根本原因，经济增长率取决于技术进步率。索洛模型又被称为现代增长理论。"由于现代增长理论（索洛模型）圆满地解释了我们在这个世界上所观察到的许多现象，而且它在数学上也是精致的，因此它得以统治经济思想长达 30 多年。"① 索洛本人也因此获得了诺贝尔经济学奖。同时，"索洛模型也是现代经济增长理论的基准模型，现代经济增长理论的（其他）主要模型都是在放弃或者改变索洛模型的某个假设的基础上发展而来的"。② 但是，索洛模型里的"技术进步"是一个外生给定的变量，无法在模型内部得到解释，这一点使该模型饱受诟病。唐纳德·哈里斯（Donald Harris）的评价一针见血："如果（经济）持续扩张的原因无法在理论里得到解释，那就没有增长理论可言。"③

其后的经济增长理论都试图把技术进步纳入其所建构的模型内部加以解释，这些模型因此也被称为"内生增长模型"。另一位诺贝尔经济学奖得主肯尼思·阿罗（Kenneth Arrow）提出了"干中学"（learning by doing）概念，即工人在工作过程中积累的经验可以提高劳动生产率，而且经验具有外溢性，能够提高整个经济体的人均产出。随着物质资本的更新，工人可以从新资本中得到新经验，这就为持续增长提供了基础。④ 但是，肯尼思·阿罗"持续增长要依靠物质资本的不断更新"的观点，仍然没有摆脱物质资本决定论的桎梏，不能解释索洛所揭示的典型事实。

受阿罗的启发，诺贝尔经济学奖得主罗伯特·卢卡斯（Robert Lucas）把

① 多恩布什、费希尔、斯塔兹：《宏观经济学》（第七版），范家骧等译，中国人民大学出版社 2000 年版，第 60 页。

② 沈佳斌：《经济增长理论导论》，北京大学出版社 2015 年版，第 7 页。索洛对"技术进步"的定义很宽泛，如工人受教育程度的提高、生产流程的优化等都属于技术进步的范畴。丹尼森使用更精确的方法对 1929~1982 年的美国经济进行了核算，确认了索洛的结论。丹尼森指出，物质资本只解释了产出增长的 12%，其他要素中，狭义的技术进步（知识增长）占 34%，人力资本增长占 16%，劳动投入增长占 25%，资源配置优化占 11%。参见 Edward Denison, "The Interruption of Productivity in the United States," *The Economic Journal*, Vol. 93, No. 369（March 1983），pp. 56–77。

③ Donald Harris, "The Theory of Economic Growth: A Critique and Reformulation," *The American Economic Review*, Vol. 65, No. 2（May 1975），p. 329.

④ Kenneth Arrow, "The Economic Implications of Learning by Doing," *The Review of Economic Studies*, Vol. 29, No. 3（June 1962），pp. 155–173.

人力资本引入增长理论。[①] 他把人力资本定义为单个劳动者的总技能水平，这源自"干中学"和学校教育。人力资本可以外溢，能够成为增长的源泉。卢卡斯还试图以此解释各国增长率的差异：在一个开放的世界经济中，各国的人力资本禀赋不同，因而比较优势不同，这就导致了分工的产生；由于不同产品内含的人力资本增长潜力不同，各国的生产率增长也会出现差异。伴随产品的更新换代，从"干中学"得来的人力资本也持续更新，可以支撑经济的持续增长。[②] 卢卡斯把人力资本的增长寄托于产品更新而非机器更新，比阿罗更进了一步。但是，人力资本在他这里仍然是一个外生变量。

诺贝尔经济学奖得主保罗·罗默（Paul Romer）根据经济史研究成果提出了一个新方向：除物质资本和劳动力之外，知识也是总投入的一部分。[③] 知识来源于私人企业的研发投资，与物质资本相反，知识的边际收益呈递增趋势，而且具有公共品的特征，不能得到完全的专利保护和保密，会外溢到其他企业，从而产生积极的外部性。因此，知识的收益递增和正外部性保证了经济的长期增长。[④] 这个模型的问题在于，如果创造知识的个人收益远不及社会收益，考虑到成本与风险，就不会有人投资知识的生产。为解决这个问题，第二代罗默模型放弃了自由竞争假设，引入了垄断竞争：在一个三部门模型中，研发部门使用人力资本来生产新知识（新设计），中间产品部门利用新知识来生产新型中间产品，在实际经济生活中研发部门与中间产品部门常常是合二为一的，最终产品部门使用中间产品进行生产；新知识仍然具有外溢性和边际收益递增的特点，但中间产品部门不再是完全竞争市场中的价格接受者，而成为具有定价权的垄断者，可以从创新中得到垄断收益。[⑤] 在该模型中引入垄断竞争

---

① 最早提出人力资本概念的经济学家是西奥多·舒尔茨（Theodore Schultz），他也因此被称为"人力资本之父"，后来的经济学家对人力资本的来源、作用机制加以诠释并进行了形式化分析。

② Robert E. Lucas, "On the Mechanics of Economic Development," *Journal of Monetary Economics*, No. 22 (1988), pp. 3-42.

③ 人力资本和知识是两个不同的概念。人力资本指的是已经内化于个体劳动者的经验、技巧和知识，而知识特指存储于物质载体中的"纯知识"，即狭义的技术创新。

④ Paul Romer, "Increasing Returns and Long-Run Growth," *Journal of Political Economy*, Vol. 94, No. 5 (October 1986), pp. 1002-1037.

⑤ Paul Romer, "Endogenous Technological Change," *Journal of Political Economy*, Vol. 98, No. 5 (October 1990), pp. 71-102.

意味着技术进步是厂商利润最大化行为的产物，这就保证了技术进步的内生性。与其他把技术进步假设为物质资本投资副产品的模型相比，第二代罗默模型的内生性更强。① 阿吉翁—休伊特模型（Aghion-Howitt model）保留了垄断竞争的假设，但用"垂直产品创新"替代了罗默的"水平产品创新"：新旧产品不再共存，质量更高的新产品会取代旧产品，即熊彼特提出的"创造性破坏"。菲利普·阿吉翁（Philippe Aghion）和彼得·休伊特（Peter Howitt）对其进行了形式化论证并得出结论：经济增长源于垂直创新，垄断定价权为创新提供了激励；由于"创造性破坏"的存在，早期创新者没有动力去继续创新，尽量维持其垄断利润的长期存在，这有可能导致"零增长陷阱"；"商业盗窃"或曰对专利信息的窃取会抑制创新。② 这个模型体现了垄断与创新之间的辩证关系，对现实的解释力更强，并与第二代罗默模型形成了一定的互补。总的来看，内生增长理论摆脱了物质资本决定论的影响，对人力资本因素进行了深入发掘，包括其来源（干中学、学校教育）、形式（知识、经验）、促进增长的机制（外部性、创新）等。尤为重要的是，晚近的模型强调了激励的重要性，更加贴近现实。上述这些理论可称为人力资本决定论，但人力资本或源于物质资本投资，或源于学校教育，仍然具有外生性，这些理论还无法解释其来源。③

　　总的来看，现代增长理论对一些深刻的经济洞见和典型事实进行了形式化分析，并使用实证计量方法对结论加以检验，加深了人们对增长过程的认识。它们都关注技术进步，区别也仅在于对技术进步不同形式和机制的强调，因而这些现代增长理论又被称为"技术决定论"。④ 但现代增长理论的每一次进步都产生了新的

---

① 索洛后来提出内嵌问题，即技术创新内嵌于物质资本之中，因此他的模型可能低估了物质资本投资的作用，但二代罗默模型把一个中间产品部门加入模型中，基本解决了这个问题。索洛相关论述见罗伯特·M.索洛《经济增长理论：一种解说》，朱保华译，格致出版社、上海三联书店、上海人民出版社 2015 年版，第 14~16 页。

② Philippe Aghion and Peter Howitt, "A Model of Growth Through Creative Destruction," *Econometrica*, Vol. 60, No. 2（March 1992），pp. 323-351.

③ 罗默也指出："本模型不能完全解释这些现象是因为人力资本存量和劳动力存量都是（外生）给定的。"见 Paul Romer, "Endogenous Technological Change," *Journal of Political Economy*, Vol. 98, No. 5（October 1990），p. 96。

④ 杨小凯：《发展经济学：超边际与边际分析》，张定胜、张永生译，社会科学文献出版社 2003 年版，第 10 页。

外生变量，等待新的解释。正如诺贝尔经济学奖得主诺思所说："技术创新、规模经济、教育、资本积累等并不是经济增长的原因，它们本身即是增长。"①也即是说，这些因素不过是经济增长的表现和特征，现代增长理论以增长解释增长，还没有触及发展动力的根源。

第二节　新制度经济学：背离制度至上论

经济增长的动力源泉究竟何在？新制度经济学派对此进行了深入探索。新制度经济学认为，新古典经济学假设了完美市场的存在，但制度才是出现好市场和经济长期增长的关键，忽视制度是新古典经济学的重大缺陷。② 这一流派的两位领军人物分别为诺思和达隆·阿西莫格鲁（Daron Acemoglu）。

新制度经济学试图回答三个问题，即制度的功能、起源和变迁。诺思基于欧洲经济史构建了自己早期的理论体系。他提出，正是制度决定了经济的长期绩效。经济制度是指以产权制度为核心的制度组合，包括市场制度、金融制度和经济组织制度等，制度的主要功能是产生经济激励和降低交易成本。③ 产权问题有两个重点，一是产权有无保障，二是产权有无效率。首先，政府要保护私有产权，使之不受侵犯，政府自身也不能掠夺私有财产。其次，产权类型多种多样，其中既有高效的产权，也有低效的产权。高效的产权制度使个人收益率接近社会收益率，如知识产权保护制度，能激励个人和经济组织的技术创新。低效产权则产生反向激励，阻碍经济增长。因为产权问题，诺思把视野扩展到政治领域。他提出，政治制度决定经济制度，必须以一种国家

---

① 道格拉斯·诺思、罗伯斯·托马斯：《西方世界的兴起》，厉以平等译，华夏出版社 1999 年版，第 7 页。

② 道格拉斯·C. 诺思：《经济史中的结构与变迁》，陈郁等译，上海三联书店、上海人民出版社 1994 年版，第 1 页。

③ 伴随经济发展，交易成本在大规模、非个人化的经济中会急剧升高，如果不能通过各种制度安排降低交易成本的话，大部分交易就不能进行。据诺思和瓦利斯测算，当代美国经济的交易成本占国民收入的近一半。交易成本中的衡量成本，可由度量衡制度、商标制度、产品检验制度等予以降低；实施成本，可由司法制度、契约规则等降低。相关内容参见道格拉斯·C. 诺思《制度、制度变迁与经济绩效》，杭行译，格致出版社、上海三联书店、上海人民出版社 2014 年版，第 32~42 页。

理论来解释好制度出现的原因。为实现财政收入最大化，国家有可能侵犯私有产权或保护低效产权。能否出现好制度取决于国家与社会的博弈，影响博弈的因素包括社会各集团的暴力潜能、是否存在潜在的政权竞争者、征税的交易成本等。①

在早期理论的基础上，诺思又提出了社会秩序理论。该理论的核心是暴力，国家及相应的制度体系都建立在暴力的基础之上。诺思主要区分了两种社会秩序类型，即有限开放型秩序（limited-access order）和开放型秩序（open-access order）。其中，有限开放型秩序出现于 5000 ~ 10000 年前，至今仍存在，其特征包括：掌握暴力的小集团组成统治联盟，在其内部分配政治权力，把绝大多数人排斥在外，并通过垄断、限制成立经济组织、破坏产权等方式进行系统性寻租活动。有限开放型秩序不利于长期经济增长，当前众多发展中国家仍保持这种社会秩序。开放型秩序出现于 19 世纪，有组织暴力（即武装力量）受到公众及其代表的控制，政治、经济体系对所有人开放，宪法赋予每个社会成员成立政治、经济组织的自由，使他们可以通过选举掌握政治权力，并通过经济、政治上的"创造性破坏"来消除寻租行为，保护自己的产权安全，提高经济效率。因此开放型社会更有能力实现长期增长。② 但在最关键的问题上，即怎样由有限开放型秩序进入开放型秩序，诺思并没有给出答案，而只是给出了一些门槛条件。其一，精英内部的法治。所有的前开放型秩序都会建立某种仲裁和调节程序来解决精英之间的纠纷，并通过特定的司法系统加以执行。其二，公共或私人领域内的永久性组织。

---

① 以上论述见道格拉斯·诺思、罗伯斯·托马斯《西方世界的兴起》，厉以平等译，华夏出版社 1999 年版；道格拉斯·C. 诺思《经济史中的结构与变迁》，陈郁等译，上海三联书店、上海人民出版社 1994 年版；道格拉斯·C. 诺思《制度、制度变迁与经济绩效》，杭行译，格致出版社、上海三联书店、上海人民出版社 2014 年版。

② 如果说罗伯特·达尔的"多头政体"近似于程序民主的话，诺思的开放型秩序则近似于实质民主或完美民主。有关开放型秩序的论述见道格拉斯·C. 诺思、约翰·约瑟夫·瓦利斯、巴里·R. 温格斯特《暴力与社会秩序：诠释有文字记载的人类历史的一个概念性框架》，杭行等译，格致出版社、上海三联书店、上海人民出版社 2017 年版；Douglass C. North, John Joseph Wallis, Barry R. Weingast, "Violence and the Rise of Open-Access Orders," *Journal of Democracy*, Vol. 20, No. 1（January 2009），pp. 55－68；Douglass C. North, Barry R. Weingast, "Introduction: Institutional Analysis and Economic History," *The Journal of Economic History*, Vol. 60, No. 2（June 2000），pp. 414-417.

这包括永久性的国家组织及其支持下的政治法人团体、市政法人团体、教育法人团体、宗教法人团体及商业法人团体等。其三，对军队的统一控制。这意味着精英集团内部对军队进行协调统一的控制，而非仅由该集团内部的某个小派系控制军事力量。① 至于如何达成这些门槛条件，诺思也语焉不详。可以说，他的主要贡献是指出了制度的重要作用，但并没有发现制度得以建立的根源。

新制度主义的另一位代表人物是阿西莫格鲁。阿西莫格鲁早期的理论认为，是历史地理环境（"地理生态因素+人口因素"）造就了初始制度，继而形塑了发展的结构与绩效。② 由于这一理论难以解释制度变迁，他转而强调"政治权力"的关键作用。他把政治权力区分为名义政治权力（de jure political power）和实际政治权力（de facto political power），前者是按照政治制度分配的权力，后者指源于财富、暴力、集体行动能力等的权力。在制度起源问题上，他提出，精英阶层与平民阶层之间的权力斗争达致某种平衡并产生特定的政治制度，政治制度进而决定经济制度。制度变迁也遵循同样的逻辑：在发生经济危机等外部冲击时，精英权力削弱而平民权力增强，这可能导致民主制度的建立。③ 在此基础上，阿西莫格鲁等也提出了一个二元制度框架：国家发展的关键是要有包容性（inclusive）的经济、政治制度。政治发展决定经济发展，包容性经济制度源于包容性政治制度。包容性政治制度指政治权力在社会中广泛分配，权力运用受到制约，而不是集中于个人或小集团手中，又称多元主义。同时，权力不能过度分散，国家应保有必要的权威，以维持秩序。包容性经济制度的特征是：保护私有产权、保证绝大多数社会成员的经济自由、反垄断等。包容性政治、经济制度相互兼容并相互支持。拥有包容性制度的社会才能实现经济繁荣。与包容性制度相对立的是攫取性（extractive）制度。攫取

---

① 诺思晚近的理论聚焦于暴力，与他早期国家理论中的政治博弈观念相比更为单一，理论弹性下降，这其实是一种理论的退化。

② Daron Acemoglu, Simon Johnson, James Robinson, "Reversal of Fortune: Geography and Institutions in the Making of the Modern World Income Distribution," *The Quarterly Journal of Economics*, Vol. 117, No. 4 (2002), pp. 1231-1294.

③ Daron Acemoglu, James Robinson, *Economic Origins of Dictatorship and Democracy* (Cambridge: Cambridge University Press, 2006).

性政治制度指权力集中于少数精英手中，权力使用专断而没有限制。在这种政治制度下，权力精英会建立攫取性经济制度，以攫取社会财富，如殖民地时期巴巴多斯的奴隶制。统治集团有时也会促进经济增长，以增加收入，但他们担心技术创新会产生创造性破坏，损害既得利益，因而不鼓励创新，所以增长必然不能持久。好制度如何形成？阿西莫格鲁将其归因于历史偶然性。一些重大历史事件会放大各国间的差异，导向不同的制度设置。制度一旦确立，就会产生路径依赖并长期持续。①

　　奥尔森则深刻论证了不同政治体制的经济后果。他提出，把民主与专制相比较，两种体制下税率与生产效率损失的均衡点有很大差异。民主制度下的最佳税率会更低、提供的公共产品会更多，这意味着产权保护更到位。在产权得到清晰界定和可靠保护后，市场才能超越面对面的初级形式，成为能进行复杂交易和长期契约的社会规划型市场，生产潜力才能得到充分释放，经济才能繁荣。关于如何建立民主，奥尔森认为民主起源于权力的平等分配。如果没有哪个领袖、集团拥有压倒性权力，民主制度就有可能建立起来。②

　　杨小凯是一位"另类"的制度主义者。他复活了亚当·斯密的古典理论，认为推动经济增长的直接力量是分工和专业化。③ 在他建构的模型中，经济行为者不再分为消费者和厂商，而是单一的"消费—生产者"。由于专业化可以提高生产能力，消费—生产者不断降低自给自足水平、提高消费品购买比例，因此分工和专业化水平不断提高，劳动生产率上升和市场扩大，经济得以持续增长。分工源于何处？杨小凯将其内嵌于资本主义制度中：欧洲独特的地理环境和长期的政治分裂催生了资本主义制度，该制度降低了交

---

① Daron Acemoglu, James A. Robinson, *Por Qué Fracasan los Países: los Orígenes del Poder, la Prosperidad y la Pobreza* (Barcelona: Centro Libros PAPF, S. L. U., 2012); Daron Acemoglu, Francisco A. Gallego and James A. Robinson, "Institutions, Human Capital and Development," *Annual Review of Economics*, Vol. 6 (2014), pp. 875–912.

② 曼瑟·奥尔森：《权力与繁荣》，苏长和、嵇飞译，上海人民出版社2005年版。

③ 杨小凯不认同新古典经济学的边际分析传统，而是以分工理论为基础开创了"超边际分析"和"新兴古典经济学"。

易成本，推动了分工进程。[1]

相对于新古典政治经济学，新制度主义超越了政策层面，在制度层面上思考经济发展问题，对政治和经济发展进行了更高水平的一体化分析。新制度经济学指出，是好制度造就了好市场，这弥补了新古典内生增长理论的不足，也促使发展研究向政治经济学方向转化，推动了学科交叉与融合。此外，它还区分了两种完全不同的制度体系和发展道路，纠正了新古典经济学"不同国家的经济增长同质趋同"的思维。新古典经济学的主流观点认为，所有的经济体在本质上都是相同的，发达经济体与落后经济体的区别仅仅是处于同一发展阶梯上不同的位置，它们的经济发展水平迟早会趋同，新制度经济学对此做出了有力的驳斥。正因如此，新制度经济学逐步成为发展领域的主流理论。

但是，新制度经济学在广泛的实证研究中没有得到有力的支持。它所定义的"好制度"具有强烈的自由主义倾向，基本等同于西式民主政治制度和自由市场经济制度。在政治制度方面，比较政治学的领军学者亚当·普沃斯基（Adam Przeworski）指出，在以往的 17 项定量研究中，仅有 5 项认为民主制度对经济增长更有利，有 8 项认为威权制度更有利于经济增长，其余 4 项研究则认为政治制度与经济增长之间不存在明确的因果关系。[2] 以此来看，民主制度与经济增长之间的关系很不确定，最多只能说是模棱两可。在经济制度方面，阿西莫格鲁、罗宾逊等学者对制度作用的实证检验缺乏说服力，当他们把制度变量带入增长回归分析时，二者的相关性其实比较弱。[3] 另外一些经济学家如哈维尔·萨拉伊马丁（Xavier Sala-i-Martin）、路易吉·曼赛迪（Luigi

---

[1] 可以说，诺思把制度引入了新古典经济学，而杨小凯则在制度基础上重建了分工理论。杨小凯的主要论述见 Xiaokai Yang and Jeff Borland, "A Microeconomic Mechanism for Economic Growth," *Journal of Political Economy*, Vol. 99, No. 3 (June 1991), pp. 460-482; Jeffrey Sachs and Xiaokai Yang, "Market Led Industrialization and Globalization," *Journal of Economic Integration*, Vol. 17, No. 2 (June 2002), pp. 223-242; 杨小凯：《发展经济学：超边际与边际分析》，张定胜、张永生译，社会科学文献出版社 2003 年版。

[2] Adam Przeworski, "Political Regimes and Economic Growth," *The Journal of Economic Perspective*, Vol. 7, No. 3 (Summer, 1993), pp. 51-69.

[3] Daron Acemoglu, Simon Johnson and James A. Robinson, "The Colonial Origins of Comparative Development: An Empirical Investigation," *American Economic Review*, Vol. 91, No. 5 (2001), pp. 1369-1401.

Manzetti）、罗斯·莱文（Ross Levine）等所做的跨国回归分析则表明，市场经济制度与长期经济增长只具有微弱的相关性。里卡多·豪斯曼（Ricardo Hausmann）、丹尼·罗德里克（Dani Rodrik）、本杰明·琼斯（Benjamin F. Jones）等的实证研究证明，制度变迁基本不能影响经济增长率的上升或下降，两者间没有明显关联。[1] 保罗·科利尔（Paul Collier）、威廉·伊斯特利（William Easterly）等的研究证明，在特定制度与经济发展之间不存在线性关系，制度移植无效，诺思本人也认可这一观点。[2] 从逻辑上来讲，制度移植无效即意味着制度并不是首要的决定性因素。

　　发展中国家的大量案例也是与新制度经济学相矛盾的。韩国等多个东亚经济体在威权体制下实现了经济持续高速增长，而拥有民主制度和市场机制的拉美国家却发展迟缓。新制度经济学无法解释这一明显的矛盾现象。诺思因此求助于非正式制度，即文化因素。[3] 他认为，是西班牙式的专制集权传统以及路径依赖造成了拉美国家的制度失效。但是，如果连西班牙本身都可以改变专制传统而成为发达国家，为什么拉美却必然陷入路径依赖？如果正式制度与非正式制度之间存在冲突，又是何种因素决定了二者之间谁会胜出？尽管诺思从制度决定论滑向了文化决定论，却仍然不能回答这些关键问题，因此他晚年的社会秩序理论开始把暴力作为更深层次的决定因素来研究，但未能取得理论突

---

① Xavier Sala-i-Martin, Gernot Doppelhofer, Ronald Miller, "Determinants of Long-Term Growth: A Bayesian Averaging of Classical Estimates (BACE) Approach," *The American Economic Review*, Vol. 94, No. 4 (September 2004), pp. 813 – 835; Luigi Manzetti, "Political Manipulation and Market Reforms Failures," *World Politics*, Vol. 55, No. 3 (April 2003), pp. 315 – 360; Ross Levine, David Renelt, "A Sensitivity Analysis of Cross-Country Growth Regressions," *The American Economic Review*, Vol. 82, No. 4 (September 1992), pp. 942 – 963; Ricardo Hausmann, Lant Pritchett and Dani Rodrik, "Growth Accelerations," *Journal of Economic Growth*, Vol. 10, No. 4 (2005), pp. 303 – 329; Benjamin F. Jones and Benjamin A. Olken, "The Anatomy of Start-Stop Growth," *NBER Working Papers*, No. 11528, 2005.

② 道格拉斯·诺思等编著《暴力的阴影：政治、经济与发展问题》，刘波译，中信出版社 2018 年版，第 1、3 页；Paul Collier, *The Bottom Billion: Why the Poorest Countries Are Failing and What Can Be Done about It* (Oxford and New York: Oxford University Press, 2007); William Easterly, *The Elusive Quest for Growth: Economists' Adventure and Misadventures in the Tropics* (Cambridge: MIT Press, 2001)。

③ 道格拉斯·C. 诺思：《制度、制度变迁与经济绩效》，杭行译，格致出版社、上海三联书店、上海人民出版社 2014 年版，第 118~121 页。

破。阿西莫格鲁对这个难题的解释是：精英集团拥有财富和集体行动能力，因而掌握了更大的实际权力，能够抵消民主化的影响，使民主制度和市场制度失效，拉美国家即是如此。[1] 如果制度起源于暴力，那么它就不是起决定作用的首要因素。正如普沃斯基所说："如果是某些条件形塑了制度，那么制度只是传递其影响的媒介而非起因。"[2] 简言之，制度的作用被夸大了。可以看出，当暴力、政治权力的作用被发掘之后，新制度经济学实质上已经放弃了制度的首要作用，只是保留了形式上的制度至上论。

奥尔森从权力分配角度探索了"好市场"制度的起源，但在他的理论中权力分配是一个预设前提，权力角色、权力博弈等重大问题都没有得到深入探讨。杨小凯对制度起源问题进行了初步探讨，指出了地理和政治因素的重要性，但他并未对这些因素进行深入研究，制度起源对他来说仍然是一个"黑箱"。

从未来理论进步的角度看，有必要对诺思和阿西莫格鲁的理论做一比较。第一，在制度起源问题上，诺思强调暴力的作用，阿西莫格鲁则强调由多种权力资源转化而来的实际政治权力，研究视野更为宽阔。[3] 但阿西莫格鲁混淆了制度与权力分配，他的包容性政治制度意指权力的平等分配，把游戏规则与权力分配的现实状态混为一谈，从而夸大了制度的作用。第二，在行为主体方面，诺思强调"精英决定论"，认为精英集团内部强硬派与温和派的博弈决定制度和发展绩效，民众的作用被忽视。阿西莫格鲁则强调精英与民众之间的博弈，强调了民众的作用，研究视野更为宽广。[4] 第三，他们在理论完整性方面

---

[1] Daron Acemoglu, James Robinson, "The Persistence and Change of Institutions in Americas," *Southern Economic Journal*, Vol. 75, No. 2 (October 2008), p. 286.

[2] Adam Przeworski, "The Last Instance: Are Institutions the Primary Cause of Economic Development," *European Journal of Sociology*, Vol. 45, No. 2 (2004), p. 166.

[3] 例如，在 1958 年委内瑞拉民主化过程中，企业家集团与政治精英集团、劳工集团等合作，使用罢工、罢市、示威游行等方式战胜了军政府，建立了民主制度，这是其他权力形式战胜暴力的典型案例。参见高波《权力结构视角下的发展陷阱：基于对委内瑞拉"蓬托菲霍体制"的分析》，《国际政治研究》2020 年第 1 期，第 9~36 页。

[4] 诺思及阿西莫格鲁的相关论述参见道格拉斯·C. 诺思、约翰·约瑟夫·瓦利斯、巴里·R. 温格斯特《暴力与社会秩序：诠释有文字记载的人类历史的一个概念性框架》，杭行等译，格致出版社、上海三联书店、上海人民出版社 2017 年版；Daron Acemoglu, James Robinson, *Economic Origins of Dictatorship and Democracy* (Cambridge, MA: Cambridge University Press, 2006).

也有明显差异。诺思在最关键的制度过渡问题上仅列出了三个门槛条件，对于如何实现过渡尚无论述，理论不够完整。相形之下，阿西莫格鲁则对制度的起源与变迁都进行了阐释。但按照他的逻辑，精英往往能够以实际权力破坏好制度，导致过渡失败。成功过渡被归因于重大历史事件的影响，如黑死病对中世纪欧洲的影响、无敌舰队的覆灭对英国与西班牙发展进程的影响等。可以说，他的理论偏重偶发性外生因素的影响，缺乏对内生过渡机制的刻画。严格来讲，依赖外生变量的理论不能算是真正的理论，因为它缺乏解释能力和预测能力。

总的来看，新制度经济学对暴力、政治权力的探讨已经超越了制度本身，这是一个重要的理论进步。但他们固守"制度迷信"，过高估计了制度的作用，对发展根源的探索尚未成功。

第三节　新古典政治经济学：市场抑或国家

由于大萧条、二战中成功的战时经济管制、马歇尔计划的成功、苏联的快速工业化等历史事件的影响以及凯恩斯主义的理论支持，初期的发展经济学信奉国家干预和经济计划。[①] 上文提到的哈罗德、多马以及"大推进"理论的提出者都把国家作为推动经济增长的关键角色，但他们对国家的本质与能力并未做任何分析，而是简单地假设了一个"好国家"，即国家是仁慈、公正的，既有意愿又有能力实施符合社会整体利益、能够推动发展的经济政策。

很多新古典经济学家对"好国家"假设并不认同，反对国家干预的声音从未消失。伴随着 20 世纪 70 年代滞胀现象的出现，不同版本的政府失灵论和坏政府论相继问世，政府被当作经济发展的主要障碍。这些理论包括货币主义、理性预期学派、公共选择理论、集体行动理论、寻租理论等，它们为新自由主义的出现奠定了基础。

货币主义和理性预期学派的观点相近，它们的两位代表人物米尔顿·弗里德曼（Milton Friedman）和罗伯特·卢卡斯（Robert Lucas）都强调货币中性：

---

① 相关论述可参见 Thandika Mkandawire, "The Crisis in Economic Development Theory," *Africa Development*, Vol. 15, No. 3/4 (1990), pp. 209-230；海因茨·沃尔夫冈·阿恩特《经济发展思想史》，唐宇华、吴良健译，商务印书馆 1999 年版，第 131~170 页。

在短期内，没被预期到的货币数量变化可以影响利率、就业率和产出，被预期到的货币变化对产出没有影响。长期来看，短期的产出增长会被逆转，政府的货币政策只能影响通货膨胀率，对经济增长率没有影响。因此，积极的货币政策只会扰乱价格水平，甚至加剧衰退，不能带动长期经济增长，大萧条就是美联储货币紧缩政策的结果。①

货币主义和理性预期理论只是否定了货币政策的作用，公共选择学派却从本质上否定了政府的积极作用。该理论的创始人詹姆斯·M.布坎南（James M. Buchanan）、戈登·塔洛克（Gordon Tullock）把经济学的理性人假设引入政治分析，并使用博弈论对理性人的政治行为进行研究。他们指出：如果人在经济领域里按照理性自利原则行事，那么在政治领域中他们也会坚持同样的原则，不会变成利他主义者。因此，即便是在宪政民主体制内，只要按照简单多数规则进行政治决策，就会导致一部分人结成投票联盟剥削另一部分人，剥削方式包括普遍纳税但差别受益、普遍受益但差别纳税等，这会导致国家机构过度膨胀和重大效率损失。在他们看来，国家会变成理性人追求狭隘利益的工具，只能通过"宪法革命"和联邦制对其加以约束。首先，要通过税收等各领域的宪法改革把政府规模缩减到最低程度。其次，要实行高度分权的联邦制：联邦政府保证人口、资本和商品在各州之间的自由流动，各州相互竞争，侵犯公民利益的州就会遭受资源流失，从而受到制约；为制约联邦政府的扩权倾向，要赋予各州自由退出联邦的权利。②

如果说公共选择理论发现了理性人"主动"的自利行为对发展的危害，集体行动理论则关注理性人"被动"的自利行为，即"搭便车"行为带来的影响。该理论的创立者是极富创意的美国经济学家曼库尔·奥尔森（Mancur Olson），他把"搭便车"逻辑用于利益集团行为分析，并提出：在稳定的社会中会出现越来越多的利益集团组织；利益集团规模越大，每位成员从集体行动中获益的份额就越小，但其承担的成本不会随之变小，因此理性人就不愿意

---

① Milton Friedman, "The Role of Monetary Policy," *The American Economic Review*, Vol. 58, No. 1 (March 1968), pp. 1 - 17; Robert Lucas, "Nobel Lecture: Monetary Neutrality," *Journal of Political Economy*, Vol. 104, No. 4 (August 1996), pp. 661-682.

② 布坎南、塔洛克：《同意的计算：立宪民主的逻辑基础》，陈光金译，中国社会科学出版社 2000 年版；布坎南、马斯格雷夫：《公共财政与公共选择：两种截然不同的国家观》，类承曜译，中国财政经济出版社 2000 年版。

参与集体行动，而是寄希望于"搭便车"获益；广泛性组织如全国总工会等一般倾向于促使社会更加繁荣，不会支持使社会总效率损失较大的再分配行为，因为它们在损失总额中所占的份额较大；由于小型利益集团更容易克服"搭便车"问题，其集体行动能力比大型利益集团更强；出于理性考虑，小型利益集团会致力于分得蛋糕的更大份额，而非做大蛋糕，因为它们的人均收益较大，而人均损失较少，因此小型利益集团倾向于演变成为"分利集团"；由于日程拥挤等原因，分利集团的决策比个人和企业更为迟缓，从而使采用新技术的速度放缓，并阻碍生产资源的及时调整；分利集团通过院外游说影响立法，或是合谋进行行业垄断，也会扰乱价格机制和资源配置，延缓新技术应用。因此，分利集团的兴起会降低长期经济增长率，阻碍经济发展。革命、战争和自由贸易是打破分利集团控制的有效手段。①

集体行动理论独辟蹊径，从个人理性行为推导出了集体行为的逻辑以及分利集团对经济效率的危害，这是一个颠覆性的贡献。既往西方经济学和政治经济学的主流理论都假定，个人是分析的起点，整体是个人的加总，因此，人数越多的利益集团越有优势。② 但集体行动理论却认为恰恰相反，个体的理性行为会导致集体的无理性，小集团更有优势，能对经济和政治决策施加更大影响。可以说，集体行动理论推动了西方政治经济学基本分析思路的转变，揭示了政府变成利益集团工具的危险以及利益集团的垄断风险，是一个重大的理论进步。

从公共选择理论和集体行动理论中又产生了寻租理论。寻租理论中的租金是指由政府的经济管制带来的超过市场价值的收益，如进口配额导致的价格提高而产生的收益。③ 布坎南指出，为取得租金，利益集团会对政府施加影响，使其扩大经济管制的范围。设租、寻租过程都会造成资源浪费和经济效率的降

---

① 曼库尔·奥尔森：《国家兴衰探源：经济增长、滞胀与社会僵化》，吕应中等译，商务印书馆1999年版。

② 公共选择理论、新制度经济学等都采纳了这种逻辑，在量化研究中经常使用的"中位数选民定律"也出自这一逻辑。

③ 学术界关于租金的定义并不统一。克鲁格与公共选择学派理论家布坎南等认为租金是非生产性的且对社会无益的收益，而诺思等新制度主义者使用的租金定义来自李嘉图，即某一资产或行为带来的收益超过被放弃的次优机会可能带来的收益，超出部分即为租金。相关论述可参见道格拉斯·诺思等编著《暴力的阴影：政治、经济与发展问题》，刘波译，中信出版社2018年版，第7~8页。

低。如果没有准入限制，市场竞争将保证租金的逐步消失。如果政府实施准入限制，租金耗散过程将停止。[①] 安妮·O. 克鲁格（Anne O. Krueger）的土耳其等发展中国家对外贸易管制中寻租行为的经典研究表明：寻租成本非常高，并且会把企业的创新欲望转变为寻租欲望，从而抑制经济增长。[②] 因此，尽量缩小国家规模和经济管制范围有利于经济增长。

这三种理论洞察人性的弱点，打破了长期存在的"国家神话"，指出国家并不是中立、仁慈、公共利益至上的统治者，而是容易被分利集团所"俘获"、以不合理的制度或政策阻碍经济增长的绊脚石；只有把国家"关进笼子里"，充分保证经济自由，经济才能发展。这些理论也有共同的缺陷。首先，新古典世界里的利益集团只有规模大小之分，没有其他任何区别。但现实中，利益集团的阶级、行业、地域属性差别巨大，拥有的经济、政治、社会资源也迥然不同，如银行家协会和工会之间便存在明显的区别，而这些差异可能是不同利益集团集体行动能力存在差异更重要的源头。在高度不平等的社会中，精英集团内部不仅具有更强的协调能力，而且拥有财富等更多资源，这增加了其对政治决策的影响力，从而对国家发展绩效起着决定性影响。[③] 其次，作用机制单一。奥尔森认为，分利集团主要通过两种机制影响经济效率。一是，分利集团议事日程拥挤，难以达成一致性协议，决策缺乏效率，导致新技术的采用被延缓，价格及工资（劳动力的价格）具有黏性，影响资源的有效配置，因而降低了经济效率。二是，分利集团对经济的影响机制还包括对国会的游说，用以影响相关立法以进行寻租，这同样会降低经济效率。例如，企业家组织（分利集团的种类之一）会通过政治献金等多种方式影响政府监管行为，使政

---

① J. M. Buchanan, "Rent Seeking and Profit Seeking," in J. M. Buchanan, R. D. Tollison and G. Tullock, eds., *Toward a Theory of Rent-Seeking Society* (College Station: Texan A&M University Press, 1980), pp. 3-15.

② Anne O. Krueger, "The Political Economy of the Rent-Seeking Society," *The American Economic Review*, Vol. 64, No. 3（June 1974）, pp. 291-303.

③ 青木昌彦表达了类似的观点："运用资源持有者的古典概念，即用他们所掌握的资源类型来标识的如资本家、地主、工人和农民的概念，而不是新古典的同质的资源所有者的概念，并且分析各类资源持有人如何影响政治过程以获取政治租金，常常是十分有用的。"见青木昌彦、金滢基、奥野-藤原正宽主编《政府在东亚经济发展中的作用：比较制度分析》，张春霖等译，中国经济出版社1998年版，第29页。

府放松对垄断、企业信息透明度、环境污染等方面的监管要求和执法力度，从而导致垄断、商业欺诈、逆向选择等类型的行为，会引发严重的经济后果。但是，奥尔森对这些重要的作用机制没有进行分析。[①] 最后，缺乏利益集团间互动分析。在奥尔森的分析框架里，具有重大利益冲突的利益集团之间的互动没有被纳入，这是一个重大疏漏。例如，美国企业家组织通过国会立法对工会组织的打击和削弱产生了严重的经济及政治后果，但利益集团间的博弈没有进入奥尔森的视野。[②] 可以说，奥尔森的理论主要遵循了经济学的思维方式，对于经济、政治之间的互动关注不够，政治经济学内涵有待丰富。

　　以上五种理论共同为新自由主义奠定了理论基础。新自由主义能从政治经济学角度看待发展问题，并揭露了"国家之恶"的根源，是经济学理论的一个进步。然而，它回避了关键的市场失灵问题，没有对信息不对称、垄断、外部性等因素对市场效率的严重损害给予充分关注。在缺乏监管的情况下，信息不对称会引发重大的体系性危机，这在 2008 年金融危机中得到充分体现，但新自由主义对此没有做出理论反思。[③] 新自由主义在指导发展中国家自由化改革时也遭遇了明显挫败，拉美、非洲、俄罗斯及东欧国家的新自由主义改革均未获成功。拉美国家在 35 年里（1980~2005 年）人均国内生产总值只增长了 11%，经济增长基本陷入停滞，并且发生了墨西哥比索危机（1995 年）、巴西雷亚尔危机（1999 年）和阿根廷债务危机（2001 年）等一连串货币金融危机，经济体系的脆弱程度明显上升。[④] 除乌干

---

① 约瑟夫·E. 斯蒂格利茨：《自由市场的坠落》，李俊青等译，机械工业出版社 2017 年版。

② 关于美国企业家组织对工会的压制，可参见雅各布·S. 哈克、保罗·皮尔森《赢者通吃的政治：华盛顿如何使富人更富，对中产阶级却置之不理》，陈方仁译，格致出版社、上海人民出版社 2015 年版。

③ 关于信息不对称问题，参见 Sanford Grossman, Joseph Stiglitz, "On the Impossibility of Informationally Efficient Markets," *The American Economic Review*, Vol. 70, No. 3 (June 1980), pp. 393 – 408; Joseph Stiglitz, "Rethinking Development Economics," *The World Bank Research Observer*, Vol. 26, No. 2 (August 2011), pp. 230–236。

④ José Luis Machinea and Osvaldo L. Kacef, "Growth and Equity: In Search of the Empty Box," in Ricardo Ffrench-Davis, José Luis Machinea, eds., *Economic Growth with Equity: Challenges for Latin America* (Palgrave Macmillan: New York, 2007), p. 3. 相关实证研究可参见 Rudiger Dornbusch, Sebastian Edwards, eds., *Reform, Recovery, and Growth: Latin America and the Middle East* (NBER, Chicago: University of Chicago Press, 1995); Paul Krugman, "Dutch Tulips and Emerging Markets," *Foreign Affairs*, Vol. 74, No. 4 (July/August 1995), pp. 28–44。

达、莫桑比克、坦桑尼亚等少数国家之外，撒哈拉以南非洲国家在进行了市场化改革后仍未能实现经济起飞，而且经济体系比改革前更为脆弱。俄罗斯和东欧国家的经济状况在改革十年后仍未能恢复到 1990 年（即改革前夕）的水平。[①] 更重要的是，拉美国家、俄罗斯新自由主义改革的失败表明，政府是塑造市场的主要力量，如果政府是腐败的，那么小政府也未必是好政府，更不能打造出好市场，依靠限制政府规模来创造好政府的思路不合逻辑。[②] 新自由主义的理论缺陷及其现实表现都充分显示了其片面性，它没有能力解释"好市场"和"坏市场"的差异及出现原因，在实践中的失败也不可避免。面对失败，新自由主义被迫重新审视国家作用并开始向新制度经济学靠拢。[③] "华盛顿共识"的首倡者约翰·威廉姆森（John Williamson）不得不承认：市场机制只是增长的必要条件，而非充分条件，第二代新自由主义改革要加强制度建设，促进社会平等。[④] 而布坎南、塔洛克等的宪法改革思路本身即带有制度主义的色彩。新自由主义与新制度主义其实是一种互为表里的关系，由于新制度经济学本身的理论缺陷，披上制度外衣的新自由主义也无法实现自我救赎。

在新自由主义起起落落的同时，国家干预主义也呈现复兴之势。二战以后，"东亚奇迹"的出现引发人们对国家作用的反思，促进了新一波国家干预主义理论的诞生，这些理论站在了新自由主义的对立面。其中，发展型国家（developmental state）和市场加强型政府（market-enhancing government）等理论产生了广泛影响。查默斯·约翰逊（Chalmers Johnson）等学者提出，发展型国家与调节型国家（regulatory state）是两种不同的国家类型。发展型国家

---

① Dani Rodrik, "Goodbye Washington Consensus, Hello Washington Confusion? A Review of the World Bank's *Economic Growth in the 1990s: Learning from a Decade of Reform*," *Journal of Economic Literature*, Vol. 44, No. 4 (December 2006), pp. 973-987.

② 高波：《拉美国家的体系性腐败及其治理》，《现代国际关系》2021 年第 3 期，第 40~49 页；Luigi Manzetti, "Political Manipulations and Market Reforms Failures," *World Politics*, Vol. 55, No. 3 (April 2003), pp. 315-360。

③ Pedro Pablo Kuczynski and John Williamson, eds., *After Washington Consensus: Restarting Growth and Reform in Lain America* (Washington: Peterson Institute Press, 2003).

④ John Williamson, "An Agenda for Restarting Growth and Reform," in Pedro Pablo Kuczynski and John Williamson, eds., *After Washington Consensus: Restarting Growth and Reform in Lain America* (Washington: Peterson Institute Press, 2003).

以第二次世界大战后的日本为典型，政府抱有经济增长和民族主义双重目的，产业政策是政府促进经济增长的主要工具，包括保护性政策和扶持性政策两大类，前者以进口关税、进口许可和限额、外汇管制等政策为主，后者主要包括优惠贷款、补贴、建立工业园区等政策。这两类政策可以对经济增长产生促进作用。调节型国家以美国为典型，政府主要关注经济竞争规则的制定与执行，产业发展等问题由市场机制决定。[1] 而市场加强型政府理论则认为，政府与市场不能相互替代，政府主要在经济协调方面发挥作用。具体而言，当经济发展水平较低时，私人企业间的经济协调能力尚未充分发育，政府在这方面应发挥主要作用，推动相互配套的产业体系的形成，以提高经济的整体效率。随着经济体系日趋成熟，私人部门的自我协调能力提高，政府的协调作用逐步减小，退居次要地位。[2] 类似理论还包括"内聚型资本主义国家"（cohesive-capitalist state）、"国家职团主义"（state corporatism）等。[3]

这些国家干预主义理论需要回应新制度主义、新自由主义的质疑，即国家或曰政治精英集团为什么愿意把公共利益而非私人利益作为首选，国家为什么能克制自身的掠夺冲动而且不会被分利集团俘获。约翰逊基于对日本通产省的案例研究提出，由官僚精英集团的内部结构性特征（包括严格选拔、长期任职、论功行赏和紧密的同学关系等）所形成的内在约束可以保证国家的自主性和效率，这种理论强调了官僚集团内部的相互监督所产生的积极影响。彼得·埃文斯（Peter Evans）对非洲、拉美、东亚地区个案进行了比较，提出了"嵌入式自主性"（embedded autonomy）概念。在他看来，官僚集团的内部结构性特征只能保证国家作为一个整体嵌入社会，但国家与社会互动的外部结构

[1] Chalmers Johnson, *MITI and the Japanese Miracle* (California: Stanford University Press, 1982); Gordon White, ed., *Developmental States in East Asia* (London: Macmillan, 1988); Robert Wade, "What Can Economics Learn from East Asian Success," *The Annals of the American Academy of Political and Social Science*, Vol. 505 (September 1989), pp. 68–79.

[2] 青木昌彦、金滢基、奥野-藤原正宽主编《政府在东亚经济发展中的作用：比较制度分析》，张春霖等译，中国经济出版社 1998 年版，第 1~42 页。

[3] Atul Kohli, *State-Directed Development: Political Power and Industrialization in the Global Periphery* (New York: Cambridge University Press, 2004); Robert Wade, *Governing the Market: Economic Theory and the Role of Government in East Asian Industrialization* (Princeton, N.J.: Princeton University Press, 1990).

更为关键。战后东亚的官僚集团不仅具有高度内聚力，而且掌握稀缺的金融资源，他们面对的是相对弱小的工业资产阶级，传统农业精英也被战争削弱，因而官僚集团在与私营企业界的互动中处于强势地位，这保证了官僚集团的自主性和经济政策制定的独立性。而巴西官僚集团面临完全不同的外部结构，他们不仅受制于强大的传统农业精英集团，而且还要应对拥有巨大经济、政治影响力的跨国公司，国家自主性严重不足，因而无力推动国内工业化进程。① 但是实证研究对这些理论提出了质疑：当政治精英集团处于强势地位时，他们往往会选择与私营部门结成寻租腐败同盟，以实现自身利益最大化，而不会满足于论功行赏之类的小的利益分配。② 东亚官僚集团何以避免了这个陷阱？约翰逊的内部结构理论和埃文斯的外部结构理论都没有对这个关键问题做出回答。因此，埃文斯也承认，"（官僚）与私人资本之间避免庇护主义和腐败的制约因素仍未得到清晰的解释"。③ 阿图尔·科利（Atul Kohli）等提出的"内聚型资本主义国家""国家职团主义"等理论也都具有类似的缺陷。④ 国家或曰当政者为什么愿意推动经济发展？国家能以何种方式推动经济发展？对于这些问题，国家干预主义理论还没有给出令人满意的答案。

林毅夫的新结构经济学则是新自由主义和国家干预主义的混合物，带有中间道路的色彩。他认为，一国的要素禀赋结构决定了其比较优势，对发展中国家而言，这意味着丰富的自然资源和非熟练劳动力，但人力资本和物质资本相对匮乏。要实现持续的经济增长和产业升级，这些国家的最佳选择就是发展适合自身的具有比较优势的产业，这样就能在国际市场上获得最高回报。出口收

① Chalmers Johnson, *MITI and the Japanese Miracle* (Stanford: Stanford University Press, 1982); Peter B. Evans, "Predatory, Developmental, and Other Apparatuses: A Comparative Political Economy Perspective on the Third World State," *Sociological Forum*, Vol. 4, No. 4 (December 1989), pp. 561-587.

② 高波：《权力结构视角下的发展陷阱：基于对委内瑞拉"蓬托菲霍体制"的分析》，《国际政治研究》2020 年第 1 期，第 9~36 页。

③ Peter B. Evans, "Predatory, Developmental, and Other Apparatuses: A Comparative Political Economy Perspective on the Third World State," *Sociological Forum*, Vol. 4, No. 4 (December 1989), p. 583.

④ 相关理论见 Atul Kohli, *State-Directed Development: Political Power and Industrialization in the Global Periphery* (New York: Cambridge University Press, 2004); Robert Wade, *Governing the Market: Economic Theory and the Role of Government in East Asian Industrialization* (Princeton, N. J.: Princeton University Press, 1990)。

益的增加带来资本积累的增加，动态比较优势也随之转变，由资源、劳动力密集型产品转变为物质、人力资本密集型产品，从而实现经济结构的升级。林毅夫的国家理论是：政治领袖是理性人，追求长期执政和名垂青史，因此他愿意实施有利于经济繁荣的政策；如果当时的流行思潮是正确的，即符合动态比较优势的，从这种思潮演化而来的政策就会成功，反之就会失败；好政策包括塑造有利于经济增长的制度环境，提供基础设施，实施不违反要素禀赋、比较优势的产业政策，并在结构升级阶段发挥协调作用；二战以来几乎所有的主流思潮（国家干预主义和新自由主义）都是错误的，所以大部分国家都发展失败，只有东亚经济体既充分发挥了市场的调节作用，又得到政府"恰到好处"的辅助，才获得成功。①

新结构经济学试图融合各家之长，从政治经济学角度开辟新的理论路径，这是中国经济学界在基础理论创新方面做出的宝贵尝试。但新理论存在三方面的缺陷。首先，关于比较优势及结构升级的理论与拉美、东亚等地区的发展中经济体的经历明显不符。自19世纪以来，多数拉美国家都出现过多次出口繁荣，但没有一个国家能够实现结构升级。② 以秘鲁为例，在1830~1975年，这个国家经历了三次出口繁荣期。其中，1830~1883年为鸟粪繁荣，出口额年均增长率为7%。1880~1930年经历了由矿业、棉花、甘蔗等驱动的出口繁荣，增长率与上一时期相近。1942~1970年再次出现初级产品出口大繁荣，年均增长率达10%。秘鲁充分发挥了自然禀赋优势，得到大量出口收入，但其经济结构并没有升级。拉美大多数国家与秘鲁有相似的经历。此外，东亚的经济飞速发展也并非始于出口增长，而是始于土地改革和小农经济的繁荣。③ 另外，

---

① 林毅夫：《新结构经济学——重构发展经济学的框架》，《经济学》（季刊）2010年第1期，第1~32页；林毅夫：《〈新结构经济学〉评论回应》，《经济学》（季刊）2013年第3期，第1095~1108页；林毅夫：《经济发展与转型：思潮、战略与自生能力》，北京大学出版社2008年版。

② 维克托·布尔默-托马斯：《独立以来的拉丁美洲经济史》（第三版），张森根、王萍译，浙江大学出版社2020年版。

③ 相关论述参见 Rosemary Thorp, Geoffrey Bertram, *Perú 1890-1977: Crecimiento y Políticas en Una Economía Abierta* (Universidad del Pacífico: Lima, 2013), pp. 19 - 33; Shirley W. Y. Kuo, Gustavo Ranis, John C. H. Fei, eds., *The Taiwan Success Story* (Boulder, Colorado: Westview Press, 1979); Gustavo Ranis, "Industrial Development," in Walter Galensen, ed., *Economic Growth and Structural Change in Taiwan* (Ithaca: Cornell University Press, 1979); Dani Rodrik, "King Kong Meets Godzilla: The World Bank and the East Asian Miracle," *CEPR Discussion Paper*, No. 944 (April 1994).

产业政策的有效性问题或曰产业政策在何种情况下才能生效等问题仍存在争议。政府在选择优先产业、企业时会面临信息不充分和寻租问题，成本—收益也很难评估。正如克鲁格和罗德里克所说，林毅夫的新结构主义与旧结构主义在本质上是相同的，因为它们提倡的是同样的产业政策。① 把拉美国家的升级失败归咎于产业政策缺位的观点缺乏理论和实证根基。

其次，新结构经济学假设了一个"好政府"并以此作为理论构建的基点，其国家理论犯了方向性的错误。新结构经济学提出：作为理性人，执政者的目标为长期执政和名垂青史，因此所有的政府都是好政府；国家掌握有组织暴力，因而所有国家都具有完全的自主性；国家犯错误的原因在于无知，信奉错误思潮的领导人出台坏政策，或是背离比较优势，或是协调功能缺位，导致发展失败；只有在遇到坏理论、执政失败的情况下，政府才需要去收买利益集团，从而沦落为坏政府。这个错误的政治假设仍然受困于新古典经济学传统的"国家幻象"，把国家视为公正无私的行为者，把政策错误归因于无知，这种观念严重偏离现实。事实上，执政者的利益最大化往往具有多个维度，除长期执政外，政治精英往往还希望实现财富最大化。以拉美地区为例，该地区的执政者既希望连选连任或多次当选，又接二连三地陷入了腐败丑闻。在透明国际（Transparency International）发布的历年清廉指数（Corruption Perception Indictor，CPI）全球排名（共收录180个国家）中，拉美国家普遍得分较低，排名靠后。2020年，拉美地区主要国家巴西（得分38分，全球排名第94位）、墨西哥（31分，第124名）、阿根廷（48分，第78名）等都被认为存在严重的腐败现象，得分低于地区平均值（41分）。委内瑞拉（15分，第176名）、海地（18分，第170名）、危地马拉（22分，第159名）等国则居于全球最腐败国家之列。② 在综合全球32种民意调查和专家报告的基础上，世界银行利用"腐败控制指数"（Corruption Control Indicator，CCI）对215个国家进行了评估，拉美国家在其中的得分与排名与清廉指数排

---

① Anne Krueger and Dani Rodrik, "Comments on New Structural Economics of Justin Yifu Lin," *The World Bank Research Review Observer*, Vol. 26, No. 2 (August 2011), pp. 222-229.

② 透明国际2020年清廉指数数据，https://www.transparency.org/en/cpi/2020/index/nzl#，访问时间：2021年2月15日。

名相近，总体上也非常靠后。① 截至 2018 年，超过 20 名拉美国家（前）总统受到腐败指控或因腐败罪名入狱服刑。民意调查显示，有 62% 的巴西选民、61% 的墨西哥选民及 53% 的阿根廷选民相信本国总统卷入了腐败。② 晚近案例包括阿根廷前总统卡洛斯·梅内姆（Carlos Menem）与内斯托·基什内尔、克里斯蒂娜·基什内尔夫妇（Néstor Kirchner, Cristina Kirchner），以及巴西前总统费尔南多·科洛尔（Fernando Collor）、路易斯·卢拉·达席尔瓦（Luis Lula da Silva），墨西哥前总统恩里克·涅托（Enrique Nieto），等等。秘鲁是拉美国家的典型，自 1980 年重新民主化以来的 6 位前总统中有 5 位受到腐败指控。其中，两度担任总统的阿兰·加西亚（Alan García，1985～1990 年，2006～2011 年）拒捕自杀，阿尔韦托·藤森（Alberto Fujimori，1990～2000 年）因贪腐等多项罪名正在狱中服刑，亚历杭德罗·托莱多（Alejandro Toledo，2001～2006 年）被以腐败罪名起诉后流亡美国，奥扬塔·乌马拉（Ollanta Humala，2011～2016 年）被预防性羁押，佩德罗·巴勃罗·库琴斯基（Pedro Pablo Kuczynski，2016～2018 年）因腐败丑闻辞职并受到预防性羁押。③ 从拉美国家政客严重的贪腐行为可以看出，新结构经济学关于政治理性人的假设失之片面，政治精英不仅追求最大化的政治权力，而且追求最大化的物质利益，因而并不必然造就追求公共利益的好政府。

最后，在国家自主性问题上，新结构主义关于国家控制有组织暴力并因此获得自主性的假设也是错误的。对拉美国家新型军事政变的研究表明，执政者（总统）未必一定能掌握军队，因为军队是一个相对独立的利益集团。当军队对自身利益的认知与执政者的认知产生分歧的时候，它就有可能通过军事政变的形式推翻政府，在这种情况下政府并不具备自主性。④ 墨西哥、委内瑞拉等拉美国家多次失败的税收改革表明，相对于强大的私营企业家集团，政府在重

① 世界银行腐败控制指数数据库，https://databank.worldbank.org/databases/control-of-corruption，访问时间：2020 年 7 月 15 日。
② Latinobarómetro, *INFORME 2018*（Corporación Latinobarómetro, Santiago de Chile, 2018），p. 59.
③ 高波：《拉美国家的体系性腐败及其治理》，《现代国际关系》2021 年第 3 期，第 40 页。
④ 相关事实及理论可参见李昊旻《权力结构视角下的拉美"天鹅绒政变"研究》，《拉丁美洲研究》2022 年第 2 期，第 99～119 页。

大财政政策制定上的自主性是非常有限的。[①] 因此，新结构经济学关于国家自主性的假设过于简单化，经不住实证研究的检验。

新结构经济学在本质上与它所批判的旧结构经济学基本相同，它对新自由主义所提出的"国家之恶"问题没有进行深入辨析，没有跟上发展理论进步的步伐，也就不能为比较优势及经济结构升级理论提供牢固的政治支撑。

总的来看，新自由主义指出了国家的阴暗面，也解释了为什么历史上出现过的坏政府要远远多于好政府。但新自由主义不能解释为什么的确出现了一些好政府，尽管为数不多。国家干预主义对此做出了初步回应，但它又不能解释为什么会出现那么多坏政府。关于好国家出现的原因、国家应该做什么、怎么做等重大问题都还悬而未决。

第四节　平等主义理论：平等才能发展

与前面那些关注供给端的理论不同，发展问题研究的另一个思路是关注分配，探索平等与发展的关系。正如皮凯蒂所说："我们从很早起就应该把收入不平等的问题重新置于经济分析的核心。长久以来，经济学家们都忽视了财富分配，部分是由于库兹涅茨的乐观结论，部分是由于对以所谓代表性行为人为基础的简单数学模型的过度热情。"[②]

分配包括收入（流量）分配和财富（存量）分配。由于缺乏高质量的历史统计数据以及计量方法存在缺陷，人们对分配—增长关系的计量分析长期未能达成共识。[③] 在影响机制方面，具有广泛影响的"不平等→高储蓄→高增长"机制是由阿瑟·刘易斯（Arthur Lewis）、西蒙·库兹涅茨（Simon Kuznets）等学者提出的。他们认为，富人的储蓄倾向高于穷人，只有把收入

---

① 高波：《权力结构视角下的发展陷阱：基于对委内瑞拉"蓬托菲霍体制"的分析》，《国际政治研究》2020年第1期，第29~32页；李昊旻：《右翼与民主：墨西哥现代右翼的政治影响》，博士学位论文，南开大学，2019，第142~143页。

② 托马斯·皮凯蒂：《21世纪资本论》，巴曙松等译，中信出版社2014年版，第16~17页。

③ 相关综述可参见 Alberto Alesina and Dani Rodrik，"Distributive Politics and Economic Growth，" *The Quarterly Journal of Economics*，No. 109（May 1994），p. 479；尹恒、龚六堂、邹恒甫《当代收入分配理论的新发展》，《经济研究》2002年第8期，第83页。

集中在富人手中，才有可能产生大量储蓄，由此转化为投资和经济增长。如是，一个高度不平等的社会比平等型社会拥有更高储蓄率、更多投资和更高增长速度。库兹涅茨还提出了一个著名的假说：在更高发展阶段，收入会通过多种机制溢出到比较贫困的阶层，从而降低不平等程度。[①] 这就是所谓的"涓滴效应"，也是"先把蛋糕做大，然后再分配"观点的由来。由于缺乏可靠的长期数据，库兹涅茨假说一直没有得到证实，学术界为此争论不休。但是，皮凯蒂用坚实的长期跨国统计数据证伪了库兹涅茨假说：美国等 5 个发达国家1910～2010 年的数据表明，长期收入分配曲线呈 U 形，即先下降后上升，而非库兹涅茨根据美国 1913～1948 年数据所描绘的倒 U 形曲线。[②] 拉美号称"最不平等的大陆"，20 世纪 60 年代至今其基尼系数都保持在 0.5 以上，其长期增长率则远低于美国。[③] 两类国家（发达国家与发展中国家）的典型事实都说明"不平等→高储蓄→高增长→平等"逻辑并不成立。

在相反的方向上，经济学家探讨了不平等阻碍发展的多种机制。托斯腾·珀森（Torsten Persson）、吉多·塔贝伊尼（Guido Tabellini）等共同探讨了"不平等→高税收→低增长"机制。他们都采用"中位数选民模型"（median-voter model）作为前提假设，即选举结果和重大政策由中间选民决定；在不平等社会中，中位数选民中穷人的数量更大，他们倾向于征收累进税，导致资本积累减少和增速降低；收入分配的中位数与平均值的差距越大，资本税率就越高，经济增速就越低，所以不平等对经济增长有负面影响。[④] 但中位数选民模型本身缺

① Arthur Lewis, "Economic Development with Unlimited Supplies of Labour," *The Manchester School* (May 1954), pp. 149 - 150; Simon Kuznets, "Economic Growth and Income Inequality," *The American Economic Review*, Vol. 45, No. 1 (March 1955), p. 7.

② 相关文献参见 Simon Kuznets, "Economic Growth and Income Inequality," *The American Economic Review*, Vol. 45, No. 1 (March 1955), pp. 1 - 28; Stephen Knack, Philip Keefer, "Does Inequality Harm Growth Only in Democracies? A Replication and Extension," *American Journal of Political Science*, Vol. 41, No. 1 (January 1997), pp. 323-332; 托马斯·皮凯蒂《21 世纪资本论》，巴曙松等译，中信出版社 2014 年版。

③ Victor Bulmer-Thomas, *The Economic History of Latin America since Independence* (New York: Cambridge University Press, 2014), pp. 330, 426.

④ Torsten Persson and Guido Tabellini, "Is Inequality Harmful for Growth," *The American Economic Review*, Vol. 84, No. 3 (June 1994), pp. 600-621; Torsten Persson and Dani Rodrik, "Distributive Politics and Economic Growth," *The Quarterly Journal of Economics*, Vol. 109 (May 1994), pp. 465-490.

乏实证研究的支持，关于税收与平等关系的实证研究也证伪了这种机制。[①] 阿尔贝托·阿莱西纳（Alberto Alesina）等还提出了"不平等→政治动荡→低增长"机制，认为收入分配不平等会引发政治不稳定，从而降低经济增长率。[②]

阿莱西纳和罗德里克则提出了"土地再分配→高增长"的经济增长机制，聚焦于土地分配问题对经济增长的影响。他们对 1960~1985 年土地分配基尼系数与经济增长的关系进行了回归分析，发现土地分配的平等程度对增长有显著影响：土地基尼系数增加一个标准差（即 0.16），会导致经济年均增长率下降 0.8%。他们据此提出："与那些没有土地改革的国家相比，二战后经历了土地改革并降低了土地所有权不平等的经济体都具有更高的经济增长率。这个问题经常在经济发展文献中被讨论，并被作为一条理由来解释日本、韩国和中国台湾的成功经验，这与发展绩效较差的大多数拉美国家恰成对照。"[③] 世界银行对 1960~2000 年的多国数据进行分析后得出了相同的结论。[④] 罗德里克的另一项研究指出，二战后韩国、中国台湾、马来西亚和泰国之所以能取得持续的高速增长，初始平等（以 1960 年收入水平、土地分配的基尼系数为标准）及初等教育的高入学率是成功的主要原因。因此，罗德里克把土地分配平等作为经济发展的前提。[⑤] 世界银行对 1960~2000 年的多国数据进行分析后也得出了相同的结论，土地平等的重要性已经成为经

---

① Roberto Perotti, "Growth, Income Distribution and Democracy: What the Data Say," *Journal of Economic Growth*, Vol. 1, No. 2 (June 1996), pp. 149-187; Roland Bénabou, "Inequality and Growth," *NBER Macroeconomics Annual*, Vol. 11 (1996), pp. 11-74; Comisión Económica para América Latina y el Caribe (CEPAL), *La Hora de la Igualdad: Brechas por Cerrar, Caminos por Abrir* (Santiago de Chile, 2014); Burton Abrams and Kenneth Lewis, "A Median-Voter Model of Economic Regulation," *Public Choice*, Vol. 52, No. 2 (1987), pp. 125-142; Daron Acemoglu, Andrea Vindigni and David Ticchi, "Emergence and Persistence of Inefficient States," *Journal of the European Economic Association*, Vol. 9, No. 2 (April 2011), pp. 177-208.

② Alberto Alesina and Roberto Perotti, "Income Distribution, Political Instability and Investment," *European Economic Review*, Vol. 40, No. 6 (May 1994), pp. 1203-1228.

③ Alberto Alesina and Dani Rodrik, "Distributive Politics and Economic Growth," *The Quarterly Journal of Economics*, Vol. 109 (May 1994), pp. 479-484.

④ World Bank, *Land Policies for Growth and Poverty Reduction: World Bank Policy Report 2003* (New York: Oxford University Press, 2003).

⑤ Dani Rodrik, "King Kong Meets Godzilla: The World Bank and The East Asian Miracle," *CEPR Discussion Paper*, No. 944 (April 1994).

济发展研究领域的新共识。[①]

凯文·墨菲（Kevin Murphy）、安德烈·斯莱弗（Andrei Shleifer）和罗伯特·维斯尼（Robert Visney）共同构建了一个新模型，模拟了土地分配与国内市场规模、工业化之间的关系。他们提出，在贫穷国家中，农业生产率提高和农产品出口增加会导致收入提高。如果土地占有高度集中，农业和出口收入会集中在大农场主手中，由此产生的需求主要是手工制品和国外生产的奢侈品，这不可能产生大规模国内市场，对工业化的拉动作用很小。如果土地占有平等化，农业收入会在中小农场主或农民中间得到平等分配，从而对国内大规模量产的劳动密集型工业制成品产生巨大需求，这将催生初级的劳动密集型工业化的萌芽，使制造业企业能得到规模收益，有利于降低成本、提高国际竞争力，进而占据国际市场，使得规模收益进一步扩大，资本积累快速增加，这对工业化的顺利成长和转型升级非常关键，经济发展也会由此走上良性循环的道路。[②] 他们的数理模型与东亚新兴经济体、拉美国家的发展经历高度吻合，并且得到美国、西北欧早期发展经验的验证。[③]

诺思对美国早期工业化进程的实证研究证明了这一观点。他对比了美国内战前南部种植园经济与西部自耕农经济。南部种植园收益高度集中于奴隶主手中，他们主要从欧洲进口制成品和奢侈品，导致南部产业结构单一，主要集中于棉花种植与出口；经济多样化缺乏动力，导致城市发展停滞；奴隶及其子女得不到教育，文盲率高，人力资本匮乏。繁荣而平等的西部自耕农经济则产生了对本地生产的日用品的巨大需求，有力促进了经济分工、专业化以及随之而来的技术创新和规模经济的发展；大众教育发展迅速，增加了人力资本，形成

① World Bank, *World Bank Policy Report 2003: Land Policies for Growth and Poverty Reduction* (New York: Oxford University Press, 2003).

② Kevin Murphy, Andrei Shleifer and Robert Visney, "Income Distribution, Market Size and Industrialization," *The Quarterly Journal of Economics*, Vol. 104, No. 3 (August 1989), pp. 537–564.

③ 参见 Nathan Rosenberg, *Technology and the American Economic Growth* (New York: M. E. Sharpe, 1972); Ralph Harbison, "Colombia," in *Tropical Development 1880-1913* (W. A. Lewis, ed. Evanston: Northwestern University Press, 1970), pp. 64–99; Bruce Johnston, John Mellor, "The Role of Agriculture in Economic Development," *American Economic Review*, Vol. 51, No. 4 (1961), pp. 566–593; Gustavo Ranis and J. C. H. Fei, "A Theory of Economic Development," *American Economic Review*, Vol. 51, No. 4 (1961), pp. 533–565。

了外部经济，促进了工业化、城镇化和结构升级。[①] 奥代德·盖勒（Oded Galor）等学者还提出了"土地平等→人力资本形成→经济发展"的机制。他与合作者对美国1880~1940年各州土地平等程度与中学教育普及程度之间的关系进行了量化分析，并与明治维新时期的日本、20世纪初的俄国、二战后的韩国与中国台湾进行了对比，认为土地分配不平等会阻碍教育普及和人力资本形成，对工业化的速度与性质产生不利影响，导致经济体之间发展绩效的明显差异。[②] 这一思路是对土地平等发展理论的有力补充。

对土地平等、家庭农场经济作用的发掘破除了两大传统误解，即农业无用论和平等—效率对立论。农业无用论认为，由于恩格尔系数的作用，农业对经济发展的推动力很小，工业化的前提是农业停滞和劳动力的流出。[③] 事实上，家庭农场经济繁荣是发展的初始动力，是开启发展之门的"敲门砖"。B. 约翰斯顿（B. Johnston）和 J. 梅勒（J. Mellor）的经典研究早已指出：只有农业先行繁荣才能为工业化提供必要的资金、外汇、粮食和市场。[④] 诺思也指出："成功的农业商品生产会成为并且在一些国家已经成为经济增长、外部经济、

---

① Douglass North, "Agriculture in Regional Economic Growth," *Journal of Farm Economics*, Vol. 41, No. 5, (December 1959), pp. 937–960. 著名经济学家杨小凯也高度重视分工即斯密式创新对长期增长的关键作用，他所创建的超边际分析和新兴古典经济学也是建立在分工基础之上的，但他没有深入发掘分工的源泉。杨小凯的相关论述见 Xiaokai Yang and Jeff Borland, "A Microeconomic Mechanism for Economic Growth," *Journal of Political Economy*, Vol. 99, No. 3 (June 1991), pp. 460–482; Jeffrey Sachs and Xiaokai Yang, "Market Led Industrialization and Globalization," *Journal of Economic Integration*, Vol. 17, No. 2 (June 2002), pp. 223–242; 杨小凯：《发展经济学：超边际与边际分析》，张定胜、张永生译，社会科学文献出版社2003年版。

② Oded Galor, Omer Moav and Dietrich Vollrath, "Inequality in Landownership, the Emergence of Human-Capital Promoting Institutions and the Great Divergence," *The Review of Economic Studies*, Vol. 76, No. 1 (January 2009), pp. 143–179; Kenneth Sokoloff, Stanley Engerman, "History Lessons: Institutions, Factors Endowments and Paths of Development in the New World," *The Journal of Economic Perspectives*, Vol. 14, No. 3 (Summer, 2000), pp. 217–232; W. Easterly, "Inequality Does Cause Underdevelopment: Insights from a New Instrument," *Journal of Development Economics*, No. 84 (2007), pp. 755–776.

③ 参见 Arthur Lewis, "Economic Development with Unlimited Supplies of Labor," *Manchester School*, Vol. 22, No. 2 (1954), pp. 139–191。

④ Bruce Johnston and John Mellor, "The Role of Agriculture in Economic Development," *American Economic Review*, Vol. 51, No. 4 (1961), pp. 566–593.

城市化和工业化发展的首要动力。……把工业化和农业停滞联系起来的观点完全搞错了经济变迁问题，是对（美国）200 年经济史的重大误读。"[1] 世界银行进一步指出，小规模家庭农场所蕴含的生产潜力比大型农场更高。[2] 平等—效率对立论认为平等有损经济效率，但上述多项研究均表明，土地平等是消除这种对立的关键。土地平等是对生产资源的再分配，能够在提高产出的同时扩大需求，在提振消费的同时增加储蓄和投资，兼顾平等与效率。由此可见，土地平等理论提出了一条全新的包容型发展路径。有研究指出，其他类型的农业改革如印度的租佃制改革、废除柴明达尔（中间人）制等也对减贫和经济增长产生了一定的促进作用。[3] 这表明土地平等具有丰富的内涵，包括土地分配、农业政策等多种维度。

但土地平等从何而来仍是一个悬而未决的问题。阿莱西纳等的研究局限于经济领域，且依赖一个重要的前提假设，即初始状态平等。至于初始状态平等从何而来，他们并没有进行探究。正如著名学者阿兰·德·詹弗瑞（Alain de Janvry）所说，成功的土地改革非常罕见，需要有一种政治理论来解释为什么只有极少数国家能够实现土地平等。[4] 概言之，经济发展研究已取得重大进展，新制度经济学已经深入政治权力分析层面，土地平等理论则提出了完整的经济发展机制，但二者还没有实现充分融合，发展研究急需一个更全面的分析框架。

以结构主义和依附论为代表的激进政治经济学派则从更宽广的视野来探讨平等问题。首先，这些理论的分析对象超越了民族国家，把整个世界经济体系都纳入研究视野。它们都强调世界经济体系的不平等性和剥削性，结构主义创始人劳尔·普雷维什（Raúl Prebisch）提出了"中心—外围"分析框架：中心

---

① Douglass North, "Agriculture in Regional Economic Growth," *Journal of Farm Economics*, Vol. 41, No. 5 (December 1959), pp. 944, 950.

② 世界银行：《2006 年世界发展报告：公平与发展》，中国科学院—清华大学国情研究中心译，清华大学出版社 2006 年版，第 98~100 页。

③ Timothy Besley, Robin Burgess, "Land Reform, Poverty Reduction and Growth: Evidence from India," *The Quarterly Journal of Economics*, Vol. 115, No. 2 (May 2000), pp. 389-430.

④ Alain de Janvry, "The Role of Land Reform in Economic Development: Policies and Politics," *American Journal of Agricultual Economics*, Vol. 63, No. 2 (May 1981), pp. 384-392.

国家利用技术、资本优势建立了对外围国家的支配，从外围汲取资源和经济剩余来为自身的发展服务，主要渠道是国际贸易。普雷维什—辛格命题解释了这种机制：由于低收入弹性和低价格弹性的共同作用，初级产品相对于工业制成品的贸易条件会在长期内趋于恶化。因此，出口初级产品、进口制成品的穷国实际上是在"补贴"富国。外围的部分经济剩余被中心吸走，资本积累能力下降，不利于发展。普雷维什由此推论，发展中国家的出路是以进口替代工业化，使用贸易壁垒减少工业制成品进口，并以补贴、优惠措施扶持本国制造业，实现工业化和发展。① 与结构主义者相比，依附论者更为激进。他们认为：中心不仅阻碍了外围发展，而且还是外围落后的根源；依附关系遍及经济、政治、军事、意识形态等各个领域，只有走革命和社会主义道路才能打破依附、实现发展。② 其次，激进政治经济学派对国内不平等的根源也进行了深入挖掘。普雷维什提出，权力关系的不平等是一切不平等的根源。他把权力划分为经济权力、政治权力、工会权力等形式。上层集团通过占有生产资料和金融资源而获得经济权力，并使用经济资源进一步获取政治权力。通过这些权力，上层集团得以占有大部分经济剩余，满足其特权消费和投资需求。社会中下层通过工会组织和民主化获取工会权力和政治权力，他们凭借这些权力与上层争夺经济剩余，但往往处于下风。依附论学者费尔南多·恩里克·卡多佐（Fernando Henrique Cardoso）、恩佐·法莱托（Enzo Faletto）也认为，外围国家内部各阶级、利益集团之间的结盟和斗争决定了该国的发展空间，寡头、出口商集团、金融集团、中产阶级、下层民众之间在不同历史阶段所建立的政治

---

① Raúl Prebisch, "El Desarrollo Económico de la América Latina y Algunos de sus Principales Problemas," *Desarrollo Económico*, Vol. 26, No. 103 (October – December 1986), pp. 479 – 502. （该文英文版发表于 1950 年，西班牙文版发表于 1986 年。）Raúl Prebisch, "Cinco Etapas de mi Pensamiento sobre el Desarrollo," *El Trimestre Económico*, Vol. 50, No. 198 (2) (Abril-Junio de 1983), pp. 1077-1096。

② 参见 André Gunder Frank, "Dependencia Económica, Estructura de Clases y Política del Subdesarrollo en Latinoamérica," *Revista Mexicana de Sociología*, Vol. 32, No. 2 (March–April 1970), pp. 229-282；Osvaldo Sunkel, "La Dependencia y la Heterogeneidad Estructural," *El Trimestre Económico*, Vol. 45, No. 177 (1) (Enero-Marzo de 1978), pp. 3-20；特奥托尼奥·多斯桑托斯《帝国主义与依附》，毛金里等译，社会科学文献出版社 1992 年版。

关系决定了依附关系的存续及生产结构的变化。[①]

　　应该说，激进政治经济学将理论视野拓展至国际层面，并从权力关系层面探讨不平等问题，揭示了一些阻碍发展的深层因素。不过，这一理论也有明显缺陷。首先，进口替代工业化的成效远不及预期，普雷维什也承认这一点。[②]其次，战后东亚新兴经济体的开放度较高，它们不仅实现了高速增长，并从世界经济体系的"外围"向"中心"移动，这说明激进理论对世界经济体系的认识不够全面。身处同一个世界体系之中，有些国家获益多而受损少，另外一些国家则截然相反，激进理论对此未能给出解答。卡多佐和法莱托的理论仅指出了研究路径，还没有具体结论。然而，激进政治经济学派和新古典经济学派都关注到了社会生活中的权力关系，把这些理论与土地平等理论相结合，就有可能发现新的发展理论增长点。

---

①　Fernando Henrique Cardoso, Enzo Faletto, *Dependencia y Desarrollo en América Latina: Ensayo de Interpretación Sociológica* (Buenos Aires: Siglo Veintiuno Editores, 2011).

②　Victor Bulmer-Thomas, *The Economic History of Latin America since Independence*, 3rd edition (New York: Cambridge University Press, 2014), pp. 296-330; Raúl Prebisch, "Cinco Etapas de mi Pensamiento sobre el Desarrollo," *El Trimestre Económico*, Vol. 50, No. 198 (2) (Abril-Junio de 1983), p. 1087.

第二章　政治发展诸流派

政治发展指政治体系能力与包容性的提高，主要包括公民社会组织水平的提高和自主政治参与能力的提升、政党吸纳与整合能力的提升、国家治理能力的提升，以及政治制度的优化、公民政治文化的形成与巩固等领域的变化。①政治发展研究兴起于二战之后，早期受现代化理论影响较大，将政治发展等同于民主化、世俗化、结构与功能的分化和专门化等，西方中心论色彩较为浓厚。在第三波民主化浪潮发生后，民主过渡与民主巩固问题又成为研究的焦点。因此，这里的评述集中于民主化相关理论，将其作为政治发展理论的替代品。

第一节　经济动力论：越富裕越民主？

当发展经济学家日益强调政治因素的重要性的时候，很多政治学家却仍然沿袭现代化理论的传统，把经济发展奉为政治发展的原动力。这种"经济动力论"又分为三个泾渭分明的支流，即经济发展有利论（又可称为乐观论）、经济发展有害论（又可称为悲观论）和不确定论。

著名政治学家西摩·马丁·李普塞特（Seymour Martin Lipset）是经济发展有利论的代表人物。他发现，以人均收入、教育、工业化、城市化等指标衡

---

① 派伊曾列举了多达10种对政治发展的定义，包括民主化、政治现代化、大众动员和参与等，见鲁恂·派伊《政治发展面面观》，任晓等译，天津人民出版社2009年版，第47~62页。此后，亨廷顿等学者又提出了政治制度化等定义。

量的经济发展水平与民主之间存在正相关关系。他还提出了具体的作用机制：第一，随着经济发展水平提高，收入分配和教育会得到改善，这会减少来自社会下层的政治压力；第二，经济发展会导致中产阶级扩大，而中产阶级倾向于支持温和、民主的政党；第三，经济发展会缓和社会上层对下层的轻蔑态度，使之更愿意与社会下层分享权力；第四，财富水平的提高可以避免零和效应，有利于政治权力的有序转移；第五，经济发展可以促进公民社会的扩大，有利于提高政治参与水平。[①]

塞缪尔·P. 亨廷顿（Samuel P. Huntington）则认为经济发展有害于政治发展。他指出，虽然高水平的经济与政治发展是共生的，但经济发展过程中却容易出现政治动荡：经济增长导致传统社会组织瓦解，很多个人失去原有的身份认同；生产方式和技术快速变化，造成了经济上的成功者和失败者，经济地位变化剧烈；成功获取财富的人同时也希望提升其社会地位和政治权力，失败者不满情绪上升，二者都想改变现状；增长需要提高储蓄率和投资率，减少消费，容易引发社会不满；增长提高了大众的期望值，但政府难以满足。[②] 总之，经济发展和社会动员提高了大众的政治参与水平，但政治制度化水平却往往没有随之提升，导致政治动荡和衰败，并引发革命或改革。亨廷顿认为，革命和改革都有可能推动政治发展，成功的关键在于能否出现高水平的政党组织。墨西哥 1910 年革命后，革命制度

[①] Seymour Martin Lipset, "Some Social Requisites of Democracy: Economic Development and Political Legitimacy," *American Political Science Review*, Vol. 53, No. 1 (March 1959), pp. 69 - 105；西摩·马丁·李普塞特：《政治人：政治的社会基础》，张绍宗译，上海人民出版社 1997 年版，第 24~38 页。弗朗西斯·福山（Francis Fukuyama）也属于乐观派，认为工业化推动劳动分工扩大和新社会阶层的出现，新生的中产阶级是变革的推动者，他们组成政治联盟，通过和平改革建立了高效政府，英美都属于这种类型。建立民主问责制的关键也是经济变化，因为经济增长带来的社会动员会产生对更多民主的需求。此外，他还提出，军事竞争迫使国家提高财政效率、建立强大军队、以才能为标准招募人才，并能促进民族认同感的形成，从而加快了国家建设的步伐。法治的来源是宗教，在具有强大教会的国家，教会势力可以对世俗权力构成有力制约，使之愿意服从统一的法律，如此才能建立法治。但是，该理论的实证基础薄弱，而且没有考虑到战争、教会的双重作用，基本不能成立。福山的相关论述参见福山《政治秩序与政治衰败：从工业革命到民主全球化》，毛俊杰译，广西师范大学出版社 2015 年版。

[②] 亨廷顿的经济观念受到奥尔森的深刻影响，参见 Mancur Olson, "Rapid Growth as a Destabilizing Force," *The Journal of Economic History*, Vol. 23, No. 4 (December 1963), pp. 529-552.

党建立了职团主义制度、总统六年任期制度、激进派与保守派轮流执政制度和新军事制度等，使政治体系具有了复杂性、自主性、内聚性和适应性，制度化水平得到提高，成功实现了政治发展。[①] 由此看来，亨廷顿更强调强大政党对政治发展的推动作用。但是，对于强大政党出现的根源，亨廷顿并没有予以深究。

吉列尔莫·A. 奥唐奈（Guillermo A. O'Donell）也是一位悲观论者，但他提出了与亨廷顿不同的作用机制：南美国家的进口替代工业化在 20 世纪 60 年代趋于停滞，进入跨国公司主导的集约型工业化阶段，技术、资本密集度更高，使用劳动力更少，生产结构和就业结构加速分化，从而导致了民众主义政治联盟的破裂和政治经济动荡。伴随这一转型，南美出现技术官僚膨胀现象，大型企业的管理层、军队高级将领、负责经济事务的政府高官群体扩大，他们都接受过欧美教育并持有相同的保守型意识形态，形成了技术官僚集团。面对政治僵局，技术官僚集团倾向于以暴力镇压民众的再分配要求，强行恢复经济增长。因此，奥唐奈得出了集约型工业化会导致官僚威权主义，经济发展不利于政治发展的结论。[②]

近三十年来，长时段、包括多国数据的定量实证分析越来越多，并倾向于否定乐观论和悲观论。普沃斯基等学者搜集了 135 个国家在 1950～1990 年的数据，以人均年收入为自变量，以民主化、民主巩固为因变量，对其进行回归分析并得出了两个结论。其一：民主化并不是经济发展的副产品，二者之间不存在线性相关关系。当人均收入水平在 1000 美元以下时，威权政体稳固，很少有民主化；在 1000～6000 美元时，发生民主化的可能性上升；超过 6000 美元时，威权政府更加稳定。其二：人均收入水平与民主巩固之间存在线性关系，民主体制随着收入水平的上升越来越巩固，超过 6000 美元时，民主崩溃的可能性为零。因此，民主化与经济发展无关，其原因要到政治角色的博弈中

---

① 亨廷顿并不把民主化作为政治发展的目标，他衡量政治发展的标尺是制度化水平。见塞缪尔·亨廷顿《变革社会中的政治秩序》，李盛平等译，华夏出版社 1988 年版。

② 吉列尔莫·奥唐奈：《现代化和官僚威权主义：南美政治研究》，王欢、申明民译，北京大学出版社 2008 年版。

去找。经济增长也不会动摇任何民主体制。[①]

著名社会史学者巴林顿·摩尔（Barrington Moore）从多阶级互动的角度探讨经济增长与政治发展的关系，他提出：14 世纪以来西欧商品经济的兴起是一切变化的源头，在经济增长推动下，王权、土地贵族、城市工商业资产阶级和农民的不同反应和互动方式决定了政治发展的道路。如果土地贵族以驱离农民的方式来适应农业商品化潮流，自身演变为农业资产阶级并与强大的城市工商业者结盟，就能战胜专制王权并建立议会民主制度，这是资产阶级革命中的英国道路。如果土地贵族和王权联合，共同把农民束缚在土地上加以剥削，就会产生诸多变种，如资产阶级革命性质的法国大革命，以及法西斯主义和共产主义革命等政治后果。[②] 在摩尔看来，经济增长与政治发展之间的关系并不确定，民主或专制皆有可能，阶级间的联盟与斗争决定了政治发展的方向，而资产阶级能否消灭农民是关键。

总的来看，从乐观论、悲观论到不确定论，政治发展领域的理论分歧很大。分歧的根源有两个：一是缺乏比较视野，二是学科分隔。首先，政治学家没有把发达国家与发展中国家的经历进行比较，乐观论主要来自发达国家的经验，在解释发展中国家时比较牵强，悲观论则恰恰相反，主要关注发展中国家的政治动荡与低效，无法解释发达国家成功的政治发展经验。其次，学科分隔造成了发展研究中的盲区，缺乏经济学背景的政治学研究容易迷失方向。政治学家混同了各国经济增长的性质，认为所有国家都沿着同一阶梯拾级而上，仅有先后之别，没有性质之分，忽略了不同国家间的增长类型差异，从而导致了政治发展研究中的方向性失误。如果站在更高的理论层次上来看，这些似乎不可调和的理论分歧其实可以消除。新制度经济学已经指出，各国增长类型可分

[①]　Adam Rzeworski and Fernando Limongi, "Modernization: Theories and Facts," *World Politics*, Vol. 49, No. 2（January 1997），pp. 155-183. 普沃斯基与奥唐奈、菲利普·施密特（Philippe Schmitter）一样，强调过渡进程中不同政治行为者的策略选择所造成的影响。不同之处在于，他使用博弈论这一"形式化、超历史的研究方法"，忽视结构性因素和历史情景。相关论述见亚当·普沃斯基《民主与市场：东欧与拉丁美洲的政治经济改革》，包雅钧等译，北京大学出版社 2005 年版；Guillermo O'Donnell and Philippe Schmitter, *Transitions from Authoritarian Rule*（Baltimore: Johns Hopkins University Press，1986）。

[②]　巴林顿·摩尔：《专制与民主的社会起源：现代世界形成过程中的地主和农民》，王茁、顾洁译，上海译文出版社 2012 年版。

为包容型和排斥型两大类别。李普塞特的乐观论调侧重的是包容型增长的政治后果，亨廷顿、奥唐奈的悲观论强调的是排斥型增长的政治影响，他们对经济领域典型事实的认知不够全面，都犯了以偏概全的错误。乐观论与悲观论其实并不矛盾，可以整合在同一个理论框架之中。此外，亨廷顿的理论始于增长有害论而终于强大政党论。他不理解增长类型的差异，因而不能解释强大政党出现的原因。① 他把墨西哥革命制度党成功的原因归结为一系列的制度建设，其实，革命制度党的成功源于大规模的土地改革及依托土改建立的庇护主义网络，在这个政治基础之上，职团主义等制度才得以建立。②

摩尔的多阶级互动视角代表了分析框架上的进步，然而他同样也不懂得区分经济增长类型。他把商品经济的兴起及各国贵族的不同反应作为不同历史道路的起点，但他未对欧洲各国商品经济兴起的原因加以探究，而是简单地归结为意大利和低地国家的需求拉动，完全忽略了英国在发展类型上与其他国家的差异，也就理所当然地忽略了研究对象国在生产结构、就业结构和政治结构上的重大差异。正因如此，他不能解释为什么英国贵族更能顺应农业商品经济发展、英国工业资产阶级比其他欧洲国家的更强大，也不能解释为什么法国农民会以大革命的方式反抗贵族的剥削，而英国农民在面对更加残酷的圈地运动时却选择了服从。最重要的是，他的"资产阶级民主论"无法以理性逻辑解释为什么强大的英国资产阶级会主动与社会下层分享政治权力，并愿意建立民主制度。而且摩尔所坚持的"农业无用论""农民祸水论"也与经济学实证研究的成果不符，这导致了他在农民问题上的错误判断，最终结论也犯了方向性的错误。应该说，对经济问题的肤浅认识使政治发展研究难以深入，体现了学科分割的重大弊端。

忽略增长类型差异还导致民主问题的量化研究走入误区。例如，威权政体下的包容型增长有利于保持长期政治稳定，因此人均收入的提高与民主化呈负

① 亨廷顿对经济动力问题的模糊认识反映在他早期与后期观点的自相矛盾上。他在《变革社会中的政治秩序》中认为经济增长不利于民主稳定，在《第三波：20 世纪后期民主化浪潮》一书中又把经济增长列为推动民主化的动因之一，其论述参见塞缪尔·亨廷顿《第三波：20 世纪后期民主化浪潮》，刘军宁译，上海三联书店 1998 年版，第 38~82 页。

② 高波：《农民、土地与政治稳定：墨西哥现代村社制度研究》，中国社会科学出版社 2016 年版。

相关，一旦实现民主化之后，其高收入水平又与民主巩固呈正相关；而威权体制下的排斥型增长容易被经济危机打断，并进而引发民主化，此后往往反复出现民主崩溃与民主化现象，这种情况下人均收入水平的提高与民主化和民主崩溃都呈正相关关系。如果不区分这两种增长类型，就会出现数据冲突并导致理论概括的错误。这种错误观念在比较政治学研究中引发的混乱波及范围甚广，近年来围绕"中等收入陷阱"进行的政治理论构建都是这种错误的体现。① 概而言之，经济发展动力论简单地把经济增长作为理论前提，却忽视了增长类型的差异，理论框架有明显缺失，在分析政治发展问题时出现了方向性错误。

第二节　文化动力理论：政治文化决定论的终结

比较政治学界也关注了文化对政治发展的影响。20 世纪 50 年代，加布里埃尔·A. 阿尔蒙德（Gabriel A. Almond）和西德尼·维巴（Sidney Verba）对政治文化做了开创性的实证研究。他们在美国、英国、德国、意大利和墨西哥五国做了大范围的田野调查，就政治认知模式、对政府和政治的感情、公民能力和臣民能力、政治忠诚、公民文化等议题进行了问卷调查和访谈。他们的核心概念是公民文化，即融合了理性—积极性与政治服从—疏离文化并在二者间取得了平衡的政治文化。具有这种文化倾向的公民既积极参与政治事务，又抱有一定的疏离感，不带强烈的感情色彩，可以避免政治的极端化。如果一国的主流政治文化为公民文化，这个国家就能确立牢固的民主制度。②

在政治文化方面更有影响力的研究来自罗伯特·帕特南（Robert Putnam）。帕特南对意大利地方政府改革进行了长达 20 年的跟踪研究，他对政府官员、政治及社会组织领导人、选民进行了大量访谈和问卷调查，并对相关数据进行了回归分析，他的结论是：公民共同体的发育水平是政治发展的关键。公民共

---

① 相关文献可参见 Richard Doner, Ben Ross Schneider, "The Middle-Income Trap: More Politics than Economics," *World Politics*, Vol. 68, No. 4（October 2016），pp. 608 - 644；Alejandro Foxley, Fernando Sossdorf, *Making the Transition: From Middle-Income to Advanced*（Washington, D. C.: Carnegie Endowment for International Peace, 2011）。

② 加布里埃尔·A. 阿尔蒙德、西德尼·维巴：《公民文化——五个国家的政治态度和民主制度》，张明澍译，商务印书馆、人民出版社 2014 年版。

同体的含义为：公民积极参与公共事务，不被利己主义、"搭便车"思维阻碍；公民具有平等意识，认为每个人都拥有平等的权利、承担平等的义务，公民之间是互惠与合作的横向关系，而非控制与依附的垂直关系；公民之间相互信任并乐于相互帮助；公民积极进行结社活动，大量社团结成的社会网络能培养公民的政治技巧、促进利益辨识和利益表达，并增强集体行动能力。意大利北部地区拥有发育良好的公民共同体，拥有互惠规范的公民参与网络（各种合作社、工会、足球俱乐部和识字会等），使他们能够克服"囚徒困境"和"搭便车"倾向，为民主制度的良好运转奠定了基础。意大利南部地区则盛行"非道德家庭主义"，人与人之间互不信任，个人处于孤立状态，政客与市民之间存在垂直的权威—附庸关系，缺乏公民传统和社会资本，这导致腐败、政府绩效低下和民主制度的失效。"对于政治稳定、政府效率甚至经济进步，社会资本或许比物质和人力资本更为重要。……没有公民参与规范和网络……出现霍布斯式结局——非道德家庭主义、庇护制、无法无天、效率低下的政府以及经济停滞——的可能性，比取得民主和经济发展成功的可能性要大得多。"①

阿尔蒙德和帕特南通过实证研究概括出的公民文化、公民共同体等概念都很重要，他们揭示了决定政治行为的重要因素，也强调了平等型政治文化对于政治发展的重要性。公民文化、公民共同体等理论揭示了决定政治行为的重要因素，但这种文化决定论也有明显缺陷，即唯心主义倾向和历史宿命论。他们认为，鉴于文化的稳定性，具有良性政治文化的国家能实现发展，而具有文化劣根性的国家则注定要发展失败，这种宿命论严重限制了政治文化理论的解释能力。首先，无论阿尔蒙德还是帕特南都未能发现特定政治文化的源头。如帕特南所说："意大利北中部的居民们最初是怎样找到合作的方式来解决自己的霍布斯困境的？要回答这一问题，必须进行进一步的研究，这部分地因为，历史学家认为，有关答案似乎已经消逝在黑暗时代的历史迷雾之中了。"② 对文

① 罗伯特·D. 帕特南：《使民主运转起来：现代意大利的公民传统》，王列等译，江西人民出版社 2001 年版，第 215 页。
② 加布里埃尔·A. 阿尔蒙德、西德尼·维巴：《公民文化——五个国家的政治态度和民主制度》，张明澍译，商务印书馆、人民出版社 2014 年版，第 367~371 页；罗伯特·D. 帕特南：《使民主运转起来：现代意大利的公民传统》，王列等译，江西人民出版社 2001 年版，第 212 页。

化起源解释的无力削弱了这些理论的可信度。其次，众多实证研究不支持这种理论。发展领域的著名学者肯尼斯·索科洛夫（Kenneth Sokoloff）和斯坦利·恩格曼（Stanley Engerman）对美洲政治发展史的研究表明，19 世纪前半期美国各州普及选举权的速度有明显差异。在土地及收入分配平等的西部各州，选举权普及较快，选民占总人口比例迅速上升。在土地与收入分配不平等的东部13 州，选举权普及速度明显慢于西部，而且其间经历了激烈的政治斗争，其中 5 个州直到内战前仍保留了对选举权的财产要求。在拉美国家中，收入分配更平等的阿根廷等三国确立男性普选权的时间要远远早于其他国家。① 美国案例表明，在具有相同文化背景的同一国家、同一地区，政治发展进程也会出现明显差异，这是对文化决定论的有力批判。对拉美腐败问题根源的研究也说明了这一点。一些学者提出，拉美国家严重的腐败问题要归因于殖民地传统和天主教文化的不良影响，但世界银行的全球治理指数（WGI）和全球清廉指数（CPI）都表明，具有同样文化背景的智利、乌拉圭和哥斯达黎加却处于全球最清廉国家之列。② 对文化决定论的直接否定来自帕特南自身。他对美国政治的研究表明，20 世纪后期美国政治文化发生显著变化，社会资本（信任感与社会网络）明显衰减，而工作时间延长、郊区化等经济社会因素是引发该现象的重要原因。③ 著名政治学家拉里·戴蒙德（Larry Diamond）等所做的比较研究指出，在 1968 年土地改革之前，依附大庄园生存的秘鲁农业工人在政治效能感、自觉性、对民主制度的认可程度等方面都处于低水平。土改之后，得到土地的工人发生了明显转变，他们的政治效能感、相互信任度、民主认可度都显著提高。对哥伦比亚、哥斯达黎加、斯里兰卡等国的个案研究也佐证这种观点。④ 这些研究成果都说明，无论"好文化"还是"坏文化"，可能都源于

① Kenneth Sokoloff, Stanley Engerman, "History Lessons: Institutions, Factors Endowments and Paths of Development in the New World," *The Journal of Economic Perspectives*, Vol. 14, No. 3（Summer, 2000）, pp. 217-232.

② 高波：《拉美国家的体系性腐败及其治理》，《现代国际关系》2021 年第 3 期，第 40~48 页。

③ Robert Putnam, "Civic Disengagement in Contemporary America," *Government and Opposition*, Vol. 36, No. 2（Spring, 2001）, pp. 135-156.

④ Larry Diamond, Seymour M. Lipset and Juan Linz, "Building and Sustaining Democratic Government in Developing Countries: Some Tentative Findings," *World Affairs*, Vol. 150, No. 1（Summer, 1987）, p. 11.

某种经济社会基础，而经济社会平等则可能是产生公民文化、公民共同体和社会资本的源泉，中世纪意大利北部威尼斯等城市共和国的平等型经济繁荣似乎也暗示了这一点。总的来看，众多实证研究都否定了文化的关键作用，文化决定论的失败很大程度上已经成为学术界的共识。①

第三节　新制度主义：质疑制度的首要作用

比较政治学学者中较早强调制度作用的是胡安·林茨（Juan Linz），他认为，总统制下的总统与国会都由直接选举产生，具有同等的合法性，也都有固定任期。当总统与国会产生冲突时，就容易陷入政治僵局，甚至导致民主中断。议会制的制度刚性虽不如总统制，但政府首脑产生于议会多数党，且没有任期限制，因而不容易出现政治僵局。因此，议会制比总统制更能代表政治发展的方向。② 但他的研究具有局部和静态特征，不能算作完整的政治发展理论。当前，比较政治学中的新制度主义是新制度经济学渗透的结果，它又分为两个支派，即以巴里·温加斯特（Barry Weingast）等为代表的理性选择制度主义和以西达·斯考切波等为代表的历史制度主义。

理性选择制度主义融合了博弈论方法与新制度主义思想，它强调：制度是理性人博弈中产生的必然结果，因而制度是内生的，并且是自我实施的（self-enforcing）。该派理论把政治发展等同于民主制度的建立与维持，温加斯特等提出：制度设计很重要，如果民主制度的设计侧重制衡，使精英集团能够对再分配政策行使否决权，精英就愿意进行民主化并长期维持民主制度。因此，只要按照保护精英利益的原则去设计民主制度，就可以实现政治发展。③

---

① David Laitin, "Comparative Politics：The State of the Subdiscipline," in Ira Katznelson and Helen Milner, eds., *Political Science：The State of the Discipline* (New York：Norton, 2002), pp. 630–659.

② Juan Linz, "The Perils of Presidentialism," *Journal of Democracy*, Vol. 1, No. 1 (1990), pp. 51–69.

③ Barry Weingast, "Rational-Choice Institutionalism," in Ira Katznelson, Helen Milner, eds., *Political Science：The State of the Discipline* (New York：Norton Company, 2002), pp. 660–692.

该理论有两个缺陷。其一，研究方法的"技术俘获"问题。为使用博弈论方法，它剥离了行为者的社会属性，使行为者成为均等、无差别的个体，个体的加总构成整体，遗漏了组织和集体行动问题，也不关注个体在社会结构中的地位差异，其过度简化、高度形式化的分析脱离现实，对现实世界中的政治发展缺乏解释能力。[①] 其二，该理论具有浓厚的保守色彩。它所谓的政治发展局限于民主制度的建立和长期维持，精英集团的既得利益被放在首位，不考虑大多数社会成员的利益诉求，背离了民主精神和政治发展的本意。

与理性选择制度主义的微观演绎分析方法相比，历史制度主义更注重宏观、长时段的动态社会结构分析。斯考切波提出了一种由革命实现政治发展的路径，她对法国大革命、俄国革命和中国革命进行了比较历史分析并指出，内外两种因素引发了革命，外部因素为国际军事竞争和帝国主义入侵，内部因素为农业阶级结构与政治组织对君主政权施加的压力。革命中涌现的新政治精英建立了更加强大的国家，即更加集权、更加官僚化和更加独立自主的国家机构。在革命过程中，农民始终都是决定性的角色，农民起义或农民游击战都对革命成功发挥了关键作用。[②]

著名政治学者迪特里希·鲁施迈耶（Dietrich Rueschemeyer）等对西欧、拉美和加勒比的民主化进程进行了研究，他们不同意摩尔关于资产阶级促进民主的观点，并提出了一种基于权力均衡的观点：如果中产阶级与工人阶级的联合增强了社会中下层的权力，同时上层阶级也能通过操控政党来保护自己的经济利益，双方经过斗争后达致的权力均衡状态有利于促成民主化。尽管每个国家民主化的具体道路不同，"但它们的共通之处在于阶级之间以及国家与社会之间权力的总均衡"。[③] 露丝·贝林斯·科利尔（Ruth Berins Collier）则从西欧和拉美的政治发展史中归纳出民主化的七条道路，认为工会及工人阶级政党

[①]　部分评论可参见 Kathleen Thelen，"Historical Institutionalism in Comparative Politics," *Annual Review of Political Science*，Vol. 2（1999），pp. 369–404。

[②]　西达·斯考切波：《国家与社会革命：对法国、俄国和中国的比较分析》，何俊志等译，上海人民出版社 2015 年版。

[③]　Dietrich Rueschemeyer et al.，*Capitalist Development and Democracy*（Chicago：University of Chicago Press，1992），p. 284.

的斗争在其中至少四条道路中发挥了重要作用。[1] 他们的研究凸显了社会下层和权力均衡的作用。

历史制度主义学者继承并改进了摩尔的比较历史分析方法，他们提出了多阶级权力均衡的观点，以阶级间制衡的观点取代了摩尔的资产阶级民主论，弥补了后者微观逻辑上的缺陷。权力均衡理论符合理性人逻辑，对历史的解释能力更强，但这种"纯政治"分析侧重制度变迁，对经济、社会结构的关注不足，因而无法解释西欧与拉美的政治差别。他们对经济发展类型差异也缺乏认知，没有对政治发展的经济动因进行探讨。其领军人物斯考切波的理论与摩尔的理论具有同样的缺陷，她并不了解法国、俄国、中国等三个国家的发展模式有何问题，而是笼统地将所有国家的发展模式混为一谈。因此，她就不能解释为什么三个国家革命后在国家建设方面的道路差异。另外，历史制度主义并非真正的制度主义。新制度主义的本质特征是把制度作为内生、首要变量，它抹杀了个体之间的差异，认为制度来自个体固有的利益偏好和理性选择，"是解决集体行动困境的均衡解"和最优解。但历史制度主义则"探讨权力与资源之间艰难的平衡，把制度视为不平等的行为者之间斗争的动态产物"。[2] 也即是说，制度是斗争的产物，取决于"权力与资源的分配"，因此并非首要变量，也不一定是最优解。[3] 因此，历史制度主义在解释制度起源与变迁的时候已经背离了制度主义。它徒具制度主义之名，却并非真正的制度主义。

第四节　平等动力理论：平等才能民主

平等促进政治发展的思想源于亚里士多德。他指出，财富的集中程度愈

① Ruth Berins Collier, *Paths toward Democracy: The Working Class and Elites in Western Europe and Latin America* (Cambridge: Cambridge University Press, 1999).

② Paul Pierson, Theda Skocpol, "Historical Institutionalism in Contemporary Political Science," in Ira Katznelson, Helen Milner, eds., *Political Science: The State of the Discipline* (New York: Norton Company, 2002), pp. 693-721.

③ 普沃斯基对新制度经济学也做了类似的批评，参见 Adam Przeworski, "The Last Instance: Are Institutions the Primary Cause of Economic Development," *European Journal of Sociology*, Vol. 45, No. 2 (2004), pp. 165-188。

高，寡头集团掌握的经济、政治权力就越大，"当寡头已经拥有了巨额财产和无数党羽时，这种权阀政体就与君主政体十分接近了，人治终将取代法治"。①亚历克西斯·托克维尔（Alexis de Tocquevill）对 19 世纪初期美国的政治体系做了细致观察："在美国，人们不仅在财富上平等，甚至他们本身的学识，在一定程度上也是平等的。……因此，美国在其社会情况方面呈现出一种非凡的现象。人在这里比在世界上任何地方，比在历史上有记录的任何时代，都显得在财产和学识方面更近乎平等，换句话说，在力量上更近乎平等。……不能认为平等在进入政界或其他界之后就不再发生作用。不要以为人们会永远安于在其他方面均已平等而只有一个方面不平等的局面，他们早晚要在一切方面享有平等。"② 托克维尔因此断言，经济社会平等是建立民主制度的关键。

罗伯特·A. 达尔（Robert A. Dahl）的民主发展理论把平等置于核心地位。他指出，无论是原始部落的民主，还是古希腊的雅典、罗马共和国及中世纪意大利北部城邦的民主，无不植根于经济、社会地位的平等。达尔还论述了市场资本主义对民主的双重影响，其积极影响包括：市场资本主义可以消除极端贫困和提高生活水平，有助于减少社会和政治冲突；产生一个庞大的中产阶级，而中产阶级是民主的天然盟友；经济资源与决策的分散化，避免权力过度集中于政府手中。消极影响来源于政治资源的不平等分配，政治资源包括暴力、财富、个人魅力、社会地位、知识等可以影响他人行为的资源，市场资本主义会导致经济不平等以及政治资源的不平等分配，一些公民比其他公民更能影响政策制定，这不利于民主的巩固与发展。③

查尔斯·蒂利（Charles Tilly）提出了"类别不平等"（category inequality）概念，即源于社会地位、财产权、宗教、种族、性别等因素的不平等。他认为，在欧洲政治发展史上，类别不平等会让强势集团更有能力与政府官员建立特殊关系，并以此干预公共资源的分配、逃避义务。相反，平等则有利于公民

---

① 亚里士多德：《政治学》，颜一、秦典华译，中国人民大学出版社 2003 年版，第 130 页。
② 托克维尔：《论美国的民主》（上卷），董果良译，商务印书馆 1988 年版，第 58、59、60 页。
③ 罗伯特·达尔：《论民主》，李柏光、林猛译，商务印书馆 1999 年版；罗伯特·A. 达尔：《民主及其批评者》，曹海军等译，中国人民大学出版社 2016 年版，第 422 页。

政治参与的扩大和参与能力的平等化，有助于促进民主化进程。蒂利还提出了民主化的发生机制：革命、征服、对抗和殖民等四种冲击会导致类别不平等、信任网络和公共政治等领域的变化，有可能催生民主化。[①] 奥尔森也提出，"有些历史偶然事件会导致一小群领导人、团体或家族之间形成权力平衡，也就是说，权力的平等分配使任何一个领导人或集团都会很谨慎地避免获得大于他人的权力，这种情况使民主成为可能。……英国、美国及其他地方代议制民主的自发产生，是与权力的多元分配有很大关系的"。[②]

阿根廷著名经济学家、进口替代工业化战略的初创者普雷维什提出了一种新的作用机制，即"不平等→财富浪费和投资不足→经济危机→下层反抗加剧→政治危机"。他认为，外围国家的上层统治集团占有生产资料和金融资源，因此他们可以占有大部分经济剩余，进行特权消费（奢侈品消费和海外消费），浪费了本应用于投资的资本。此外，国家机构的扩张和中心国家的榨取（通过国际贸易和跨国公司等机制）也拿走了部分经济剩余。这三种因素的叠加造成积累和投资不足，经济增长放缓，失业问题严重。随着民主化程度的提高，社会中下层逐步获得更大的工会权力和政治影响力，要求提高工资，分享更多经济剩余。上层集团以提高产品价格的方式应对，价格与工资的交替上升造成恶性通货膨胀，最终导致经济秩序崩溃和军事政变，民主化进程失败。[③] 阿莱西纳与佩罗蒂对 1960~1985 年 71 个国家的数据进行了回归分析，结论是：社会越不平等，政治就越不稳定，投资及经济增长的速度就越低。[④] 他们的成果在很大程度上是对普雷维什机制的确认。

在近 30 年里，使用定量分析方法研究平等与政治发展之间关系的文献大量涌现，并且在土地平等的重要性上达成了基本共识。其中，卡雷尔·布瓦

---

① Charles Tilly, "Processes and Mechanisms of Democratization," *Sociological Theory*, Vol. 18, No. 1 (March 2000), pp. 1-16; Charles Tilly, "Inequality, Democratization and De-Democratization," *Sociological Theory*, Vol. 21, No. 1 (March 2003), pp. 37-43; Charles Tilly, *Contention and Democracy in Europe, 1650-2000* (Cambridge: Cambridge University Press, 2004).

② 曼瑟·奥尔森：《权力与繁荣》，苏长和等译，上海人民出版社 2005 年版，第 26~27 页。

③ 劳尔·普雷维什：《外围资本主义：危机与改造》，苏振兴、袁兴昌译，商务印书馆 1990 年版。

④ 这项研究采用了经济与政治变量联合内生的假设，在分析技术和数据质量上相比之前的研究有所提高。参见 Alberto Alesina, Roberto Perotti, "Income Distribution, Political Instability, and Investment," *European Economic Review*, No. 40 (June 1996), pp. 1203-1219.

（Carles Boix）使用了发达国家 1850~1949 年的收入分配数据（土地分配数据和教育普及率）研究平等与民主的关系，结论是：在高度不平等和不发达的国家里，民主崩溃的可能性极高；土地分配的平等化可以明显降低民主崩溃的概率，当一个农业社会从高度集中的土地所有结构向高度分散结构转化时，民主崩溃的可能性降为零，挪威、美国、加拿大等案例都证实了这个结论。因此，是平等分配而非人均收入水平提高导致了民主巩固。[1] 这项研究的重要价值在于，它在土地平等与民主巩固之间建立了正相关关系。克里斯蒂安·霍尔（Christian Houle）使用 116 个国家 1960~2000 年的资本收益份额数据对这个问题进行了研究，再次确认了布瓦的观点。[2]

塔图·万哈宁（Tatu Vanhanen）在研究方法和方向上做出了重要创新。他的研究聚焦于权力资源分配与民主化之间的关系。在他看来，权力来源于重要的经济和社会资源。他用城市人口比例、接受高等教育人口比例、文盲率、家庭农场占农业经营单位比例、非农业经济资源集中程度等指标衡量权力资源的集中度，以获得权力资源指数（解释变量），用小政党拥有的国会席位、选举参与率等代表民主化程度，以获得民主化指数（因变量）。在对 147 个国家（1980~1985 年）的数据进行了回归分析之后，万哈宁得出结论：70% 的民主化程度差异都可以用权力资源指数加以解释，权力资源分配越平等，就越有利于民主化。[3] 权力研究的一大难点是如何对权力进行量化测度，万哈宁从权力资源角度开辟了权力测量的新路径，是具有重大意义的学术成就。

近年来，在这些研究的基础上形成了广泛的共识，即权力资源的平等分配对政治发展至关重要，这一点在联合国、经合组织、拉美经委会等国际机构的

---

① Carles Boix and Susan Stokes, "Endogenous Democratization," *World Politics*, Vol. 55, No. 4 (July 2003), pp. 517-549.

② Christian Houle, "Inequality and Democracy: Why Inequality Harms Consolidation but Does Not Affect Democratization," *World Politics*, Vol. 61, No. 4 (October 2009), pp. 589-622.

③ Tatu Vanhanen, "The Level of Democratization Related to Socioeconomic Variables in 147 States in 1980-1985," *Scandinavian Political Studies*, Vol. 12, No. 2 (1989); Tatu Vanhanen, *Power and the Means of Power: A Study of 119 Asian, European, American, and African States, 1850-1975* (Ann Arbor, 1979).

发展报告中也得到了充分体现。① 这些研究还告诉我们：权力资源是多样化的，包括财富、智力、社会地位等，而土地资源是其中的核心要素；不平等会导致危机和动荡，并扭曲民主制度；土地平等不仅在经济发展中发挥着关键作用，在政治发展中也同样重要；经济社会平等会导致利益的和谐，也就最有可能达成广泛的共识，建成包容、高效的政治体系。虽然在探讨平等与不平等的政治影响方面取得了重大成果，但这一流派仍有不足之处，即尚未提出一种系统的权力理论来解释权力资源平等或不平等分配的根源及变迁。例如，在达尔的理论中，资本主义一方面会产生平等，即权力资源不会集中于国家，而是分散于社会；另一方面，资本主义会产生不平等，这是由经济体系里的收入分配不平等造就的。因此，达尔在这个问题陷入了自相矛盾的境地和理论困境。而从政治经济学的角度出发，在区分经济增长类型差异的前提下来研究政治问题，是我们在今后的研究中需要重点探讨的。

　　主流政治发展理论对制度层面的民主化过度关注，在一定程度上偏离了政治发展的本意，而且没有回应经济发展理论的关切，即土地平等源于何处。但现有成果仍具有重大价值，因为它们揭示了发展背后的利益之争和权力之争，论证了权力分配的重要性，并提供了政治发展的新思路：土地平等可以带来收入分配、教育的平等化，扩大中产阶级比重，提高社会的组织能力。这些变化会导致权力资源分配的平等化和公民共同体的形成，促进政治参与，对分利集团形成制约，增强社会对国家的问责能力，最终可以实现政治发展，即打造出具有高度包容性的、高效的政治体系；在缺乏权力平等和土地平等的社会，会出现重大而持久的政治斗争，贫富分化则会引发政治庇护主义，导致政治发展受挫。总的来看，政治发展研究发掘了阶级/利益集团权力均衡和土地平等的重要作用，与经济发展理论的新进展形成了呼应。综合两个学科来看，从权力斗争与均衡入手，以新框架探讨土地平等及其引致的发展模式是值得尝试的方向。

---

① 相关文献参见 United Nations Development Programme（UNDP），*Human Development 2019：Beyond Income，Beyond Averages，Beyond Today*（New York，2019），pp. 93 - 96；OECD Development Centre，Development Bank of Latin America，ECLC（Economic Commission for Latin America and the Caribbean），European Commission，*Latin American Economic Outlook 2019：Development in Transition*（Paris，2019），pp. 123-150。

第二部分　新理论的提出

第三章　权力平等发展理论

由于学科交叉融合不充分、缺乏深入的全球性比较历史分析等局限，发展理论进步遇到了瓶颈。首先，缺乏学科融合。学科分割严重妨碍了我们对发展问题的整体认识，经济学家已经认识到政治因素的重要性，但从政治经济学角度对发展问题的探讨仍不够深入，政治学对经济思想的吸收也还不够充分，对发展的体系性研究尚处起步阶段。其次，缺乏全球视野。现有理论或来自发达国家的经验，或源于落后国家的教训，或囿于赶超型国家的经历，没有把这三类国家的发展经验同时纳入比较视野，理论概括有顾此失彼之嫌。最后，缺乏辩证思维。经济和政治发展理论中都存在线性思维，把发展当成从落后状态进入发达状态的直线进步，忽略了发展的类型差异与周期性、可逆性。

但是，以往研究也为理论创新提供了重要启示："纯经济""纯政治"视角都失之片面，政治经济学视角对发展研究而言必不可少；权力分析应该是发展理论的基石，为剖析从阿西莫格鲁的实际政治权力到罗斯梅尔的权力均衡提供了一条合理的线索；罗德里克、墨菲等提供了一个完整的基于土地平等的经济发展机制；布瓦等指出了土地平等对政治发展的重要性，这与李普塞特等提出的政治发展机制可以建立联系。从这些成果出发，将权力分析与利益集团分析、土地平等问题紧密结合，就有望推动发展理论的创新。

第一节　新理论的基本范式

构建新框架必须厘清基本范式，由此确定创新方向。沿着三个基本维度，即国家—社会维度、冲突—和谐维度与结构—理性维度，可以把林林总总的发展理论纳入不同的范式。

第一个维度是国家—社会维度，在此维度上存在社会中心论和国家中心论两种范式。社会中心论包括马克思主义国家理论、权力精英理论、多元主义和结构—功能主义等流派，它们都认为社会力量对国家起着决定作用，国家不过是阶级利益的政治代表。它们的区别在于，前两种理论认为社会权力分配是集中的，即"少数人统治多数人"，权力集中于资产阶级或精英集团手中。后两种理论则认为权力分配是分散多元的，在每个特定议题上都是"多数人统治少数人"，国家仅仅是一个平台，利益集团在此平台上彼此结盟或斗争，其互动结果塑造了公共政策。国家中心论则起源于韦伯的官僚国家理论，包括国家自主性理论、国家干预理论等流派。韦伯强调，官僚集团掌控强大的国家机器，可以对社会进行深刻塑造，即国家控制社会。国家自主性等理论也认为，国家掌握有组织暴力，强大而且独立，可以对社会施加重大影响。[①]

比较而言，国家中心论把国家当作中立的公共利益代言人，不探究利益集团对国家的渗透，也不把政治精英作为独立的利益集团来看待，这个前提假设不甚符合实际。但是，强调社会对国家的绝对控制也失之偏颇。马克思曾指出，在某些情况下国家具有相对独立性，也可能代表非统治阶级的利益。[②] 鉴于此，本书采用一种动态均衡范式，即各个利益集团或其联盟都有可能在不同时期控制国家机器，国家也并不必然拥有或丧失自主性。在某些情况下，国家拥有形塑社会势力的能力。斯考切波在这个问题上的表述是恰当的："（国家）在任何地方都具有摆脱支配阶级直接控制的潜在自主性，它们在实际上所具有

---

① 相关论述参见 Peter Evans, Dietrich Rueschemeyer and Theda Skocpol, eds., *Bringing the State Back In* (Cambridge: Cambridge University Press, 1985); Robert Dahl, "Pluralism Revisited," *Comparative Politics*, Vol. 10, No. 2 (January 1978), pp. 191–203; 罗伯特·A. 达尔《民主及其批评者》，曹海军等译，中国人民大学出版社 2016 年版；罗伯特·达尔《谁统治？一个美国城市的民主和权力》，范春辉、张宇译，江苏人民出版社 2019 年版；G. 威廉·多姆霍夫《谁统治美国？：公司富豪的胜利》（第七版），杨晓婧译，外语教学与研究出版社 2017 年版；马克斯·韦伯《经济与社会》（下卷），林荣远译，商务印书馆 1997 年版，第 263～323、719～735 页。

② 马克思：《路易·波拿巴的雾月十八日》，中央编译局编译，人民出版社 2016 年版。

的自主性的程度，以及所产生的实际影响，都因具体的场景而异。"①

第二个维度，即冲突—和谐维度，关乎社会关系的基本性质，在此维度上可以把以往发展理论归结为和谐范式、冲突范式和动态均衡范式。和谐范式假定行为者之间不存在利益冲突，他们彼此间合作的效率决定发展绩效，新古典经济理论、现代化理论、结构—功能主义都属于此列。其中，新古典经济理论的前提预设中不存在信息不对称、逆向选择、道德风险、垄断、外部性等，认为市场即价格机制可以自动调节资源配置并达至均衡，这也是新自由主义和新制度主义的基调。现代化理论则强调"好事一块儿来"。而社会学和比较政治学中的结构—功能主义则把社会和政治体系想象为一台内部自治、相互配合、整体合作的"机器"。冲突范式则恰恰相反，强调行为者之间永恒的利益冲突，认为阶级、集团间的利益冲突构成发展的障碍，这种范式包括集体行动理论、政治发展悲观论等。其中，集体行动理论强调了分利集团对公共利益的危害，政治发展悲观论则强调了利益争夺和精英集团的暴力倾向。动态均衡范式则认为，和谐源于冲突的解决，由冲突社会向和谐社会的转化是发展的关键，这一范式囊括了经济、政治平等理论等流派。鲁施迈耶等的权力均衡理论是其中的典型，强调了经由利益集团间权力斗争达至均衡的发展路径。如何评判这三种范式的优劣？从实证研究的成果来看，单纯强调和谐或者冲突都失之偏颇，动态均衡范式可能更符合历史事实。社会关系并不必然处于冲突或和谐状态，能否由冲突状态转入和谐状态取决于利益集团间的博弈。

第三个维度为"结构—理性维度"，在此维度上出现了结构决定论和理性选择决定论的分化，即历史变迁究竟取决于长期结构性因素还是行为者即时的理性选择。结构指的是经济结构、社会结构以及多种结构叠加而成的权力结构等。长期以来，结构决定论在比较政治学、政治经济学研究中具有重要影响，现代化理论及比较历史分析等都有浓厚的结构决定论色彩。② 理性选择理论是

---

① 西达·斯考切波：《国家与社会革命：对法国、俄国和中国的比较分析》，何俊志等译，上海人民出版社 2015 年版，第 30 页。

② 需要指出的是，在比较政治学中具有深远影响的结构—功能主义认为，"结构"指的是微观结构，或曰机构、组织，并非一般意义上所指的宏观结构。相关论述参见加布里埃尔·A. 阿尔蒙德等《发展中地区的政治》，任晓晋等译，上海人民出版社 2012 年版，第 3 页。

近 40 年来兴起的新理论流派，强调个体行为者特别是政治精英在重要历史关头所做决策的关键作用，通常采用博弈论作为主要分析工具，并因其形式上的"科学性"产生了广泛影响，与结构决定论进行了激烈论争。[①] 比较而言，结构决定论的微观基础比较薄弱，需要更多考虑精英的作用，而理性选择理论高度简化的前提预设往往脱离现实，二者都不是合意的理论范式。因此，本书选择二者的结合，即在结构分析的基础上引入理性行为分析，在考量各种宏观结构的同时也考量精英决策与大众行为，从而构成一种新的结构—理性综合范式。

鉴于此，建立新框架的指导原则是国家—社会、冲突—和谐动态均衡范式与结构—理性综合范式的融合体，可称之为结构性动态均衡范式。在这个新范式中，国家—社会二分法被放弃，代之以政治精英集团和社会其他利益集团的分析。因此，新框架关注的是在既定结构中进行持续博弈的利益集团，以及在博弈中产生的各种均衡状态（特定的国家与社会关系类型），包括结构的延续、变迁、断裂与新结构的生成。

第二节　概念、机制与发展周期

新理论以辩证唯物主义为指导思想，将社会互动置于周期性的动态变迁之中加以审视。同时，新理论将理性人逻辑设为前提，这意味着利益最大化是人与人之间博弈的主要目的，这也应该是社会科学研究共同的逻辑前提。

一　基本概念

新框架以唯物辩证法为哲学基础，其基本概念要素有六种，包括权力、权力资源、权力结构（平等型、集中型）、经济增长类型（包容型、排斥型）、土地平等、发展周期等。基本因果机制有两种，包括良性发展机制和发展陷阱机制。

新理论包含六个基本概念，分别为权力、权力结构、土地平等、包容型发

---

① 著名政治学者如普沃斯基、施密特、奥唐奈等都是坚定的精英理性选择决定论者，但他们往往也强调精英决策中的信息不足与模糊性等问题，从而与纯粹的理性选择主义者有所区别。

展机制、排斥型发展机制和发展周期。基本因果关系为：平等型权力结构→土地平等→包容型发展机制→经济政治发展；集中型权力结构→土地集中→排斥型发展机制→发展陷阱。基本分析单位为民族国家，主要分析对象为利益集团。[①]

　　新理论以权力分析为基础。权力是西方社会学、政治学的核心概念之一，意指个人/集团使他人/其他集团服从的能力。[②] 权力关系是人类社会关系的主要类型之一，具有原初性、本源性特征，其他诸种社会关系多源于权力关系。可以说，有人的地方就有权力关系。权力源于多种权力资源，包括经济资源（生产资料、劳动力、技术、金融、财富、自然资源等）、政治资源（政治组织机构、领袖、意识形态、政治制度等）、社会资源（亲缘关系、个人魅力、社会网络等）、文化资源、暴力资源等。韦伯提出了传统、制度、个人魅力等权力来源，有"当代韦伯"之称的英国社会学家迈克尔·曼（Michael Mann）把权力分为意识形态、军事、政治、经济等四种类型，本书的权力资源类型涵盖了韦伯和曼的分类。[③]

　　在诸种权力资源中，财富资源、组织资源、意识形态资源和暴力资源值得强调。财富资源的重要性来自其"元资源"性质，即它可以转化为其他多种权力资源，如通过招募人员、构建组织而得到物质及思想产品的生产能力，甚至可以组建正规或非正规军队，从而得到暴力资源。组织资源则是将分散化资源转化为规模化资源的途径。

　　之所以引入权力分析，是因为力图实现利益最大化的集团和个人处于永恒的博弈之中，其结果取决于权力对比及其运用。在权力博弈的基础上才产生了制度、政策、文化等要素。权力关系是第一性的，制度等要素是第二性的。以

---

① 选择利益集团作为分析对象是因为利益集团行为对国家发展有重大影响，相关理论可参见曼库尔·奥尔森《国家兴衰探源：经济增长、滞胀与社会僵化》，吕应中等译，商务印书馆1999年版。

② 马克斯·韦伯：《经济与社会》（上卷），林荣远译，商务印书馆1997年版，第81页；Talcott Parsons, "On the Concept of Political Power," *Proceedings of the American Philosophical Society*, Vol. 107, No. 3（June 1963），pp. 232-262。

③ 参见马克斯·韦伯《经济与社会》（下卷），林荣远译，商务印书馆1997年版，第444~455页；Michael Mann, *The Sources of Social Power*（Vol. 1, 2）（New York：Cambridge University Press，2012）。

往的发展研究对权力的理解失之片面，诺思把暴力作为唯一的权力因素，阿西莫格鲁强调"多种权力→政治权力→制度"机制。[①] 但现实中多种权力通过多种机制发挥作用，例如谷歌、苹果等公司之间达成了"不雇用对方离职员工"的协议，以此压低员工工资水平，这属于经济权力的直接运用，无须转化为政治权力。[②] 因此，权力分析一定要避免局限于政治权力分析的传统误区，应关注权力的多种形态，包括经济权力、社会权力等。

新理论的重点是权力结构分析。在加塔诺·莫斯卡（Gaetano Mosca）等开创的统治精英理论的基础上，著名政治社会学家查尔斯·赖特·米尔斯（Charels Wright Mills）、威廉·多姆霍夫（William Domhoff）等进行了权力结构研究。[③] 但在他们的定义中，"权力结构"意指权力在社会上层中的分配方式，社会中下层被归为"无权者"，没有被纳入研究视野。鉴于此，有必要拓宽视野，对权力结构重新定义并进行类型学划分。权力结构指权力在一国主要利益集团之间的分配格局，可分为平等型和集中型两种类型，前者指权力资源在利益集团之间较为平等的分配格局，不仅社会上层拥有权力，社会中下层也拥有一定的权力资源。后者则相反，指权力资源主要集中于少数利益集团手中，即精英集团手中，这也是人类进入文明社会以来的基本权力结构。[④]此外，在国际社会中也存在一个全球性权力结构，与各国国内的权力结构存在互动关系。在某些情况下，强大的外部势力可以对一国国内的权力结构产生重大影响。

新框架从阶级/职业角度将利益集团分为六类，主要为经济精英集团、政

---

① 例如，在1952年的委内瑞拉，企业家集团和农民、劳工集团结盟，使用多种权力资源战胜了军政府的有组织暴力，实现了民主过渡。参见高波《权力结构视角下的发展陷阱：基于对委内瑞拉"蓬托菲霍体制"的分析》，《国际政治研究》2020年第1期，第9～36页。

② 更多类似案例参见约瑟夫·斯蒂格利茨《美国真相：民众、政府和市场势力的失衡与再平衡》，刘斌等译，机械工业出版社2020年版。

③ William Domhoff, *The Power Elite and the State: How Policy is Made in America* (New York: Aldine de Cruyter, 1990)；查尔斯·赖特·米尔斯：《权力精英》，王崑等译，南京大学出版社2004年版；加塔诺·莫斯卡：《统治阶级》，贾鹤鹏译，译林出版社2012年版。

④ 道格拉斯·C. 诺思、约翰·约瑟夫·瓦利斯、巴里·R. 温格斯特：《暴力与社会秩序：诠释有文字记载的人类历史的一个概念性框架》，杭行等译，格致出版社、上海三联书店、上海人民出版社2017年版。

治精英集团、农民集团、劳工集团、军队集团和专业人员集团（见图3-1）。依具体情况还可以对每个利益集团进行细分，如政治精英集团可以依意识形态倾向划分为激进派政治精英集团、中间派政治精英集团和保守派政治精英集团等。图3-1外层弧圈标注了每个集团拥有的主要权力资源类型。依据集体行动理论，由于"搭便车"思维，人口数量最多的农民、劳工集团会面临最大的集体行动障碍，同时他们也缺乏其他类型的资源，属于弱势利益集团。而经济、政治精英集团和军队在多数情况下属于强势利益集团。有些利益集团如农民、劳工集团的内涵与其阶级内涵基本相同，但在实证分析中，这些大型集团内部往往是分裂的，需要在次集团层面上进行分析，这是利益集团分析的优势所在，比阶级分析更为灵活。

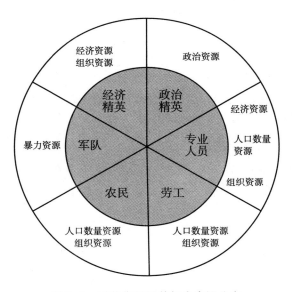

图 3-1　利益集团及其权力资源分布

资料来源：笔者制作。

异于西方比较政治学主流文献，本理论不采用以国家为中心的分析路径，也不把国家作为独立的分析单位，而以政治精英集团作为分析对象，原因在于：国家并非独立的、超然于社会的实体，当不同派别的政治精英执政时，他们不仅代表了不同的社会阶级或集团，而且他们自身的利益结构也会发生变化，因此官方意识形态、政策导向和国家组织结构往往也随之发生变化。鉴于此，把政治精英集团作为分析对象是一种更加贴近现实的研究思路。[①]

二　两种发展机制

在新理论中，权力结构为自变量，土地平等为中介变量，发展绩效为因变量。权力结构通过土地问题影响发展模式与绩效，构成一个完整的因果链条。农业用地的生产、营利能力因土质、气候等自然因素和基础设施、农产品定价等政策性因素的差异而呈现出巨大差异，土地平等的内涵要超出土地占有面积的平等。因此，本书中的土地平等是指土地面积、土地质量及农业政策等三个维度的综合性平等。

新理论包含两种对立的发展机制，即包容型发展机制和排斥型发展机制（见图 3-2、3-3），它们又分为不同的亚型。[②] 发展机制概念偏重社会含义，包容型发展机制指的是所有主要利益集团都能共享生产资源、发展成果的机制，排斥型发展机制意指精英集团垄断资源及成果的机制。所谓发展，是权力结构由集中型向平等型过渡、发展机制由排斥型向包容型过渡的双重过渡。

1. 包容型发展机制

只有打破集中型权力结构、实现权力结构初步平等化才能开启包容型发展的因果链条。在权力集中型社会中，利益被少数人占有，因而存在重大利益冲突，易于发生经济危机、战争或其他形式的危机。一方面，危机会削弱精英集团。另一方面，危机带来的生存压力促使社会底层克服"搭便车"倾向，进行大规模动员与组织，其权力地位提高，权力结构开始平等化。因此，权力结

[①] 对国家或执政者自身利益的论述参见 Dietrich Rueschemeyer, Peter Evans, "The State and Economic Transformation: Toward an Analysis of the Conditions Underlying Effective Intervention," in Peter Evans, Dietrich Rueschemeyer and Theda Skocpol, eds., *Bringing the State Back In* (Cambridge, UK.: Cambridge University, 1985), p. 47; Fernando Henrique Cardoso, "On the Characterization of Authoritarian Regimes in Latin America," in David Collier, ed., *The New Authoritarianism in Latin America* (Princeton, N.J.: Princeton University, 1979), p. 51.

[②] 高波：《权力结构、机会平等与经济自由：拉美、东亚发展模式比较与理论批判》，《拉丁美洲研究》2010 年第 5 期，第 53~61 页；高波：《权力结构视角下的发展陷阱：基于对委内瑞拉"蓬托菲霍体制"的分析》，《国际政治研究》2020 年第 1 期。

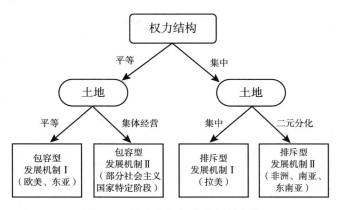

图 3-2 权力结构与发展机制分类

资料来源：笔者制作。

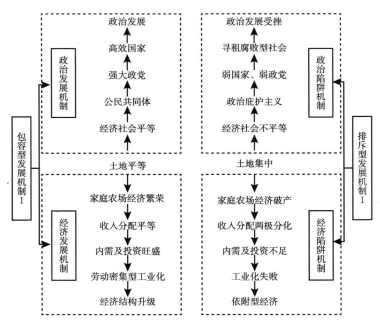

图 3-3 两种发展机制对比

资料来源：笔者制作。

构的初步平等化始于传统精英集团的削弱和下层民众组织化程度的提高。如果农民集团的权力地位得到显著提升，国家或曰执政的政治精英集团就会推行土地改革，实现土地平等。

在经济发展领域，综合罗德里克、墨菲等的理论成果，可以归纳出经济包容发展的机制：土地平等会使家庭农场经济繁荣，收入分配平等化，从而出现旺盛的内需和投资，为劳动密集型工业化提供强大动力，由此产生的充分就业会进一步提高工资水平、推动增长红利的平等分配，同时也能促进教育进步，增加人力资本，从而带动技术创新、国内市场扩容、国际竞争力提升、经济持续增长和经济结构升级，实现经济发展目标。包容型发展模式可以让处于社会中下层的利益集团如农民和劳工集团得到更多的经济、社会资源，从而深化、扩大、巩固权力结构平等化的趋势。

在政治发展领域，将土地平等理论与李普塞特的现代化理论、亨廷顿的强大政党论、帕特南的公民共同体理论、鲁施迈耶的阶级制衡理论相结合，可以归纳出政治包容发展机制：包容型经济使多种资源在社会中得到平等分配，中产阶级扩大，社会组织水平提高，能支撑高水平的政治参与和问责，遏制精英集团的寻租腐败行为，提高政府效能与清廉度；土地分配及其引致的劳动密集型工业化有利于执政党吸纳农民、劳工集团，成长为强大政党；包容型经济增长还可以为国家提供物质及人力资源支持，有利于高效政府的出现。[①] 公民共同体、强大政党与高效政府共同组成一个包容型的政治体系，使政治发展目标得以实现。

除这种机制之外，包容型发展机制中还存在另外一种亚型。20 世纪一些社会主义国家曾采取耕地集体所有及集体经营制度，如中国的人民公社制度、东欧国家的集体农庄制度等。农民虽然集体拥有土地，却不享有完整的经营权，不能自主经营并获利，激励不足，土地平等没有得到全面落实，导致农业发展迟缓与工业化动力不足，经济发展受挫。

---

① 帕特南提出，公民间的平等互信及结社行为会促进公民共同体的发育，有利于政治发展。见罗伯特·D. 帕特南《使民主运转起来：现代意大利的公民传统》，王列等译，江西人民出版社 2001 年版。

2. 排斥型发展机制

与包容型发展机制相对应的是排斥型发展机制，拉美模式是其代表。在集中型权力结构中，大地产居于主导地位，初级产品出口带来的收益集中在大农场主手中，收入分配两极分化。社会上层的消费以奢侈品和进口商品为主，大部分社会成员缺乏消费能力，内需严重不足，这导致国内市场狭小，投资机会不足，严重削弱国内工业化的动力。工业化失败造成失业、非正规经济以及贫民窟扩张型的城市化，经济自主增长能力不足，形成依附性经济。经济不平等还会进入政治领域。一方面，如亨廷顿的悲观论所指出的，由利益分配不平等造成的政治分裂会危及政治稳定，出现政治动荡的概率上升。另一方面，经济精英集团往往能利用其权力资源优势"俘获"政治精英集团，并以庇护主义网络控制民众，从而形成寻租腐败型社会，使市场经济制度和政治民主制度落空，国家落入长期发展陷阱。[①]

排斥型发展机制的另一种亚型为非洲/印度模式。从土地占有来看，非洲小农户拥有较多土地，其所占土地占到耕地总额的 67%，与欧洲、北美大体相当，与拉美大相径庭（18%）。[②] 但非洲并没有真正实现土地平等，所呈现的是典型的二元模式：大农场占据了高生产力的土地，农民被迫开发偏远贫瘠的土地，约 2/3 的农户处于农业生产劣势地区。[③] 更为不利的是，由于缺少大规模组织动员，非洲农民的权力地位很低，政府在工商业集团、城市贫民集团的压力下施行的粮食价格管制、制造业保护等政策都严重损害小农户利益。经营出口农业的大农场具有创汇能力，因而在经济体系中具有战略地位，大农场主集团是一个强势利益集团，能从政府得到基础设施建设、农业技术、贷款等方面的扶持，对小农经济形成挤压，使之陷入慢性危机。因此，非洲农民普遍贫困，内需不足，供给与需求之间不能形成良性互动，工

---

① 高波：《权力结构视角下的发展陷阱：基于对委内瑞拉"蓬托菲霍体制"的分析》，《国际政治研究》2020 年第 1 期，第 9~36 页；高波：《拉美国家的体系性腐败及其治理》，《现代国际关系》2021 年第 3 期，第 40~48 页。

② Benjamin Graeub, "The State of Family Farms in the World," *World Development*, Vol. 87（2016），p. 6.

③ 世界银行：《2008 年世界发展报告：以农业促发展》，胡光宇、赵冰译，清华大学出版社 2008 年版，第 54~56 页。

业化、城市化进程缺乏动力，国家长期处于发展陷阱之中。在很大程度上，南亚的印度等国也可归入此种模式。①非洲/印度模式的政治发展路径与拉美模式大体相同，政治排斥、政治庇护主义、寻租腐败是此类政治体系的特色，民主体制处于失灵状态。

需指出的是，土地平等具有历史阶段性。对处于农业社会及处于工业化进程中的国家而言，土地平等是发展的必经之路和"必补之课"。对于工业化国家而言，土地平等仍然重要，但需要新动力源加以补充。对土地平等的强调以及以土地为核心的发展机制，与以往的主流发展理论如新制度经济学形成了鲜明对比。诺思等新制度经济学家推崇"自由"等抽象原则，对于具体的、历史性的发展机制缺乏关注。在他们看来，最关键的问题是自由，或曰法律意义上的自由与平等，即每个人都享有建立经济组织、政治组织的自由。只要拥有这些自由，一个社会就会涌现创新，熊彼特式创新还能产生创造性破坏，打破精英集团的垄断，资源就会得到有效配置，暴力就会被控制，国家发展就能够实现，这其实是新自由主义的一个制度版本。这种思路只关注法律意义上的平等与自由，而不关注实质上的机会平等，对人与人之间、集团与集团之间巨大的权力资源差异、权力博弈能力缺乏认知，对社会现实的分析存在重大盲区，看不到权力地位分化对自由的重大抑制作用，夸大了自由的作用，从而陷入了空洞的演绎，脱离现实且对现实产生误导，这是缺乏历史思维的表现。因此，新制度经济学严重脱离现实，既经不起实证研究的检验，也不能提出基于现实的发展机制和政策建议。

此外，需要澄清的是权力分散与权力平等的区别。严格来说，权力过度分散不属于权力平等。前者指的是利益集团组织化程度低、权力分散于个人及小团体的状态，而后者指至少部分利益集团已经高度组织化并取得一定程度均衡的状态。组织是利益集团行动的主要载体，只有组织能够聚合大量资源并产生规模收益、专业化和技术进步/新知识，无论经济组织还是政治组织皆是如此。② 权

---

① 世界银行：《2008年世界发展报告：以农业促发展》，胡光宇、赵冰译，清华大学出版社2008年版，第90~91页。

② 道格拉斯·诺思、罗伯斯·托马斯：《西方世界的兴起》，厉以平等译，华夏出版社1999年版。

力过度分散意指利益集团组织化程度低、规模小，无法采取有效行动。历史地看，这是一种非稳定均衡，或曰过渡状态，通常会因杰出精英人物及高效组织的出现而被打破，进入权力集中状态。[①]

三　权力结构的周期性变化与发展周期

主流发展理论都具有线性思维，认为一旦实现发展就可以进入良性循环、自我加强和路径依赖状态，发展不可逆转。[②] 这里提出的一个新观点是：权力结构与发展模式都处于动态调整之中，具有周期性和可逆性，发达国家也有发展逆转、重新落入陷阱的危险。与主流理论的线性思维不同，这种发展观是辩证思维的体现。

推动权力结构变化的两种主要机制为权力自我增殖与集中机制和权力分散机制。权力自我增殖与集中机制体现了权力的一个主要特征，即自我增殖。一旦出现权力分化，权力的掌握者（个人或集团）便会尽可能地扩大自身的权力资源，巩固自身的权力地位，尽量垄断权力，这符合理性人的收益最大化思维。这一机制包含四种亚机制。一是"坏市场"机制，通过市场失灵（垄断、信息不对称、寻租）以及 $r>g$ 定理（资本长期收益率高于经济增长率）产生的经济财富和经济权力趋于集中。[③] 二是政治权力集中机制，通过寡头统治铁律（iron law of oligarchy）和政治庇护主义，政治权力会向少数政治精英集中。[④] 三是集体行动机制，精英集团比社会大众的集体行动能力更强，能集中使用权力资源以获取更大权力，形成自我加强的循环。四是经济权力弥漫机制，经济精英集团通过政治献金、经济战争、意识形态战争和贿赂等方式控制

[①] 杰出人物和组织水平是活跃的自变量，可以推动权力结构的变化。以20世纪30年代的委内瑞拉为例，以罗慕洛·贝当古为代表的激进知识分子群体"三十年代一代"通过艰苦的组织动员工作发动了农民、劳工集团，建立了强大的左翼政党民主行动党，推动了委内瑞拉集中型权力结构的初步平等化。

[②] 道格拉斯·C.诺思：《制度、制度变迁与经济绩效》，杭行译，格致出版社、上海三联书店、上海人民出版社2014年版。

[③] 托马斯·皮凯蒂：《21世纪资本论》，巴曙松等译，中信出版社2014年版，第26~28页。

[④] Roberto Michels, *Political Parties: A Sociological Study of the Oligarchical Tendencies of Modern Democracy* (New York: Free Press, 1962).

政治精英、民众和军队，削弱敌对集团。①

权力分散机制包含两种亚机制。其一为"好市场"机制，指通过市场竞争和创造性破坏实现的经济权力分散，削弱甚至消灭已有的经济霸权。② 其二为危机动员机制。在经济社会危机时期，农民、劳工等大型弱势利益集团有可能克服集体行动障碍，实现大规模动员和组织，提高其权力地位，从而使得权力结构更为平等，权力分配在诸利益集团间的分配更为分散。

两种机制的斗争会导致周期性危机。由皮凯蒂对发达国家收入分配规律的研究推断，因为精英集团拥有强大的经济权力和集体行动能力，权力自我增殖与集中机制能够压制权力分散机制，导致权力集中趋势长期化和常态化，即便拥有平等型权力结构的国家也会面临权力再集中化的压力。③ 当权力集中到一定程度时，就会发生经济、政治、社会危机，危机动员机制被激活，产生打破现有权力结构的动力，由此形成权力结构与发展的长波周期，时长约 100 年（见图 3-4）。在权力集中度较高的国家，如拉美国家，权力结构高度固化，两种机制的斗争往往体现为周期性的"钟摆效应"或政治动荡，但难以形成结构性突破，可称为微波周期，时长约 20 年（见图 3-5）。阿莱西纳与佩罗蒂关于不平等与政治动荡关系的实证研究以及普雷维什基于拉美国家的事实提出的理论都认为，当不平等的程度提高时，经济、社会以及政治危机难以避免。④

新理论摈弃了"民主—专制""市场—政府"两分法，代之以"权力平等—权力集中""包容型—排斥型"的新标准，提出了发展研究的新框架，本书将其命名为"权力平等发展理论"。这是一种社会科学基础理论，可以为经济学、比较政治学、社会学、历史学提供基础性的分析框架，即从权力结构、

---

① 高波：《权力结构视角下的发展陷阱：基于对委内瑞拉"蓬托菲霍体制"的分析》，《国际政治研究》2020 年第 1 期。
② 道格拉斯·诺思等编著《暴力的阴影：政治、经济与发展问题》，刘波译，中信出版社 2018年版，第 110~117 页。
③ 托马斯·皮凯蒂：《21 世纪资本论》，巴曙松等译，中信出版社 2014 年版。
④ Alberto Alesina, Roberto Perotti, "Income Distribution , Political Instability, and Investment," *European Economic Review*, No. 40 (June 1996), pp. 1203~1219；劳尔·普雷维什：《外围资本主义：危机与改造》，苏振兴、袁兴昌译，商务印书馆 1990 年版。

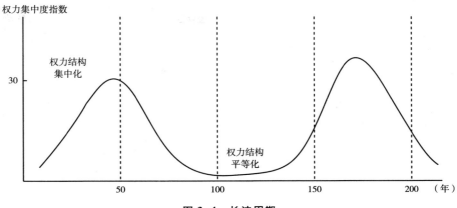

图 3-4 长波周期

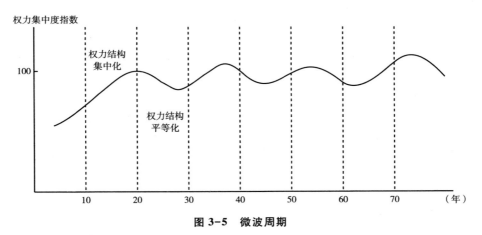

图 3-5 微波周期

注：关于权力集中度数值的阐述见统计分析部分。
资料来源：笔者制作。

权力博弈出发探究人类社会的变迁动力、形态及趋势问题。它也不仅限于民族国家层面的权力结构分析。一方面，它可以扩展到更为宏观的国际层面，将国际权力结构与民族国家权力结构相结合，进行深入的国际政治经济学分析。另一方面，它可以进入微观层面，进行社区、组织内部的权力结构分析，为宏观层面的分析提供更为细致、坚实的微观基础。

第三部分　实证检验：量化研究与案例分析

第四章　权力结构与发展绩效关系的
统计分析

对新理论的实证检验分为两部分。第一部分使用跨国面板数据对权力集中度、土地平等与发展绩效的相关性进行测度，辅之以回归分析和散点图，以进行更为细致、直观的刻画。第二部分为案例分析，用来验证变量之间的因果关系、作用机制以及发展的周期性。两部分具有互补关系。[①]

对权力结构与发展绩效之间关系进行量化验证的基本假设为：权力集中度与土地平等之间存在负相关关系，土地平等与发展绩效之间存在正相关关系，权力集中度与发展绩效之间存在负相关关系。

第一节　指标体系与统计分析

权力与发展指标体系由 3 个一级指标、6 个二级指标、8 个三级指标构成。其中，权力集中度指数为一级指标，由 3 个二级指标构成，分别为经济权力集中度指数（由收入基尼系数构成）、政治权力集中度指数（由政党竞争度指数构成，用国会选举中得票率最高的两个政党得票数之差来衡量）和社会权力集中度指数（由最富 20% 人群收入份额、平均受教育年限和每千人病床数构成）。

土地平等指数为一级指标，应由土地基尼系数、土地质量指标与农业政策

---

① 本章部分内容来自作者同主题的论文，即高波、李昊旻《权力结构、土地平等与国家发展》，《世界经济与政治》2022 年第 12 期，第 116~149 页。

指标三者合成。现有的土地基尼系数数据非常零散，笔者使用联合国粮农组织的全球统计数据计算出了117国土地基尼系数。由于其他指标尚无全球量化数据，因此本书将土地基尼系数作为土地平等指数的近似值。

发展指数由两个二级指标构成，分别为经济发展指数（由人均国内生产总值构成）和政治发展指数（由世界各国风险指数ICRG构成）。

所有数据均来自权威数据库。其中，收入基尼系数、最富20%人群收入份额、每千人病床数、人均国内生产总值数据来自世界银行数据库，教育数据来自联合国开发计划署数据库，政党竞争度指数根据普林斯顿大学全球议会选举数据库数据计算得出，政治发展指数来自政治风险服务集团（Political Risk Service Group）编制的世界各国风险指南数据库。对所有数据进行合并清洗后，本书数据库中共包含61国从1980年到2020年的所有相关数据，涵盖了几乎所有重要国家。

一　指标构拟办法和相关性分析方法

主成分分析法（principal component analysis，PCA）是进行指数构造的主要方法，目的是通过降维技术把多个变量化简为少数几个主成分，同时保留其绝大部分信息。基于主成分分析，本书提取收入基尼系数等5个指标的第一主成分，合成为权力集中度指数，可解释这些指标71.47%的方差。同理，本书将人均国内生产总值和政治风险指数合成为发展指数，可解释它们91.78%的方差。61国权力集中度指数和发展指数主成分分析各变量系数如表4-1所示。

表4-1　主成分分析各变量系数　（$N=61$）

（1）权力集中度指数各变量系数	
	PC1
收入基尼系数	0.56
政党竞争度指数	0.1
最富20%人群收入份额	0.55
平均受教育年限	−0.47
病床数/千人	−0.39

（2）发展指数各变量系数	
	PC1
人均国内生产总值	0.66
政治风险指数	0.75

注：N 代表样本国家数。
资料来源：笔者制作。

本书采用斯皮尔曼秩相关系数衡量权力集中度指数及其分指标与发展指数之间的相关性。该方法基于变量的排序，对异常值的敏感度较低。当变量在有序的尺度上测量且为非线性相关时，它是合适的相关性分析方法。

二　相关性分析

使用斯皮尔曼方法对 61 国数据进行计算后，得到的结果符合预期。首先，权力集中度指数与土地基尼系数的相关度达到 0.72，土地基尼系数与发展指数的相关度达到 -0.67，均呈强相关关系。这意味着权力越集中，则土地越集中，发展绩效就越差，从而验证了本书的基本假设。其次，土地基尼系数与经济、政治发展指数的相关性分别达到 -0.67 和 -0.64，均呈强相关关系，这说明土地平等不仅影响经济发展，而且对政治发展也有强烈影响。土地基尼系数作为土地平等的近似值，仍与相应指标存在强相关关系，这充分体现了土地平等的重要性（见表 4-2）。

表 4-2　各指标相关系数（1980～2020 年）

自变量及中介变量	中介变量及因变量					
	土地基尼系数（N=61）	发展指数（N=61）	发展指数（N=61）		权力平等型国家发展指数（N=33）	权力集中型国家发展指数（N=28）
			经济发展（人均 GDP）	政治发展（ICRG）		
权力集中度指数	0.72	-0.82	-0.77	-0.83	-0.59	-0.43
收入基尼系数	0.68	-0.70	-0.66	-0.71	-0.48	-0.25
政党竞争度指数	0.28	-0.37	-0.42	-0.33	-0.23	-0.37
最富 20% 人群收入份额	0.63	-0.67	-0.62	-0.69	-0.34	-0.25

续表

自变量及中介变量	中介变量及因变量					
	土地基尼系数（$N=61$）	发展指数（$N=61$）	发展指数（$N=61$）		权力平等型国家发展指数（$N=33$）	权力集中型国家发展指数（$N=28$）
			经济发展（人均 GDP）	政治发展（ICRG）		
平均受教育年限	-0.67	0.85	0.86	0.84	0.7	0.72
病床数/千人	-0.49	0.63	0.58	0.65	0.03	0.67
土地基尼系数	1.00	-0.67	-0.67	-0.64	-0.76	-0.06

注：N 代表样本国家数。
资料来源：笔者制作。

最后，权力集中度指数与发展指数及其分指标（经济发展指数、政治发展指数）的相关度在 -0.80 左右，呈极强负相关关系，表明了权力结构对发展绩效的重大影响。同时，对权力集中指数各分指标与发展指数的相关性测算表明，它们与发展指数大都具有强相关关系，其中与教育指标具有极强相关关系，只有政党竞争度指数与之呈弱相关关系，这再次验证了权力与发展之间的相关性。政党竞争度指数与其他指标大都呈弱相关关系，这说明该指标的设计需进一步改进，但它并不影响总体结论。

当控制国家类型时，权力平等型国家与权力集中型国家呈现了差异（见表4-2最后两列）。在前者中，各权力指数均与发展指数呈强负相关，但在后者中相关性不甚显著。对此的解释是发展动力可分为内生动力和外生动力两种：土地平等产生内生动力，可带来长期增长，权力平等型国家的发展主要由内生动力驱动，因此权力平等与发展呈强正相关；在权力集中型国家中，土地不平等导致内生动力不足，主要依赖外生动力带来的短期增长，因而与权力集中度、土地基尼系数的相关性不强。例如，墨西哥于20世纪70年代末期发现超大油田，人均国内生产总值年均增长率超过9%。[①] 当外生动力减弱时，这些国家就会陷入停滞甚至危机，导致长期发展绩效不佳。墨西哥在1982年爆发危机，进入"失去的十年"。因此，从长期来看这类国家的发展水平都难以提高，集中型权力结构导致的内生动力

---

① 根据世界银行数据计算得出。https://data.worldbank.org/indicator/NY.GDP.PCAP.CD，访问时间：2021年12月25日。

不足为这些国家设置了"天花板"，其短期表现取决于外生动力的强度。可以说，这是从权力结构角度对中等收入陷阱发生机制做出的新解释。而一些非洲国家如乌干达等一直处于内外动力双不足状态，长期受困于低收入陷阱，其发展类型属于上一章图 3-2 的排斥型发展机制 Ⅱ，即非洲/印度模式。

三　回归分析

笔者还使用最小二乘法线性回归模型对权力集中度指数各分指标与发展绩效按国家类型进行了回归分析，结果总体上符合预期。从表 4-3 中可以看出，几乎所有回归方程的解释比例都高于 50%，最高达到 71%。三组国家中的医疗指标的回归系数都不显著甚至为负值，这是因为它与教育指标具有内生性，显著性集中体现于后者。权力集中型国家的收入基尼系数与发展指数的关系不显著，这与相关性分析的结果一致，也是"天花板效应"的体现。

表 4-3　权力集中度指数各分指标与发展指数的回归分析（1980~2020 年）

分指标	发展指数								
	所有国家（$N=61$）			权力平等型国家（$N=33$）			权力集中型国家（$N=28$）		
	发展指数	经济发展	政治发展	发展指数	经济发展	政治发展	发展指数	经济发展	政治发展
收入基尼系数	-0.17	-0.18	-0.15	-0.16	-0.1	-0.22	-0.03	-0.16	0.08
	(0.1)	(0.12)	(0.1)	(0.12)	(0.14)	(0.11)	(0.1)	(0.1)	(0.15)
	(0.1)	(0.12)	(0.15)	(0.19)	(0.5)	(0.05)	(0.13)	(0.13)	(0.58)
政党竞争度指数	-0.38	-0.29	-0.44	-0.05	-0.08	-0.02	-0.21	-0.16	-0.23
	(0.23)	(0.27)	(0.23)	(0.16)	(0.18)	(0.14)	(0.14)	(0.13)	(0.18)
	(0.11)	(0.29)	(0.07)	(0.77)	(0.68)	(0.9)	(0.14)	(0.21)	(0.21)
病床数/千人	0.05	-0.07	0.15	0.13	0.04	0.21	-0.05	-0.14	0.03
	(0.13)	(0.15)	(0.13)	(0.16)	(0.19)	(0.15)	(0.22)	(0.2)	(0.29)
	(0.72)	(0.61)	(0.24)	(0.44)	(0.85)	(0.16)	(0.81)	(0.48)	(0.93)
平均受教育年限	0.82	0.74	0.84	2.36	2.1	2.62	1.34	1.32	1.23
	(0.17)	(0.19)	(0.17)	(0.59)	(0.69)	(0.54)	(0.35)	(0.32)	(0.45)
	(0.00)	(0.00)	(0.00)	(0.00)	(0.00)	(0.00)	(0.00)	(0.00)	(0.01)
R^2	0.67	0.52	0.71	0.52	0.36	0.64	0.62	0.66	0.46

注：N 代表样本国家数。单元格内第一行为回归系数，第二行为标准误，第三行为显著性（P 值）。
资料来源：笔者制作。

图 4-1 展示了土地基尼系数对发展指数存在的边际效应（95% 置信区间）。其中发展指数标准化为 0 ~ 10，土地基尼系数标准化为 1 ~ 10。函数关系为：

$$y = 10.4 - 1.2x + 0.02 x^2 \qquad\qquad (4-1)$$

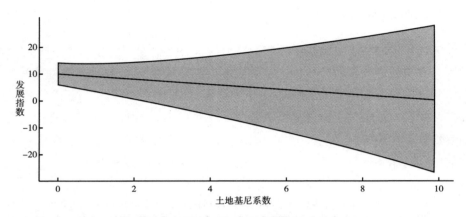

图 4-1　土地基尼系数对发展指数的边际效应

资料来源：笔者制作。

在全部 61 国中，土地基尼系数对发展指数的边际效应为：$0.04x - 1.2$。拟合曲线总体呈现边际递减趋势。例如，当土地基尼系数为 2 时，它每增加 1，发展指数便下降 1.12；当土地基尼系数为 5 时，它每增加 1，发展指数会下降 1。这个结果明确展示了土地不平等对发展的遏制作用，且遏制作用呈递减趋势，这与上文讨论的"天花板效应"相一致。

第二节　散点图

一　权力集中度指数和发展指数散点图

将 61 个国家不同年份的权力集中度指数和发展指数分别取算术平均值可绘制出散点图（见图 4-2）。其中，横轴代表权力集中度，得分越高的国家权力越集中。纵轴代表发展指数，得分越高则发展水平越高。综合国情因素，结合中位数（29）的分布，本书将30作为权力平等型和权力集中型国家的分界线，见图中纵向虚线。同理，本书将35（中位数为36）作为发达国家和欠发达国家的分界线，见图中横向虚线。

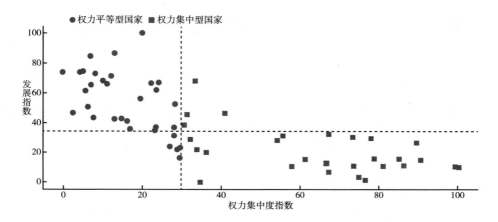

图4-2 全部61个国家权力集中度指数与发展指数相关关系

资料来源：笔者制作。

图4-2为61国分布总图，图4-3、图4-4是将总图划分为不同区间加以展示的分区图。总图中所有的点分布在一条单调下降的曲线附近，分布较为集中，展示了权力集中度指数和发展指数之间的强负相关关系，且二者非线性相关。其中绝大多数国家符合分布规律，只有少数异常值。

图4-3的对象主体为权力平等型国家，其权力集中度指数小于30且发展指数高于35，在此区间可以找到几乎所有的发达国家，由此体现了权力平等与发展绩效之间的强正相关关系。由上文的论述可知，反向因果关系（即发展绩效导致权力平等）并不存在。在这张图中还可以看到美国等4个异常值，它们的发展指数均超过35，但权力集中度指数又都超过了30，美国尤甚，在案例分析部分将以美国为例对这种异常现象做出解释。图4-4的对象主体为权力集中型国家，其权力指数高于30，绝大多数发展指数在35以下，在这张图里可找到大多数发展中国家。从该图中还可以看到罗马尼亚等2个权力平等却不发达的国家，这可用历史性因素和周期性因素等予以解释。前

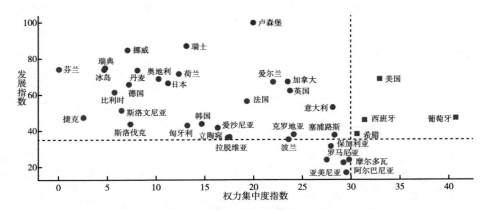

图 4-3　权力平等型国家权力集中度指数与发展指数相关关系

资料来源：笔者制作。

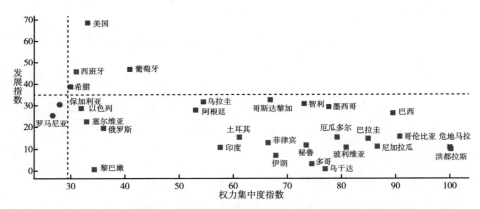

图 4-4　权力集中型国家权力集中度指数与发展指数相关关系

资料来源：笔者制作。

者包括重大外生冲击等多种因素，后者则指某国在发展周期中所处的特定阶段。例如，在本书测度的时间范围内（1980～2020 年），罗马尼亚等国刚进入权力平等阶段不久，其发展潜力可能尚未充分释放。图 4-4 中的国家分布较为分散，说明负相关关系不够强，上文控制国家类型的量化研究也证实了这一点。

二　土地基尼系数和发展指数散点图

为直观显示土地平等的影响，笔者绘制了土地基尼系数与发展指数之间的散点图（见图4-5）。其中，图4-5为总图，图4-6、图4-7分别为土地基尼系数和经济发展指数、政治发展指数的散点图。

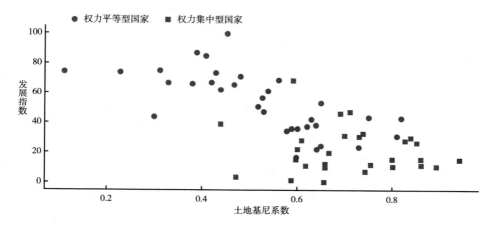

图 4-5　土地基尼系数和发展指数散点分布情况

资料来源：笔者制作。

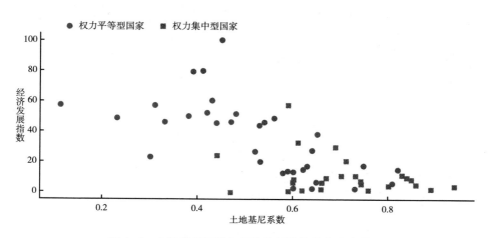

图 4-6　土地基尼系数和经济发展指数散点分布情况

资料来源：笔者制作。

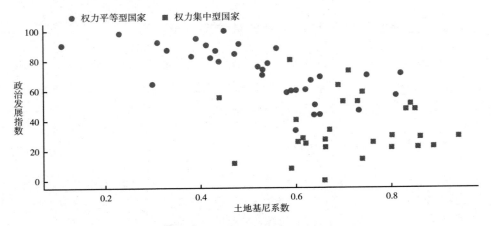

图4-7　土地基尼系数和政治发展指数散点分布情况

资料来源：笔者制作。

　　本组散点图的分布形态与上一组图相似，呈单调下降趋势，反映了土地基尼系数与发展绩效之间的负相关关系。因为土地基尼系数只是土地平等的近似值，土地质量与农业政策维度缺位，所以国家分布略呈离散状态。发达国家近些年来土地集中程度的重新上升也加剧了这一趋势。在三幅图中的下方，有若干土地基尼系数与发展程度都较低的国家（多哥、乌干达、印度、菲律宾等），它们并非异常值，而是属于排斥型发展机制的非洲/印度亚型，即只有土地面积平等而无土地质量、农业政策的平等。此外，在图4-6中，权力集中型国家几乎全部位于右下角，充分展示了"天花板效应"。

第五章　韩国：权力平等型国家的典型

本书选取韩国、墨西哥、美国和委内瑞拉案例进行长期动态分析，与量化研究部分的相对静态分析形成互补。其中，韩国为权力平等型国家的成功发展案例，墨西哥为权力集中型国家的典型案例，美国为权力结构周期性变化及发展逆转的典型案例，委内瑞拉则为没有进行过土地改革的权力集中型国家的典型。

第一节　对汉江奇迹的主流解释

在 1980~2020 年，韩国权力集中度指数均值为 15，发展指数均值为 43，是后发国家中从集中型权力结构成功过渡到平等型权力结构的典型，也对主流发展理论提出了重大挑战。

二战后初期，韩国的人均收入比很多非洲国家还要低。在 1960 年，韩国的人均国内生产总值只有 883 美元（按 1985 年美元币值计算），低于塞内加尔（1017 美元）和莫桑比克（1128 美元），更低于拉美的巴西（1745 美元）、墨西哥（2798 美元）和阿根廷（3294 美元）。① 它的经济及社会基础设施又在战争中遭受了严重破坏，此外它还缺乏拉美、非洲国家所拥有的丰富的自然资源，被普遍认为是最没有发展希望的国家。但在此后的 30 年里，韩国迅速超越了这些非洲和拉美国家，创造了所谓的"汉江奇迹"。到 1989 年，韩国的

---

① Dani Rodrik, Gene Grossman and Victor Norman, "Getting Interventions Right: How South Korea and Taiwan Grew Rich," *Economic Policy*, Vol. 10, No. 2 (April 1995), p. 56.

人均国内生产总值已经达到 6206 美元，1960～1989 年的人均国内生产总值年均增长率达到 6.82%。而同期内塞内加尔的年均增长率只有 0.16%，1989 年的人均国内生产总值只有 1082 美元，几乎在原地踏步。莫桑比克的增长业绩更差，年均增长率为负值（-2.29%），人均国内生产总值则降到了 756 美元。那些曾被认为最具发展潜力的拉美国家也被韩国远远抛在身后。巴西 1960 年的人均国内生产总值是韩国的两倍，此时约占韩国的 2/3，为 4138 美元。墨西哥为 5163 美元，与韩国相差 1000 多美元。曾经遥遥领先的阿根廷也陷入停滞，只有 3608 美元。这三个拉美国家在此期间的平均年均增长率只有 2% 多一点，不及韩国经济增速的 1/3。[①]

为什么韩国会取得成功？对韩国成功经验的解读分为三个派别，即正统的新古典市场理论（也称出口拉动论）、发展型国家理论和新制度主义观点。新古典主义经济学家认为"汉江奇迹"的成因很简单，完全符合正统理论，也就是"把价格搞对"（getting the prices right）。简而言之，韩国提供了一个稳定的宏观经济环境，取消了一度在发展中经济体中盛行的高度贸易保护、多重汇率、金融压抑等政策，显著减少了对价格体系的干扰，促进了国内及国际竞争。同时，政府在教育、健康等领域大力投资，增加了人力资本。由一个"小政府"实施的这些新古典基本政策提升了韩国的国际竞争力、促进了出口，从而造就了"汉江奇迹"。[②] 但罗德里克指出，韩国的经济起飞始于 20 世纪 50 年代，但出口直到 70 年代中期之前对经济增长的贡献都很小，因此正统的出口拉动理论不足以解释"汉江奇迹"。[③] 新古典理论对韩国增长奇迹的另一种解释是"雁行模式"。该理论认为，从比较优势出发，当先发国家向资本、技术密集型经济结构升级时，就会把劳动力密集型产业向工资水平更低的

① Dani Rodrik, Gene Grossman and Victor Norman, "Getting Interventions Right: How South Korea and Taiwan Grew Rich," *Economic Policy*, Vol. 10, No. 2 (April 1995), p. 56.

② A. O. Krueger, "The Experience and Lessons of Asia's Super Exporters," in V. Corbo et al., eds., *Export-Oriented Development Strategies: The Success of Five Newly Industrializing Countries* (Boulder, CO, and London: Westview Press, 1985); World Bank, *The East Asian Miracle: Growth and Public Policy* (Washington D. C.: Oxford University Press for the World Bank, 1993).

③ Dani Rodrik, Gene Grossman and Victor Norman, "Getting Interventions Right: How South Korea and Taiwan Grew Rich," *Economic Policy*, Vol. 10, No. 2 (April 1995), pp. 53-107.

落后邻近经济体转移，从而带动落后国家的经济增长。韩国的发展便是日本产业转移的结果。① 但这种"水往低处流"的自动扩散模式遭到了质疑。爱丽丝·阿姆斯登（Alice Amsden）指出，当美国的工业化在 20 世纪五六十年代达到"世界第一"的地位时，西半球并没有出现"雁行模式"，美国的资本和技术并没有向拉美国家进行大规模转移，其他地区也没有出现类似现象。所谓的"雁行模式"只局限于东亚，产业的自动扩散机制难以成立，韩国的成功还需要新的解释。②

阿姆斯登、查默斯·约翰逊等学者认为韩国乃至东亚的发展模式不完全符合新古典模型，他们提出了一个相反的理论方向：国家干预的作用至关重要，发展型国家才是"汉江奇迹"的根源。与新古典理论对"把价格搞对"、宏观稳定、人力资本投资等基本政策的强调不同，这一流派强调产业政策和对金融市场的干预。阿姆斯登指出，即便韩国在 20 世纪 60 年代拥有低工资优势，并且进行了贸易自由化、放松汇率管制等改革，韩国的纺织品行业仍然无法同高工资水平的日本竞争，因为后者拥有完善的基础设施、先进技术及管理经验，从而有效降低了成本。韩国政府不得不实施广泛的出口补贴政策，才帮助本国纺织业在这个劳动密集型的产业中赢得了竞争优势。因此，市场往往不能把资本引入那些具有高成长性的行业，只有政府的产业政策才能系统纠正价格机制的失灵，"把价格搞错"（getting the prices wrong）比"把价格搞对"更重要。很多发展中国家都曾经实施过类似的产业政策，但只有韩国等少数东亚经济体取得了良好的政策效果。因此，拥有一个高效的政府官僚集团非常重要。这个集团不仅能够进行政策规划，而且能有效实施。比如，政府能够根据业绩标准来决定是否向私营企业发放出口补贴。因此，官僚集团必须能够避免强大利益集团如大公司的影响，相对独立地做出有利于社会整体利益的决策，这就要求拥有约翰逊所说的发展型国家。③ 但是，对于为什么只

① M. Shinohara, *Growth and Cycles in the Japanese Economy* (Tokyo: Institute of Economic Research, Hitotsubaki University, 1972).

② Alice Amsden, "Diffusion of Development: The Late-Industrializing Model and Greater East Asia," *The American Economic Review*, Vol. 81, No. 2 (1981), pp. 282-286.

③ Alice Amsden, *Asia's Next Giant: South Korea and Late Industrialization* (New York: Oxford University Press, 1989).

有韩国等少数东亚经济体能形成发展型国家，这些学者尚无充分解释。有些学者将其归因于威权政府的执行力。[①] 但拉美、非洲和东南亚众多威权政府的腐败低效证伪了这种观点。正如前文理论综述部分所说，这个问题仍未解决。

对韩国发展奇迹的第三派解释来自新制度经济学。早期的制度主义观点来自世界银行，在 1993 年那份著名的报告中，世界银行的一些经济学家提出，韩国的产业政策之所以能获得成功，关键在于其制度基础。主要的制度机制包括：把非精英集团包含在内的财富分享制度；能够免于狭隘政治压力的经济技术官僚"绝缘"机制；能够赢得经济精英集团支持及进行信息分享的制度机制。其中，财富分享机制主要包括教育普及、土地改革和中小企业扶持政策等。在朝鲜战争结束后特别是在朴正熙政府期间，韩国政府加大了对中小学教育的投资力度，为经济增长提供了必需的人力资源。与日本等经济体相似，韩国进行了大规模土地改革，向 90 万佃农分配了土地。韩国政府设置了出口金融、信贷等项目，对中小企业进行了广泛的支持。经济技术官僚的"绝缘"机制包括相对强大的官僚机构设置。朴正熙时期设立的经济计划委员会，掌握很大的财政预算分配权，以及官僚机构对银行的控制权，这对依赖银行贷款的大公司影响很大。为建立一支有能力的行政官僚队伍，韩国政府注重竞争与激励原则，其中包括：招募和晋升都必须基于考试成绩及绩效，具有高度的竞争性；提供富有竞争力的报酬，使人才不至于流失到私营企业；高级官员会得到充分的奖励，退休后可以去国有或私人企业担任高管；政府还从学术界招募了很多优秀学者，并为经济管理部门配备了相应的研究机构，保证其决策的科学性。

韩国政府注重与企业界建立良好关系。政府相关机构与大企业保持密切沟通，最高层的沟通机制为总统主持的月度出口促进会，成员包括经济部长及企业巨头，此外还有由政府中层官员、企业管理者和学者参与的政策协商机构，这些交流机制有助于政府与企业界之间进行信息交流、建立互信，加强了双方协调与合作，并且能帮助政府提高政策制定与执行的效率。[②]

---

① 青木昌彦、吴敬琏编《从威权到民主：可持续发展的政治经济学》，中信出版社 2008 年版。
② World Bank，*The East Asian Miracle：Economic Growth and Public Policy*（Oxford：Oxford University Press，1993），pp. 157–189.

诚然，上述举措可能都有助于经济发展，但世界银行报告并没有阐明这些因素之间的关系，即哪些或哪个因素更为重要。更关键的问题在于：为什么多数发展中国家在执行这些政策时都没有取得理想的效果，而只有韩国等少数经济体取得了成功？如果将其归因于官僚集团的效率，那么为什么韩国能够进行严格的官僚选拔而其他国家不能？为什么其他国家经常出现的政商合流、寻租腐败在韩国没有那么严重？世界银行的这份报告只列举了一些韩国的政治、经济现象，并没有深入挖掘这些现象出现的根源，其结论仍然流于肤浅。

诺思及其追随者把社会秩序理论应用于韩国，认为韩国在 1997 年前为有限开放秩序，之后转型为开放秩序。[①] 但这一观点存在两方面的不足。第一，韩国在 1997 年之前就已经实现了包容型发展，如果将转型时间定为 1997 年，即是说韩国在有限开放秩序中实现了发展，这有悖于诺思的核心观点。第二，诺思等把墨西哥、巴西、印度、印尼等国列为与韩国同样的有限开放秩序国家，但没有清晰解释为什么只有韩国实现了向开放秩序的转变，而其他国家至今仍停留在有限开放秩序之中。[②]

在政治发展方面，有学者将韩国 1987 年民主化进程的关键动力归结为国际因素。王菲易以韩国为案例，从国际结构、情境和行为体三个层面探讨了国际因素对中小国家民主化的影响。在国际结构层面上，美苏从对抗走向缓和，

---

① 道格拉斯·诺思等编著《暴力的阴影：政治、经济与发展问题》，刘波译，中信出版社 2018 年版。

② 另外一种似是而非的制度主义理论为美国学者康灿雄提出的制度环境理论。康灿雄认为，制度环境（特指政商关系）通过中介变量（制度和政策）影响一国的发展绩效。政治家和企业家都具有强大的影响力，制度设计和政策选择都受到他们的操纵、规避和修正行为的影响。如果政界和商界精英之间能够形成"相互挟制"（mutual hostage）或曰相互制衡的关系，就能减少交易成本，促进国家发展，韩国即是如此。如果政界或商界中某一方占据优势地位，二者间不能相互制衡，则占优者会掠夺社会财富，增加交易成本，不利于经济增长，菲律宾就长期处于这种状态。相关论述见康灿雄《裙带资本主义：韩国和菲律宾的腐败与发展》（李巍等译，上海人民出版社 2017 年版）。首先，当这种理论把制度环境视为自变量时，它其实否认了制度的决定性作用，从本质上脱离了制度主义。其次，这种理论与其他发展型国家理论的弱点相同，即不能解释在处于"相互挟制"状态时，为什么韩国的政治精英与商界精英没有进行合流以实现利益最大化。事实上，二者的合流在拉美国家比比皆是，相关研究可参见高波《权力结构视角下的发展陷阱：基于对委内瑞拉"蓬托菲霍体制"的分析》，《国际政治研究》2020 年第 1 期，第 9~36 页。

半岛问题上的大国博弈由两极向多极转化，美国对东亚威权国家施加民主转型压力，韩朝关系改善以及韩国实力的上升导致独裁者以国家安全为借口的统治失去合法性。在国际情境层面上，金融、贸易全球化使韩国认识到，只有民主化才能进入发达国家俱乐部，第三波民主化特别是菲律宾的民主化对韩国产生了示范效应，民主观念在韩国也得到更为广泛的传播。在国际行为体层面上，美国、国际奥委会等角色都非常重要。① 这种观点具有以下几方面的局限性。首先，对因果关系的论证比较薄弱。诸多国际因素被罗列出来，但它们与韩国民主化之间的因果关系并没有得到有力论证，这些因素如何塑成韩国民主化的机制也没有得到呈现，它们之间的联系及重要性排序也没有得到说明。因此，这些因素很可能只是与韩国民主化同时发生，两者是否具有因果关系仍然存疑。其次，横向国际比较不支持这种观点。如果诸多国际因素特别是美国因素起到了关键作用，那就难以解释第三波民主化在时间上的极长跨度。例如，厄瓜多尔的民主化发生在 1977 年，而另一个拉美国家巴拿马的民主化发生在 1989 年，而且世界上仍有大量的中小国家仍未实现民主化。② 再次，这种观点还遇到了另一个解释障碍，即如果同样的外部因素造就了韩国和菲律宾的民主化，那么这两个国家在民主巩固方面的显著差异源于何处？最后，这种观点的提出者也未对"中小国家"做出明确定义，以至于无法对其适用性进行明确界定。

由此可见，既有理论都不足以解释韩国的经济、政治发展奇迹。在权力平等发展理论看来，权力平等和土地平等才是韩国成功的根本原因。

第二节　权力结构平等化、土地平等与包容型发展

韩国传统权力结构的打破是由二战和朝鲜战争导致的。二战结束了日本在韩国的殖民统治，地主集团因与日本殖民者合作而丧失了接管政治权力的合法

① 王菲易：《国际因素与中小国家的民主化：对韩国的个案研究》，《世界经济与政治》2011 年第 10 期，第 124～136 页。
② 相关数据参见塞缪尔·亨廷顿《第三波：20 世纪后期民主化浪潮》，刘军宁译，上海三联书店 1998 年版。

性。1950年爆发的朝鲜战争使弱小的工商业集团受到重创，丧失了经济权力。因此，美国占领军及其扶持的李承晚政府成为国内权力结构的主导者，但是，北方已于1946年进行了土地改革，将土地平均分配给农户家庭，从而对南方造成了巨大压力。

当时的南方，人地矛盾非常尖锐。南方农村人口约为1400万，占总人口的81%，农村人口密度在全世界居于首位。土地占有非常集中，地主集团占有2/3的土地，近60%的农民家庭没有土地，80%的农户签订了租佃契约。也即是说，除了无地农民之外，还有大量小农户没有足够的土地维生，只能租种地主土地，缴纳的租金占到收成的45%~80%。75%的农户背负沉重的债务。① 因此，在半岛北方的农民获得土地后，南方无地农民也开始政治动员，局势趋于动荡。1946年的租佃纠纷演变为一场大规模农民暴动，逾40个郡的230万农民陆续卷入，以暴力行动抗议过高的土地租金。北方支持的"人民委员会"组织也开始鼓动暴动农民占领地主土地。当年，美国驻军所做的南方农村民意调查显示，在接受调查的8453名农民中，有77%的人支持社会主义或共产主义，向往北方的社会制度和土地改革。② 这种形势下，作为社会主要组成部分的农民集团成为决定政局能否稳定的核心力量，权力地位得到显著提升。③

当时，土地分配成为争取农民支持、维持政治稳定的主要手段，不进行土地改革就会引发农民革命。因此，1948年制定的宪法中加入了进行土地改革的条款。1950年，根据宪法制定了《农业用地改革修正案》（Agricultural Land Reform Amendment Act），明确了土地改革的实施办法。从1950年起，李承晚政府开始有偿征收地主土地并分配给农民。由于战争、农村动荡和土地改革预期的影响，此时的农村土地价格已经骤降，不到日据时期的1/3。政府按此低

---

① 柳钟星：《从有限准入秩序向开放秩序的转型：以韩国为例》，载道格拉斯·诺思等编著《暴力的阴影：政治、经济与发展问题》，刘波译，中信出版社2018年版，第330页；Wolf Isaac Ladejinsky, *Agrarian Reform as Unfinished Business* (New York: Oxford University Press, 1977), pp. 50-54。

② Yoong-Deok Jeon and Young-Yong Kim, "Land Reform, Income Redistribution, and Agricultural Production in Korea," *Economic Development and Cultural Change*, Vol. 48, No. 2 (2000), p. 257.

③ Cristobal Kay, "Why East Asia Overtook Latin America: Agrarian Reform, Industrialization and Development," *Third World Quarterly*, Vol. 23, No. 6 (2002), p. 1079.

价向地主发放土地债券，分 5 年偿付。在此期间，分得土地的农民每年向政府缴纳 30%的收成，作为地价支付。地主集团在南方当局的武力威慑下放弃反抗，土改顺利进行，140 万户农户家庭分得了土地。到 1956 年，小农户拥有的土地已达耕地总数的 64%，大地主集团消失，韩国成为全球土地分配最平等的国家之一。① 因此，是地主集团权力地位下降、政治精英集团与农民集团地位上升共同促成了权力结构的平等化，继而实现了土地分配平等。此后，来自半岛北方的政治军事压力一直居高不下。

土地改革激发了受益农民的劳动积极性，在长达 30 年的时间里，韩国户均年劳动投入时数超过 2000 小时，农田复种指数翻了一番，因缺乏土地而闲置的劳动力资源得到了充分利用，这推动了农业生产的发展。但是，李承晚执政时期大量进口美国粮食、压低韩国国内粮食价格的政策减少了农民收入，成为全面实现土地平等和农业发展的障碍。1961 年靠军事政变上台的朴正熙政府在农业政策方面有明显改进。朴正熙政府对农户经济进行了扶持，主要包括减轻农民债务、提高粮食收购价格、加强基础设施建设等政策。首先，针对农民沉重的债务负担，政府出台了高利贷处理办法，由政府承担农民债务，农民只需以低于 12%的利率偿付利息即可，这项政策明显减轻了农民的债务负担。政府还向农民提供低息贷款，缓解农民生产、生活融资问题，避免其再次落入高利贷陷阱。其次，朴正熙政府改变了李承晚政府的粮食价格压制政策，政府大幅提高大米收购价格。这一方面直接增加了农民收入，另一方面有利于推广高产的水稻良种，有效提高了水稻产量，帮助韩国实现了粮食自给。政府为此投入巨资，产生的财政赤字达到国民生产总值（1974 年）的 2%。最后，朴正熙政府于 1970 年开始实施"新村运动"，对加强农村基础设施建设、提高农业生产力、增加农民收入起到了明显的推动作用。为改善农村居住环境，以政府出资 85%、农户出资 15%的方式为农民集资建房。到 1977 年，韩国农村住房已全部更新，农民居住条件明显改善。到 1979 年，韩国农村已有 98%的农户通电，其中大部分家庭购买了电视机。政府帮助修建了约 8 万座桥梁和 4.3

---

① 柳钟星：《从有限准入秩序向开放秩序的转型：以韩国为例》，载道格拉斯·诺思等编著《暴力的阴影：政治、经济与发展问题》，刘波译，中信出版社 2018 年版，第 331~332 页。

万公里的乡村公路，实现了村村通公路和汽车下乡。政府还资助了农村灌溉系统的升级，修建了1.07万个蓄水池及2.8万处灌溉水渠。政府还成立了5家大型化肥厂，帮助农民解决了化肥短缺、价格昂贵的问题。此外，约35万个农户家庭安装了电话，农村通信水平得到明显提升。[①] 新村运动在帮助农民增收方面收效显著。在开展新村运动之前的几年里（1965~1969年），韩国农民的年均收入增长率为3.5%，远低于城市居民的14.6%。但在新村运动开始后（1970~1976年），农民的年均收入增长率猛增至9.5%，远远超出了城市居民的4.6%。[②] 同期，韩国还建立了城乡一体的社会保障体系，依据《国民年金法》，农村居民与城市居民都可以享受医疗保险、养老金保险和灾害补偿保险等，完善了农民的社会保障。[③]

除提供低息贷款、基础设施投资和技术推广外，政府还主导成立了农会组织"大韩农业协同组合"，该农会组织涵盖了208万个家庭农场，发挥了农业供销合作社的功能，有助于克服农户经济的脆弱性、提高农民议价能力和收入。此后，大韩农业协同组合的功能又陆续扩展到超市经营、信用担保、互助金融、教育指导、兴办文化福利事业等领域，在促进农业、农村现代化方面发挥了重要作用。[④] 因此，在农业、农村及农民生活的众多领域里，韩国都真正实现了土地平等。

土地平等造就了家庭农场经济的繁荣。韩国农业年均增长率长期居世界前列，远超同期拉美和非洲国家的水平。在1960~1965年，农业产值年均增长率达到5.55%，在1965~1970年也保持了年均2.84%的增长速度。[⑤] 这为"汉

---

① Kristen Looney, *The Rural Developmental State: Modernization Campaign and Peasant Politics* (Harvard University Doctoral Dissertation, 2012), pp. 193, 194.

② 韩立民：《韩国的"新村运动"及其启示》，《中国农村观察》1996年第4期，第62~64页。

③ 郝爱民：《扩大农民消费问题的国际比较及对中国的借鉴》，《经济问题探索》2009年第2期，第168~169页。

④ 谢颜、李文明：《韩国、波兰农业现代化发展模式比较研究与借鉴》，《世界农业》2014年第11期，第129~133页。

⑤ Kenneth Kang, Vijaya Ranachandran, "Econmic Transformation in Korea: Rapid Growth without an Agricultural Revolution?" *Economic Development and Cultural Change*, Vol. 47, No. 2 (1999), pp. 783-801; World Bank, *The East Asian Miracle: Economic Growth and Public Policy* (Oxford: Oxford University Press, 1993); 董正华：《小农制与东亚现代化模式：对台湾地区和韩国经济转型时期农业制度的考察》，《北京大学学报》（哲学社会科学版）1994年第3期，第73页。

江奇迹"做出了四方面的贡献。首先是资本贡献。第一条途径是政府的"剪刀差"政策。通过化肥换谷等方式，政府从农村汲取经济剩余并用于公共投资，包括基础设施建设、为私营企业提供出口补贴等，为出口导向型经济的勃兴打下了基础。[1] 第二条途径是投资率的提高。农民的普遍富裕提高了储蓄率和投资率，为工业化进行了原始积累。其次是产品贡献。农业繁荣不仅帮助韩国迅速摆脱了饥荒，并且为食品加工、纺织等行业的快速扩张提供了原料。再次是市场贡献。古斯塔夫·拉尼斯等指出，在 20 世纪六七十年代，韩国等东亚经济体的国内需求远远超过外部需求，农民对工业品的巨大需求拉动了劳动密集型工业化的兴起。[2] 最后是人力资本贡献。土地平等使农民家庭能够承担子女的教育开支，推动了韩国教育的跨越式发展。1945~1955 年，韩国小学入学率增长 1 倍，中学入学率增长 8 倍，大学入学率增长 10 倍。[3] 与同等收入水平国家相比，韩国中小学入学率和识字率都要高出 1 倍。教育进步的作用体现在两方面。其一，对经济增长的推动作用。丹尼·罗德里克所做的回归分析表明，教育普及及其产生的高素质劳动力队伍可以解释这一时期约 50% 的韩国经济增长。[4] 其二，为韩国政府提供了人力资源。由于高学历专业人才增加，政府通过高度竞争性的选拔建立了一支高素质的公务员队伍，提高了执政效率。[5]

在家庭农场经济繁荣的基础上，韩国依次经历了劳动力密集型工业化、重化工业化和第三产业的发展，经济增长进入了良性循环和结构递进升级的阶段。经济学家往往强调经济自由（对外贸易）和政府产业政策的作用，但往

---

[1] Dani Rodrik, Gene Grossman and Victor Norman, "Getting Interventions Right: How South Korea and Taiwan Grew Rich," *Economic Policy*, Vol. 10, No. 2 (April 1995), pp. 53-107；董正华：《小农制与东亚现代化模式：对台湾地区和韩国经济转型时期农业制度的考察》，《北京大学学报》（哲学社会科学版）1994 年第 3 期，第 73~75 页。

[2] Gustav Ranis, "Industrial Development," in Walter Galensen, ed., *Economic Growth and Structural Change in Taiwan* (Ithaca: Cornell University Press, 1979), p. 227.

[3] 柳钟星：《从有限准入秩序向开放秩序的转型：以韩国为例》，载道格拉斯·诺思等编著《暴力的阴影：政治、经济与发展问题》，刘波译，中信出版社 2018 年版，第 332 页。

[4] Dani Rodrik, Gene Grossman and Victor Norman, "Getting Interventions Right: How South Korea and Taiwan Grew Rich," *Economic Policy*, Vol. 10, No. 2 (April 1995), pp. 53-107.

[5] You Jong-il, "Income Distribution and Growth in East Asia," *Journal of Development Studies*, Vol. 34, No. 6 (1998), pp. 37-65.

往忽视了家庭农场经济繁荣的基础性作用。[①] 在经济结构升级的过程中，韩国的社会结构和权力结构也发生了明显变化。在大约 40 年的时间里，韩国从一个农业社会转变为发达的工业社会。在 1958 年，农业劳动力还占到全部劳动力的 81.6%。到 1970 年，该比例已降至 50.4%，到 1980 年时已降到 34%。到 1995 年，也就是土地改革以来不到半个世纪的时间里，农业劳动力占比降到了 12.5%。同期内，制造业所使用的劳动力占比从 4.6% 上升到 23.6%，服务业劳动力占比从 13.8% 升至 64%。制造业的内部结构也经历了重大变化。从 20 世纪 50 年代到 70 年代中期，韩国制造业以劳动力密集型产业为主，包括服装、制鞋、纺织、玩具、假发等产业。从 70 年代中期起，韩国制造业向重化工业化转型，化工、造船、汽车、电子等资本密集型产业兴起，这意味着韩国不仅经历了经济高速增长，而且顺利实现了第一次结构升级。从 80 年代中期开始，韩国制造业的重心开始向技术密集型产业转移，逐步实现了第三次结构升级。[②]

这一趋势引发了就业结构的变化，在 1960 年，74.4% 的制造业工人受雇于 10 人以下的小公司。到 1992 年，只有 29.6% 的工人受雇于小公司，其余约 70% 的工人受雇于 100 人以上的大公司。这给社会带来了重大影响。资本技术密集的大公司逐步成为韩国经济中的主体，这代表了技术进步和资源禀赋的升级，以及就业质量的提高。在此期间，专业人员和经理人员占总就业人口的比例从 1965 年的 2.9% 上升到 1995 年的 16.4%，他们中的绝大多数人都接受过高等教育。高等教育迅猛发展，到 20 世纪 80 年代，每年的高校毕业生达到 40 万人，为产业结构的不断升级提供了人力资本保障。[③] 在经济高速增长和结构升级的过程中，韩国的收入分配一直保持高度平等的状态，韩国被誉为"共享式增长"（shared growth）的典型。在 1960 年时，中产阶级在韩国总人

---

① 对于市场作用的强调可参见 World Bank, *The East Asian Miracle*: *Economic Growth and Public Policy* (Oxford: Oxford University Press, 1993)。对国家干预的强调可参见 Alice Amsden, *Asia's Next Giant*: *South Korea and Late Industrialization* (New York: Oxford University Press, 1989)。

② San-Jin Han, "Modernization and the Rise of Civil Society: The Role of the Middling Grassroots for Democratization in Korea," *Human Studies*, Vol. 24, No. 1/2 (2001), p. 119.

③ San-Jin Han, "Modernization and the Rise of Civil Society: The Role of the Middling Grassroots for Democratization in Korea," *Human Studies*, Vol. 24, No. 1/2 (2001), p. 120.

口中的比例已经达到 19.6%。1970 年升至 29%，1980 年达到 38.5%。到 1990 年左右，中产阶级已经占到韩国总人口的 44%，与产业工人的占比基本持平，整体社会阶级结构呈橄榄型。[①] 因此，韩国的经济结构与社会结构实现了同步优化，由一个金字塔型的农业社会演变成为橄榄型的工业社会。

在政治发展方面，土地平等也发挥了显著的推动作用。首先，土改使政治长期稳定。土地改革之后，韩国农民大规模的抗议活动基本消失，农村保持了高度的政治稳定，连腐败的李承晚政府也连续执政长达十余年。1960 年，虽然爆发了以学生抗议、街头运动为主的"四·一九革命"，但抗议活动的矛头直指腐败滥权的李承晚本人，抗议活动在李承晚辞职后旋即平息，没有发展为危及体制的政治事件。

在这一时期的权力结构中，权力地位较高的是政治精英集团、军人集团和农民集团，而地位较低的集团包括经济精英集团、劳工集团和专业人士集团。在"四·一九革命"后，以李承晚为首的政治精英集团受到沉重打击，丧失了民意基础。军人集团在朝鲜战争中及战后迅速扩张，来自美国的援助又显著提高了军队的组织、装备及专业化水平，并出现了一批受过美国军事培训的少壮派军官。其中，以朴正熙为首的一些军官依托同乡、同学关系结成了组织严密的小团体，密谋夺取政治权力。在政治精英集团衰落后，军人集团的权力地位明显上升。彼时，经济精英集团中的地主集团已经接近消亡，新兴的企业家集团主要由李承晚时期工商产业私有化运动中获益的新贵组成，经济上尚不够强大，而且对政治精英的依赖性较强，权力地位较低。而劳工集团和专业人士集团都处于萌芽阶段，在权力结构中的地位是最低的。因此，总的来看，军人集团和农民集团拥有最多的权力资源，二者间的关系能够决定韩国未来的走向。

1961 年通过发动"五·一六政变"上台的朴正熙维持并加强了现行体制，

---

① San-Jin Han, "Modernization and the Rise of Civil Society: The Role of the Middling Grassroots for Democratization in Korea," *Human Studies*, Vol. 24, No. 1/2 (2001), pp. 121 – 123; World Bank, *The East Asian Miracle: Economic Growth and Public Policy* (Oxford: Oxford University Press, 1993); Doo-Seung Hong, "Social Change and Stratification," *Social Indicators Research*, Vol. 62, No. 3 (2003), pp. 39–50, 转引自张振华《公民社会兴起的政治意蕴：以韩国为样本》，《经济社会体制比较》2013 年第 3 期，第 142 页。

没有逆转土地改革，并且对农民集团施以恩惠，二者结成了事实上的联盟，以朴正熙为首的军事—政治精英集团①得以长期执政。总的来看，在从农业社会向工业社会的过渡中，韩国政治稳定局面长期延续，为经济增长提供了良好的社会环境。

其次，土地改革为强大政党的出现提供了基础。朴正熙在政变成功后即建立了民主共和党，该党在此后的三次总统大选中均获得了多数选票，帮助朴正熙击败了反对党候选人，其票仓主要集中于农村和南部地区。在土地改革、新村运动及相关农业政策中受益的农民构成了民主共和党的民众基础。② 最后，土地改革推动了韩国发展型国家的形成。从农业中提取的大量经济剩余为韩国政府的经济政策提供了物质基础，教育进步又为之提供了人力资源，从而提升了政府效能。③ 从权力结构来看，韩国没有由土地精英转化而来的经济精英集团，这就降低了官商合流、寻租腐败的发生率，积极活跃的农民组织以及外部压力也促进了韩国政府的廉洁自律。④ 这些因素共同促使韩国成为发展型国家。

到 20 世纪 80 年代中期，在 20 余年的高速增长和经济结构升级之后，韩国的权力结构发生了重大变化。长期执政的军事—政治精英集团中滋生了不同的派系力量，在 1979 年朴正熙遇刺后，全斗焕小集团脱颖而出，取代了朴正熙的地位。此前经济上的巨大成功和平等的收入分配模式巩固了军事—政治精英集团的地位，全斗焕继承了朴正熙的政治遗产，这个集团的统治地位得以延续。但政治精英集团中也出现了新生力量，在与朴正熙政权长期抗争的过程中，涌现了金大中、金泳三等一批反对派政治领导人，他们拥有政党组织的支

---

① 军事—政治精英集团意指出身军队、经由政变等形式掌握最高政治权力的精英集团，该集团兼具军人集团与政治家集团的双重身份。

② 康灿雄：《裙带资本主义：韩国和菲律宾的腐败与发展》，李巍等译，上海人民出版社 2017 年版，第 96 页。

③ 对韩国及其他东亚经济体的研究往往过分夸大了政府政策的作用。这些研究简单地认为，只要政府制定并实施出口补贴、优惠贷款、减免税收等政策就可以"创造"经济增长。但是它们往往忽略了一点，即政府实施这些政策是需要资源支撑的，落后经济体的政府不可能在减免税收的同时拿出大笔资金来进行出口补贴，也不可能凭空发放巨额贷款而不引发通货膨胀。所有的增长支持政策都需要有物质资源支撑，而这些资源或曰原始积累主要来自率先繁荣的小农经济。

④ 柳钟星：《从有限准入秩序向开放秩序的转型：以韩国为例》，载道格拉斯·诺思等编著《暴力的阴影：政治、经济与发展问题》，刘波译，中信出版社 2018 年版，第 329 页。

持和广泛的社会影响力，逐步成为军事—政治精英集团的有力竞争者。经济精英集团的权力地位有了明显提升，私营企业成为韩国经济的主力，其中少数大财团是最大的受益者，三星、现代等大财阀势力崛起。大财团的经营范围往往非常广泛，横跨汽车、造船、重化工业、商业、航运、通信等诸多领域，提高了韩国经济的垄断程度和自身的影响力。但这个集团仍有弱点，自1961年朴正熙政府将银行体系国有化之后，军事—政治精英集团就控制了金融资源，财阀须仰赖国有银行的贷款和政府的补贴，且快速扩张导致了大公司极高的负债水平，这使得他们必须服从政治精英。朴正熙和全斗焕都曾使用停止贷款、财务审查等手段惩罚不缴纳政治献金的财阀，导致其公司集团破产。因此，经济精英集团尚缺乏与政治精英集团抗衡的实力，遑论对后者的掌控了。政治、军人、经济三大精英集团合流，其中军事—政治精英集团占据着主导地位。

在社会大众方面，农民、劳工、专业人士等集团也发生了变化。由于快速的工业化和城市化进程，农村人口锐减。在1965年，韩国农业就业比例为58.6%，到20世纪80年代后期该比例已降至20%左右。[①] 农民集团的规模明显缩小，但由于组织化程度较高、政治动员能力较强，该集团仍然获得了一系列支农惠农政策，也因此在政治上保持了沉默。在农民集团缩水的同时，劳工集团的规模得到相应的扩张，工业部门就业比例从1965年的17.2%上升至1988年的41.5%。[②] 从20世纪70年代初开始，在官方工会之外，开始出现独立工会，并且工会组织与基督教会、学生运动建立了密切联系，从后者得到了意识形态资源等支持。但是，在平等包容型的发展模式中，韩国制造业快速扩张，创造了大量工作岗位，由此产生的充分就业一方面吸纳了剩余劳动力，另一方面也提高了工人的工资水平，并给予这个群体更多向上流动的机会。因此，劳工群体这一阶段在政治上并未被"激活"，整体上保持了对军事—政治精英集团的服从。专业人士／中产阶级的权力地位也在稳步上升。在这个

---

① 世界银行：《世界银行发展报告1998/1999》，中国财政经济出版社1999年版。转引自张振华《劳工阶级与韩国民主化》，《当代韩国》2005年冬季号，第13页。

② 世界银行：《世界银行发展报告1998/1999》，中国财政经济出版社1999年版。转引自张振华《劳工阶级与韩国民主化》，《当代韩国》2005年冬季号，第13页。

成分多样化的集团中，学生运动是关键而活跃的部分。学生运动通常是社会中最不稳定、最具抗争性的力量，韩国的学生运动尤其如此。在推翻李承晚政府的"四·一九革命"中，学生运动便发挥了主力军作用。到 20 世纪 60 年代中期，学生运动与基督教会实现了深度联合，联盟增强了双方的影响力，韩国第一个全国性学生组织的形成也得到教会的支持与推动。学生运动还从 1980 年的光州大屠杀中吸取教训，组织结构更为严密，集体行动能力得到提升。投掷燃烧瓶和占领政府建筑等策略则提高了学生抗议活动的社会关注度。基督教会的作用也非常重要。这一时期出现的天主教争取正义牧师联合会（Catholic Priests Association for Justice）、天主教人权委员会（Catholic Human Rights Committee）、韩国全国基督教教堂理事会（National Council of Christian Churches in Korea）等宗教组织都对威权政府施加了重大压力。这一时期，各行业的专业人士还组织了记者协会、知识分子与艺术家协会等公民社会组织。这些公民社会组织还实现了横向联合，"争取民主宪法人民运动联盟"（Alliance of People's Movements for a Democratic Constitution）等横向组织便起到了协调众多民间组织的作用，显著提升了公民社会的大规模行动能力，它领导协调了 1987 年的"六月抗争"，规模超过 200 万人，抗议活动同时在全国各地展开，给全斗焕政府施加了致命的压力。[1] 总的来说，在农民和工人运动保持对威权政府基本容忍态度的情况下，中产阶级/专业人士集团在韩国民主化进程中发挥了关键作用。

在由土地平等推动形成的平等包容型经济发展模式中，经济、社会资源得到相对平等的分配，这对公民社会的形成非常有利。与众多发展中国家的社会组织不同的是，韩国的公民社会组织保持了较强的独立性，没有成为政治庇护主义的牺牲品，这与其经济社会资源的平等分配密切相关。[2] 在"六月抗争"

---

[1] Jin-Wook Shin, "Changing Patterns of Korean Social Movements 1960s–2010s," in David Chiavacci, Simona Grano, Julia Obinger, eds., *Civil Society and the State in Democratic East Asia*（Amsterdam：Amsterdam University Press, 2020）, p. 244.

[2] 著名政治学者詹姆斯·斯科特从他对东南亚国家的研究中得出结论：在不平等和高贫困率的社会中更容易形成政治庇护主义。相关论述参见 James Scott, "Patron-Client Politics and Political Change in Southeast Asia," *The American Political Review*, Vol. 66, No. 1（1972）, p. 101。关于平等促进公民社会独立性的实现机制仍是一个有待深入研究的问题。

中，独立的公民社会组织共同行动，组织了大规模的抗议活动，迫使威权政府做出让步，开启了民主化进程。

实现民主化之后，韩国的权力结构出现新变化。首先是经济精英集团权力地位的持续提升。到 1995 年，排名前 30 位的财阀控制着 600 多家大公司，占到制造业增加值的 41%、总资产的 50%。财阀还进入了此前被国有银行垄断的金融、保险行业，营利能力及经济控制力显著增强。与此同时，政治精英集团的权力地位有所下降。伴随民主化进程的展开，以全斗焕、卢泰愚为代表的军事—政治精英集团逐步退出政坛，原来处于反对派地位的精英开始角逐最高政治权力。由于缺乏杰出领导人，新兴政治精英未能建立起强大政党，与社会主要利益集团的关系不甚密切，权力地位并不稳固。特别是 20 世纪 80 年代末期的通货膨胀等经济问题迫使政府进行了金融行业的私有化改革，政府对经济的掌控能力也随之下降。军人集团长期追随军事—政治精英，以暴力镇压公民社会反威权、求民主的斗争，社会声誉不佳，在民主化之后遭到清算，军队预算及对政治的渗透能力都明显下降。但是，由于外部军事威胁始终存在，军人集团仍保留了基本的权力资源。劳工集团在民主化后有一些组织方面的进展，但随后即受到 1997 年亚洲金融危机的沉重打击，失业率上升，工人加入工会的比例降至 10% 以下，只能发挥有限的政治影响力。中产阶级/专业人士的组织化程度有所提升。1989 年，"争取经济正义公民联盟"（Citizens' Coalition for Economic Justice）成立。1994 年，"争取参与式民主人民团结"组织（People's Solidarity for Participatory Democracy）成立。"韩国妇女联合会"（Korean Women's Association United）、"韩国环境运动联合会"（Korean Federation for Environmental Movements）等组织也陆续成立。这些组织活跃于经济政治改革、社会福利、性别平等、环境保护及对行政、立法、司法机构的监督等诸多领域。这些组织不再进行街头抗议活动，而是致力于与政府、政党和大众传媒建立正式的沟通渠道。它们的活动有力支撑了民主机制的运转，促进了民主巩固。①

从这一时期的权力结构和权力博弈来看，在包容型经济发展模式基础上建

---

① 相关研究可参见张振华《劳工阶级与韩国民主化》，《当代韩国》2005 年冬季号，第 13 ~ 20 页；张振华《公民社会兴起的政治意蕴：以韩国为样本》，《经济社会体制比较》2013 年第 3 期，第 138 ~ 150 页。

立起来的公民社会成为韩国民主得到巩固的关键。另外，财阀权力的急剧扩张对韩国的可持续发展构成了威胁。他们在政府放松金融管制之后即开始大规模借债，将公司扩展到"太大而不能倒"（too big to fall）的地步。在亚洲金融危机的冲击下，韩国财阀也陷入债务危机，迫使政府动用财政资源为其纾困。不仅如此，财阀的寻租行为还导致了收入分配不平等程度的上升，使韩国的权力结构面临重新集中化的风险。

总的看，权力平等发展理论更充分地解释了韩国的经济发展奇迹，也为威权政府的建立、延续及失败，以及民主化即民主巩固提供了系统的解读。有些研究只看到朴正熙政府的威权性质，没有看到自战后初期开始的权力结构平等化趋势，便在威权与发展之间建立了因果关系，由此走进了死胡同。权力结构分析结果认为，战后韩国的农民集团获得了实际政治权力，对威权政府形成了有力制约，从而争取到了土地平等，开启了韩国的包容型发展之路。在此基础上形成的包容型发展模式又为政治发展提供了动力。这一观点避免了"威权崇拜"的误区，对其他发展中国家具有重要的借鉴意义。

第六章 墨西哥：权力集中型国家的典型

在 1980~2020 年，墨西哥权力集中度指数均值为 78，发展指数均值为 29，是权力集中型国家的典型。该国的市场经济体制和民主制度都已有超过百年的历史，主流发展理论无法解释其长期发展困境。另外，由于墨西哥进行过不彻底的土地改革，与非洲/印度的二元模式有相似之处，其可以在很大程度上代表后者。

阿尔韦托·迪亚斯－卡耶罗斯（Alberto Díaz-Cayeros）使用诺思的社会秩序理论对墨西哥案例进行分析，他认为 20 世纪 40~80 年代的墨西哥属于初级型有限准入秩序，而 1990 年之后则进入成熟型有限准入秩序。[1] 这种削足适履型的理论完全不能解释墨西哥的现代发展史，因为 20 世纪 40~80 年代恰恰是"墨西哥奇迹"年代，在这个阶段墨西哥实现了高度的政治稳定和经济的稳定增长。而在诺思等所称的更高级的成熟型阶段，墨西哥进入了经济、金融和政治的全面动荡期，国家治理能力全面下降，贩毒组织、军队腐败和有组织犯罪的增加也使暴力滑向失控状态，墨西哥进入发展衰败阶段，而非"成熟阶段"。[2] 另外一些经济学家则把墨西哥乃至拉美的问题归咎于民粹主义政策，他们认为民粹主义政客所执行的赤字财政、扩张性的货币政策、固定汇率等政

---

[1] 道格拉斯·诺思等编著《暴力的阴影：政治、经济与发展问题》，刘波译，中信出版社 2018 年版，第 17 页。

[2] 参见阿尔韦托·迪亚斯-卡耶罗斯：《根深蒂固的内部人：墨西哥的有限准入秩序》，载道格拉斯·诺思等编著《暴力的阴影：政治、经济与发展问题》，刘波译，中信出版社 2018 年版，第 261~289 页。另外，笔者对"阿尔韦托·迪亚斯-卡耶罗斯"姓名的翻译采用了标准的西班牙语译法，与原书的译法有差异。

策会导致通货膨胀以及经济萧条，阻碍了拉美国家的发展。[①] 但是，对拉美发展史的深入检视倾向于否定这种观点。首先，拉美国家独立已逾 200 年，其间大部分时间并非处于民粹主义政客的统治之下，各种经济政策包括内向型、外向型、自由放任、国家干预、紧缩型、扩张型政策都曾经轮番上场，但都没有让拉美国家走上发展的正轨，把所有问题都归咎于特定的民粹主义政策失之片面。其次，民粹主义政治往往出现于特定的历史场景之中，这些经济学家只是将所有问题归咎于民粹主义，但没有深究民粹主义出现的根源，这种分析仍停留在浅层次上。

亨廷顿将墨西哥的政治稳定归因于强大政党——革命制度党的一系列制度建设，包括总统六年任期且不得再次当选制度、党的职团主义制度等。[②] 但是，在这些制度没有改变的情况下，革命制度党却失去了执政地位，墨西哥也失去了政治稳定。这些政治制度观点不能解释墨西哥的稳定与不稳定。对墨西哥一个世纪以来权力结构变迁的考察可以解释它发展受挫的原因。

第一节 革命及权力结构重塑阶段 （1910～1940 年）

墨西哥一个世纪以来的权力结构演变历程可以分为三个阶段。第一个阶段为革命及权力结构重塑阶段 （1910～1940 年），始于 1910 年革命，终于拉萨罗·卡德纳斯 （Lázaro Cárdenas） 总统任期 （1934～1940 年）。第二个阶段为双头霸权阶段 （1940～1982 年），政治精英集团与经济精英集团时而斗争，时而联合，角逐最高统治权，该阶段始于后卡德纳斯时期，终于 1982 年债务危机。第三个阶段为寡头霸权阶段 （1982 年至 21 世纪初期），经济、政治精英集团合流并形成霸权。

1910 年革命破坏了墨西哥的集中型权力结构，是本次权力结构变化周期的起点。这一时期的主要利益集团包括政治精英集团、经济精英集团、军人集团、农民集团、劳工集团等。

---

① 塞巴斯蒂安·爱德华兹：《掉队的拉美：民粹主义的致命诱惑》，郭金兴译，中信出版社 2019 年版。

② 塞缪尔·亨廷顿：《变革社会中的政治秩序》，李盛平等译，华夏出版社 1988 年版。

在革命前的 30 年里，美国工业化的扩张引发了对墨西哥初级产品的巨大需求，出口浪潮引发土地升值和大规模土地兼并。在墨西哥刚刚独立时，尚有 40% 的农业用地掌握在传统村社手中。到 1911 年波菲里奥·迪亚斯（Porfirio Díaz）独裁政权倒台时，村社控制的土地就只占 5% 了。侵占村社土地的高峰出现在波菲里奥时期，大批农民失去土地，无地农民已经占到农民总数的 90% 以上，82% 的传统村社由于失去土地而消亡，残存的村社数目只有约 1.1 万个。[①] 墨西哥版的圈地运动引发了农民的激烈反抗，1910 年，南北两支农民起义军揭竿而起。在北部的奇瓦瓦州，弗朗西斯科·比亚（Francisco Villa）组建了"北方师"，吸纳了当地农民的游击队组织、各种地方抵抗组织及盗匪团伙等，成为当地的主要武装力量。在中南部的莫雷洛斯州，由村社农民组成的游击队汇集到农民领袖埃米利亚诺·萨帕塔（Emiliano Zapata）的旗帜下，形成了一支强大的农民武装。这支真正的农民武装提出了著名的"阿亚拉计划"，要求收回被强占的村社土地，并分割大地产以进行广泛的土地分配。这两支武装力量的出现改变了墨西哥农民涣散无力的状态，显著提高了农民集团的权力地位。

此时，政治精英集团发生了显著变化，在革命战争中涌现了一批新的政治精英，在很大程度上淘汰了波菲里奥时期的旧政治精英集团。这个集团的特征包括：新精英崛起于革命和内战之中；集团内部分裂为保守派和激进派两大阵营，但阵营间并非泾渭分明，而是有所交叉和融合；各阵营内部又围绕某些领袖人物分裂为不同派系；阵营之间、派系之间的斗争具有权力斗争和意识形态斗争的双重性质，且前者往往是政治人物更重要的考虑因素；革命精英依靠暴力手段淘汰了旧的政治精英集团，他们与军人集团有重要交集；革命精英的内部轮替尚未制度化，暴力仍是主要手段，选举与协商为辅助手段。

在 1910 年革命爆发以来的战争中崛起了一个新的激进派政治精英集团，其中的杰出人物包括制宪会议宪法委员会主席弗朗西斯科·穆希卡（Francisco Múgica）、军区司令及贝拉克鲁斯州州长阿达韦尔托·特哈达（Adaberto

---

① 莱斯利·贝瑟尔主编《剑桥拉丁美洲史》（第 5 卷），胡毓鼎等译，社会科学文献出版社 1992 年版，第 47 页；Jorge Luis Mendivil, *Propiedad Agraria y Sistema Político en México*（Sonora：El Colegio de Sonora, 1989），p. 94。

Tejada)、国会议员及国民革命党总书记希尔韦托·法维拉（Gilberto Fabila）、财政部长马特斯·戈麦斯（Mártez Gómez）、教育部长纳西索·巴索尔斯（Narciso Bassols）、国会议员及墨西哥农民联合会主席格拉西亚诺·桑切斯（Graciano Sánchez）等。其中，穆希卡是一位左翼知识分子和记者，并在1910年革命爆发后不久发动了米却肯州武装暴动，在制宪会议上以绝对优势当选宪法委员会主席，该委员会负责审议、提交每一章节的宪法草案，是制宪会议里最重要的机构。因此，穆希卡对1917年宪法的激进化起到了重要作用。特哈达作为激进的大学生参加了革命军队，因军功晋升为高级将领，并兼任贝拉克鲁斯州州长，对土地改革也起到了积极的促进作用。这个集团在制宪会议上与保守派进行了激烈的斗争，并指出解决农民和土地问题是墨西哥的头等大事，因为这个国家还没有进行工业化，工人阶级还没那么重要，革命形势已经表明，土地改革具有最大的紧迫性和必要性。①

作为资产阶级革命和军阀混战的胜利者，保守派政治精英集团在新政府和执政党内拥有强大势力。这个集团主要包括大地主集团、商人、银行家、律师等。总体而言，政治精英集团中的保守派比激进派更占优势。在革命开始后的30年里，掌握最高政治权力的人物基本上都是保守派。1910年革命的首倡者和领导人弗朗西斯科·马德罗（Francisco Madero）即是来自墨西哥北部科阿韦拉州的大庄园主，他创立的政党"反对连选连任党"内也有众多北方大庄园主成员。正是马德罗派对土地改革的反对与拖延才导致萨帕塔农民武装的重新动员。在马德罗被杀后，继之而起的"最高领袖"贝努斯蒂亚诺·卡兰萨（Venustiano Carranza）也是地主阶级的成员，并明确反对比亚在奇瓦瓦州进行的土地改革。其后的阿尔瓦罗·奥夫雷贡（Alvaro Obregón）总统（1920~1924年执政）也不是土地改革的热心支持者，他曾经表示："我完全同意农民主义的原则，但我们必须谨慎行事，以免在解决这个问题的时候把我们的繁荣和经济利益置于危险的境地。如果我们先摧毁大地产然后再建立小地产，那我们就会犯错。"② 总统普

---

① 高波：《农民、土地与社会稳定：墨西哥现代村社制度研究》，中国社会科学出版社2016年版，第56~60页。

② Enrique Montalvo, *Historia de la Cuestión Agraria Mexicana：Modernización, Lucha Agraria y Poder Político, 1920-1934*（Ciudad de México：Siglo Veintiuno, 1988), p. 30.

卢塔科·埃利亚斯·卡列斯（Plutarco Elias Calles，1924~1928 年执政）也多次表示：土地改革是一个失败，农民家庭拥有的土地规模过于细小而无法利用现代技术；土地改革延续的时间太久，以至于地主失去安全感和投资积极性，抑制了农业生产力的提高。[①] 可以说，1910 年革命不仅造就了一批激进派政治精英，也造就了一个新的保守派政治精英集团。从总统马德罗到临时总统维多利亚诺·韦尔塔（Victoriano Huerta）再到总统卡兰萨、总统奥夫雷贡以及总统卡列斯，这些从革命中相继崛起的最高政治领袖都属于保守派，他们及其高级将领、部长要么原本就属于大庄园主、大资本家阶层，要么在战争中获取了大量土地和财富，成为新的大地产所有者。"革命的军事胜利制造了一个新的地主将军阶层，这批新贵最主要的社会特征就是拥有土地。"[②] 总统奥夫雷贡即在北方攫取了大片土地用于出口农业生产，并因此跻身墨西哥最富有者的行列。这个政治新贵集团逐步与旧精英集团（天主教会、大庄园主、银行家、工业资本家等）实现了融合。他们反对大规模的土地再分配，之所以对土地改革采取有限度的支持立场，主要是为了在战争中争取农民武装集团的支持以获取权力斗争的胜利。一旦占据优势，他们往往就会背弃对土地改革的承诺，甚至对农民军进行镇压。1919 年，卡兰萨的部队杀害了农民领袖萨帕塔，重创了莫雷洛斯农民武装。因此，1915~1934 年，土地改革进行得非常缓慢。在 20 年间只分配了约 1000 万公顷土地，约占全国农业用地的 10%，受益农民也只占农民总数的 10%。按照法律规定，当时应予征收的私人地产约为 5000 万公顷，其中 83% 的土地即超过 4000 万公顷土地为 1000 公顷以上的大地产，已分配的土地只占其 1/5。[③] 也即是说，仍有 80% 的农民没有土地，绝大多数应予征收、分配的土地仍保留在大地主手中，土地改革才刚刚开始就面临夭折的危险。

　　这种状况只有到了卡德纳斯时期才发生了明显变化。拉萨罗·卡德纳斯出

---

① Eyler N. Simpson, *The Ejido*, *Mexico's Way Out*(The University of North Carolina Press, 1937), p. 441.

② Enrique Montalvo, *Historia de la Cuestión Agraria Mexicana : Modernización*, *Lucha Agraria y Poder Político*, *1920-1934* (Ciudad de México: Siglo Veintiuno, 1988), p. 14.

③ 莱斯利·贝瑟尔主编《剑桥拉丁美洲史》（第 5 卷），胡毓鼎等译，社会科学文献出版社 1992 年版，第 198 页。

身社会下层，在革命中参加了奥夫雷贡的军队并晋升为将军，曾任内政部长和国防部长。他支持平均地权派，是革命中崛起的激进派政治精英的代表人物。在保守派领袖卡列斯掌握大权的时代，他原本无望竞选总统，但一系列重大事件改变了墨西哥的政治格局。首先，1929 年大萧条产生了深远影响。一方面，大萧条的冲击改变了国际、国内的意识形态氛围，长期占主导地位的自由放任思想受到质疑，国家干预主义开始占据上风，卡列斯及其代表的保守派失去了意识形态领域的优势地位，权力资源萎缩。另一方面，大萧条不仅重创了美国经济，也对墨西哥经济产生了严重的负面影响。1929～1932 年，墨西哥对外贸易下降了 2/3，进口能力下降了一半，失业率上升，30 多万移民被从美国遣返更加剧了失业问题。① 经济萧条引发了大量的劳资纠纷和罢工事件，对政治形势产生了冲击，卡列斯必须对此做出回应。如果卡列斯继续推出一位保守派总统候选人，就有可能进一步恶化事态，危及政治稳定。因此，他需要一位具有进步色彩的候选人来缓和社会矛盾。卡德纳斯在担任米却肯州州长期间曾积极推行土地改革，属于激进派政治精英阵营。且卡德纳斯出身平民，政治根基并不牢固，不易危及卡列斯的权力地位。其次，农民、劳工集团的组织化程度有所提高，为卡德纳斯提供了更为坚实的竞选基础。为保证卡德纳斯被提名为总统候选人，1933 年，激进派政治精英格拉西亚诺·桑切斯、埃米利奥·希尔（Emilio Gil）等成立了墨西哥农民联合会（Confederación de Campesinos Mexicanos），力争将更多的农民组织如国家农民党（Partido Nacional Agrario）、全国农民联盟（Liga Nacional de Campesinos）等纳入其中，并与墨西哥工人革命联合会（Confederación Revolucionaria de los Obreros Mexicanos）、劳动者总会（Confederación General de los Trabajadores）等工人组织建立了联合阵线。农民、劳工群众性组织的支持对卡德纳斯提名总统候选人及成功当选发挥了重要作用。1935 年，依托激进派政治精英、工农组织和部分军队将领的支持，卡德纳斯撤换了亲卡列斯的内阁成员、国会领导人、州长和高级军官，并将卡列斯本人流放至美国。最后，卡德纳斯政府承受

---

① 莱斯利·贝瑟尔主编《剑桥拉丁美洲史》（第 7 卷），江时学等译，经济管理出版社 1996 年版，第 9 页。

的外部压力也得到了缓解。在大萧条的影响下，1933 年上台的罗斯福总统不再强势推行门罗主义，转而对拉美国家实施"睦邻政策"。时任美国驻墨西哥大使丹尼斯指出，美国不能再让地主和石油公司的狭隘利益左右对墨西哥的政策。他同情并支持卡德纳斯政府的激进政策，此举大大缓解了来自美国的外交压力。与 1910 年革命以来的历任墨西哥政府相比，卡德纳斯政府承受的外部压力最小，这也有利于土地改革的进行。

掌握最高政治权力后，卡德纳斯推行了大规模的土地改革。在 1935 年和 1936 年的巅峰时期，墨西哥政府分配的土地数量分别达到 220 万公顷和 400 万公顷。截至 1940 年，政府 6 年间共向 81.1 万户农民分配了 1791 万公顷土地，几乎是前 20 年土地分配总量的一倍。此时村社所有的耕地占到全国耕地总量的 47%，村社社员则占到农业劳动力总数的 42%，现代村社制度已经成为墨西哥农村主要的土地所有形式和农村组织形式。[①] 卡德纳斯也支持劳工权利，努力把各个工会集合在执政党的农民部内，政府在劳资纠纷中发挥仲裁作用。

但是，卡德纳斯的土地改革浪潮在 1938 年就明显放缓，其他各项激进改革也失去了早期的势头。究其原因，在于经济精英集团的激烈反抗。土地改革、集体制村社的建立以及 1938 年的石油国有化运动都使墨西哥的私营企业家集团感到恐慌。墨西哥最大的财团蒙特雷集团的领导人曾表示：卡德纳斯的政策是社会主义制度的先兆。国内外投资者相信，卡德纳斯政府正在努力摧毁私有经济，以实行共产主义制度。因此，必须以"经济战"阻止政府的激进政策。国内大资本家选择停止投资，甚至把资本转移到国外，墨西哥出现大规模的资本抽逃，外国直接投资也大幅下降。资本家的"罢工"导致了经济萧条和物价上涨，严重的通货膨胀还导致了比索的贬值，对美元的比价由 3.6:1 降到了 5:1。经济停滞和通货膨胀导致社会不满情绪上升。得到企业界资助的极右翼组织迅速壮大，发起了声势浩大的抗议活动。与此同时，卡德纳斯政府与劳工集团的关系也出现了裂痕。墨西哥劳动者联合会领导人比森特·隆巴

---

① 莱斯利·贝瑟尔主编《剑桥拉丁美洲史》（第 7 卷），江时学等译，经济管理出版社 1996 年版，第 9 页。

尔多·托莱达诺（Vicente Lombardo Toledano）试图实现工农联合，把农民组织纳入墨西哥劳动者联合会。但卡德纳斯担心工农联盟的力量过于强大，难以驾驭，仍坚持"分而治之"的策略，压制了隆巴尔多的势力，导致劳工集团与卡德纳斯政府之间联盟的破裂。经济战、极右翼势力的壮大以及政府—劳工关系的破裂等因素结合在一起，导致卡德纳斯及激进派政治精英集团的权力资源缩水，权力地位下降，难以维持政治稳定和经济增长态势，执政地位动摇，因而不得不放弃"进攻"，转入"防守"，其政策倾向全面温和化，这意味着墨西哥权力结构平等化进程再次遭遇挫折。

这一时期处于上升态势的另一个利益集团为劳工集团。伴随着墨西哥早期工业化的展开，劳工集团的规模逐步扩大，主要分布在采掘业、纺织业、食品加工业、交通运输业、建筑业等行业。劳工组织也逐渐由传统的互助社团转变为现代形态的工会组织，集体行动的目标也转变为工资待遇的提高和劳动者权利的保障。从理论上来说，劳工集团的权力资源主要来源于工会组织，通过组织化，可以衍生出以下权力资源：可以集中大量选票，影响政治选举结果；通过会费收缴可以集中财力，资助选举活动和特定候选人；资助智库机构和政治游说机构，形成亲劳工的政策建议和持续的政治压力；与资方、政府进行集体谈判以争取经济利益；以罢工、集会、游行等方式施加政治经济压力，战略性行业的劳工能发挥更大作用；特定情况下有组织劳工能转化为有组织暴力。

到19世纪初期，墨西哥工人数量已达到60万人左右，出现了几个较为强大的组织，包括世界工人之家（Casa del Obrero Mundial）、墨西哥工人地区联合会（Confederación Regional del Obrero Mexicano）等。自1910年革命爆发以来，墨西哥的权力结构处于重塑状态，各强势利益集团之间展开激烈竞争，争夺新格局的主导权。在这种状态下，原本处于弱势的工人、农民集团就成为一些精英集团潜在的盟友和争取对象，在某些情况下甚至能决定权力天平的平衡，权力地位明显提高。从卡兰萨总统开始，墨西哥政治精英集团便试图吸纳劳工集团以巩固自己的权力基础。卡兰萨以劳工权利为条件得到了世界工人之家的支持，并组建了以世界工人之家成员为基础的工人武装力量"红色营"。奥夫雷贡则赢得了墨西哥工人地区联合会的支持。在杰出的工会活动家路易斯·莫罗内斯（Luis Morones）的领导下，墨西哥工人地区联合会成为该国最强大的工会组织，也是唯一具有全国范围影响力、高度统一和纪律严明的工会组织，其不仅能够进行大规模动员，而且能够组建一支战斗力较强的工人武装队伍。墨西哥工人地区联合会还成立了墨西哥工人党，以支持奥夫雷贡的竞选活动。在奥夫雷贡发动反对卡兰萨的行动之后，工人武装协助奥夫雷贡击败了卡兰萨的军队。作为回报，奥夫雷贡在组建工会、集体谈判权、政府职位等方面做出了让步。到卡列斯时期，墨西哥工人地区联合会总书记莫罗内斯不仅能为卡列斯提供劳工的政治支持，而且能提供一支工人民兵队伍来遏制联邦军队的叛乱，并且通过他与美国劳工联合会（American Federation of Labor）的联系为卡列斯疏通与美国政府的关系，他因此被任命为工业、贸易及劳工事务部长，墨西哥工人党还在参众两院拥有若干席位。

虽然劳工集团的权力地位整体上明显提升，但它的弱点也比较突出。第一，这一时期墨西哥经济处于工业化的初级阶段，工人阶级的规模较小，而且多数工人受雇于小型工厂或作坊，社会分布较为分散。第二，劳工集团内部是分裂的。诸如墨西哥工人地区联合会与劳动者联合总会（Confederación General de Trabajadores）、铁路工人工会等组织之间存在激烈竞争甚至相互打压的现象，每个大型工会都想吞并其他工会，墨西哥工人地区联合会甚至在普埃布拉州、韦拉克鲁斯州等多地与纺织业其他工会发生武装冲突，各工会间未能实现大范围的融合与团结，这从总体上削弱了劳工集团的影响力。第三，劳工集团没有和农民集团建立联盟。虽然二者都属于社会下层，但此时它们都还没有意识到阶级性联盟的重要性，而是各自追求自身的目标。农民追求土地改革，工人追求劳工权利和更高工资，政治精英"分而治之"的策略更加剧了这一倾向，导致二者非但没有相互支持，反而出现矛盾冲突。例如，卡兰萨就曾经利用红色营打击萨帕塔领导的农民起义军。第四，工会领导人的腐败侵蚀了组织的基础。工人领袖的腐败行为难以避免，莫罗内斯等领导人利用政治权力进行交易，甚至接受雇主的贿赂，取消罢工，按雇主意愿更改集体合同等，这些腐败行为削弱了工会的内聚力。第五，政治动荡妨碍了工会运动的稳定发展。这一时期，主要工会都采取了与某个政治领袖人物结盟的方式参与政治，如世界工人之家选择了卡兰萨，墨西哥工人地区联合会选择了奥夫雷贡。这种结盟关系可以帮助工会取得政治支持，但由于这一时期的内战和激烈的政治冲突，政治领袖人物交替的速率很快。例如，奥夫雷贡作为强势人物统一了各个政治派别，不仅在战争中击败了卡兰萨派，而且以压倒性优势赢得1920年大选，并修改宪法，于1928年再次当选，似乎有望长期统治墨西哥政坛。但出人意料的是，他在再次当选的次日即被暗杀。卡列斯操控墨西哥政治长达10年，但也在冲突中被卡德纳斯流放美国。墨西哥工人地区联合会先是与奥夫雷贡结盟，随后又与卡列斯建立了密切的合作关系。在卡列斯被驱逐后，墨西哥工人地区联合会丧失了政治后盾，从此一蹶不振。

经济精英集团即私营企业家集团①也是墨西哥主要的利益集团之一。这个集团在波菲里奥时期成形，涉及制造业、贸易、出口农业、矿业和金融业。经济精英集团的主要权力资源为经济资源，可分为资本与财富两部分。利用对资本的控制权，经济精英可以行使其经济权力，主要包括减少或增加投资、资本抽逃、囤积或抛售商品等，影响经济增长、市场稳定及民生状况；私营媒体精英可以通过大众传媒操纵舆论。通过对财富的使用，经济精英可以充分发挥财富的外溢性，将其转变为其他类型的权力资源，包括建立或资助政治组织如政党、资助政治候选人、建立或资助准军事组织、建立或资助智库等政策规划组织等。通过这些渠道，经济精英可以在拥有经济权力的同时拥有政治权力和暴力资源。通过企业家组织的协调，经济精英集团可以放大其影响力。

在这一阶段，由于1910年革命及其后多年内战的震荡作用，经济精英集团与新兴政治精英集团之间的关系尚未稳定，但他们已经有能力对激进政策设置"天花板"。由于土地改革、劳工权利问题危及经济精英集团的利益及产权安全，经济精英反对土地征收与再分配，也反对政府介入劳资冲突，这两个议题主导了经济精英与政治精英之间的关系。在先后掌握政权的革命精英中，马德罗、韦尔塔和卡兰萨都属于政治精英集团中较保守的派别，对土地改革和劳工权利都持否定态度，卡兰萨与工会的合作关系持续时间也很短暂，因此经济精英集团与他们保持了良好的关系。奥夫雷贡、卡列斯分别与农民、劳工集团建立了密切的关系，但他们总体上仍持保守倾向，支持资本主义工商业的发

---

① 经济精英集团主要由大型私营企业的所有者及高级管理人员组成，中小企业主通常被划入中产阶级，二者的利益诉求往往并不一致。

展，经济精英集团与他们的关系并未出现实质性的恶化。在东北部邻近美墨边境的城市蒙特雷兴起的蒙特雷集团是这一时期墨西哥经济精英集团的代表，该集团依托美国资本与技术迅速崛起，主营业务从啤酒制造扩展至玻璃制造、钢铁、化工和金融等行业，彼时已成为墨西哥实力最强的私营企业集团，也是对政府的革命倾向持强烈反对态度的企业家集团的代表。

企业家组织的发展进一步提高了这个集团的权力地位。在卡兰萨时期，政府发起成立了贸易商会联合会（Confederación de Cámaras de Comercio）和制造业商会联合会（Confederación de Cámaras Industriales），作为政府与企业家进行政策沟通的正式机制。1929 年，为对抗卡列斯的亲劳工政策，蒙特雷集团发起成立了新的企业家组织"墨西哥共和国企业家联合会"（Confederación Patronal de la República Mexicana），试图阻挠墨西哥历史上第一部《劳工法》的立法进程，但没有成功。激进派总统卡德纳斯于 1934 年就任总统后，大力推进土地改革和劳工权益保护，与以蒙特雷集团为代表的企业家集团产生了激烈冲突。在 1936 年蒙特雷大罢工中，企业家雇用暴徒攻击罢工工人，并通过媒体对政府进行攻击，导致了卡德纳斯的蒙特雷之行及劳工政策"十四条"的出台，二者矛盾激化。随后，企业家集团对墨西哥极右翼组织给予巨额资助，并展开经济战，把墨西哥推向内战边缘。卡德纳斯政府被迫做出让步，放缓了土地改革步伐，并选取了更为温和的阿维拉·卡马乔（Avila Camacho）作为下届总统候选人，卡德纳斯的忠实追随者、著名的激进派政治家弗朗西斯科·穆希卡被抛弃。同时，这也意味着墨西哥现代史上最激进的六年宣告结束。①

这一时期墨西哥的中产阶级/专业人士集团仍然弱小。这个集团主要由政府公务人员、小企业主、教师、公司白领等构成，这些人在总人口中的比例较小，且内部分裂为保守派和激进派两个派别，也缺乏明确的政治纲领，在这个阶段没有发挥明显的政治影响力。

总的来说，1910 年革命为墨西哥的权力结构演变和国家发展带来了历史性机遇。农民集团武装动员水平的提升和激进派政治精英集团的出现催生了权力结构的新变化，二者结盟并推动了大规模的土地改革。土地改革不仅被写入

---

① 李昊旻：《右翼与民主：墨西哥现代右翼的政治影响》，博士学位论文，南开大学，2019。

1917 年宪法，而且在卡德纳斯执政期间得到实质性的实施。大规模的土地分配在政治发展方面取得了立竿见影的成效：200 多万受益农民集体加入执政党革命制度党，造就了墨西哥历史上空前绝后的强大政党，该党连续执政长达 71 年之久。借助农民武装的支持，政府对军队进行了大规模压缩和整编，基本上消除了军队的政治影响力。当 20 世纪后半期拉美陷入军事政变浪潮时，墨西哥保持了高度政治稳定，并且成为近百年来拉美极少数没有发生过军事政变的国家之一。[①] 随后，政治精英通过土地再分配又降低了农民集团的动员水平，将其纳入执政党的控制之下。通过收买与分化手段，政治精英还控制了新兴的劳工集团。诺思、温加斯特等新制度主义者认为暴力的控制是实现国家发展的前提，但在制度主义框架内，他们始终没有找到控制暴力的方法。权力结构理论则提出，只能以权力（包括暴力）来制约权力。墨西哥案例则证明，制度本身没有制约暴力的能力，只有权力及暴力资源分散在不同利益集团手中时，暴力才能受到制衡。墨西哥经济也进入稳定增长阶段，在拉美国家中位居前列。

但是，作为农民起义、资产阶级革命与军阀混战的混合物，1910 年革命具有明显的局限性。正如哈佛大学历史学家、著名墨西哥革命研究专家小约翰·沃马克（Jr. John Womack）所总结的那样：1910 年革命的特征与其说是社会下层对上层阶级的斗争，不如说是上层和中产阶级内部一些失意分子与得意分子之间的斗争。在这场斗争中，广大人民群众被断断续续地卷进去了，而且各个地区之间的情况也有很大差异。[②] 因此，在这一阶段（1910～1940 年），墨西哥传统的集中型权力结构遭到了削弱，但没被完全打破。传统寡头集团（主要是经济精英集团）在很大程度上保留了下来，并且与新兴政治精英集团中的保守派进行了融合，形成了新的保守右翼势力并占据了权力结构中的优势地位。他们压制了在革命中兴起的左翼政治精英集团，主导了政治方向及政策

---

①　高波：《农民、土地与政治稳定：墨西哥现代村社制度研究》，中国社会科学出版社 2016 年版。

②　小约翰·沃马克的名著《萨帕塔与墨西哥革命》（*Zapata and the Mexican Revolution*，New York：Vintage Books，1970）对农民革命领袖萨帕塔及其革命活动做了细致入微的历史学刻画。关于沃马克对墨西哥革命的修正主义评价可参见莱斯利·贝瑟尔主编《剑桥拉丁美洲史》（第 5 卷），胡毓鼎等译，社会科学文献出版社 1992 年版，第 79～82 页。

制定。只是在 1929 年大萧条这种社会巨变的影响下，墨西哥激进派政治精英卡德纳斯才得以掌握最高政治权力并推动了土地改革进程。但权力结构的向左波动是短暂的，其后便开始了持久的重新集中化进程。

第二节 双头霸权时期（1940~1982 年）

墨西哥的权力结构演变在 1940 年后进入了新阶段，经济精英、政治精英、农民、劳工等集团都发生了一些新的变化，权力结构也因此呈现出新特征。首先，经济精英集团的权力地位有了明显上升。这个集团的经济影响力持续上升，在 1940~1946 年，墨西哥年均固定资本投资约占年均国内生产总值的 8.6%，其中私人投资为 4.2%，不及总量的一半。但到 1947~1953 年，私人投资已占到固定资本投资总额的 64%。到 1970 年，该比例已经升至 70% 左右。也即是说，超过 2/3 的固定资本投资都来自私营企业家集团，私人投资已经成为墨西哥经济增长的主要引擎。由于邻近美国，墨西哥资本具有很强的流动性，容易跨境抽逃到美国，这一点更加增强了私人资本的影响力。[①] 从经济结构来看，这一阶段墨西哥经济经历了重大结构调整。在此期间，制造业产值年均增长率都保持在 8% 以上，远远超过农业产值增速。20 世纪 40 年代初农业部门使用 65% 的劳动力，农业产值占国内生产总值的 23%。到 70 年代，农业使用的劳动力降到 50% 以下，农业产值占国内生产总值的比重降到 16%。制造业产值比重升至 26%，使用了 16% 以上的劳动力。[②] 制造业、金融业企业家的权力资源由此得以迅速扩大。其次，经济精英集团的内部联合与组织化程度提高。工业商会联合会、贸易商会联合会、墨西哥共和国企业家联合会、墨西哥银行协会组成了企业家联盟，就政府劳工政策等议题协调立场，共同对政府施压。最后，经济精英集团对政治领域的渗透加剧。蒙特雷集团等保守派企业家不满足于企业家组织—政府协商机制，希望通过选举直接参与政治。他们

---

① Roger Hansen, *The Politics of Mexican Development* (London: The Johns Hopkins University Press, 1974), pp. 50-58.

② Roger Hansen, *The Politics of Mexican Development* (London: The Johns Hopkins University Press, 1974), p. 41.

资助成立了保守的国家行动党（Partido de Acción Nacional），蒙特雷集团的银行高管安东尼奥·罗德里格斯（Antonio Rodriguez）即通过国家行动党参选并当选联邦众议员。在阿莱曼政府期间，一些企业家受邀担任内阁高级职务。经济精英集团与保守派政治精英集团开始建立更紧密的结盟关系，波菲里奥时期紧密的政商关系模式出现回归迹象。[①]

政治精英集团也出现了明显变化。首先，参加过革命及内战的政治精英逐步退出政坛，技术官僚集团实力呈上升趋势。在卡德纳斯之后，只有卡马乔总统具有革命及军队背景，其后的米格尔·阿莱曼（Miguel Alemán）和埃切维利亚等总统都是接受过高等教育的技术官僚，他们没有参加过革命斗争，长期任职于政府职能部门，只有少数人具有竞选公职的经历。其次，激进派政治精英集团趋于没落。在1940~1982年的7任总统中，只有阿道夫·洛佩斯·马特奥斯（Adolfo López Mateos）和路易斯·埃切维利亚（Luis Echeverría）具有一定的激进色彩，其余5位总统都是坚定的保守派。可以说，1910年革命没有对传统权力结构造成致命打击，保守派政治精英占据着主流地位，激进派政治精英处于弱势地位。只有在某些极端条件下，如大萧条、社会矛盾激化等，激进派政治精英才有可能掌握最高政治权力。但在卡德纳斯时代之后，即便激进派政治家担任总统，他们可以使用的权力资源也已经明显减少。与保守派相比，他们处于弱势地位。最后，执政的政治精英通过限制准入措施扩大了自身权力。1946年选举法规定，建立合法政党要满足党员不低于3万人、在2/3的州每州拥有至少1000名成员的条件，这对地方性政党和成立新政党构成了严格限制，从而压制了新兴政治力量和政治精英的成长，放大了在位者的权力。

另一个变化是农民和劳工集团的权力地位明显下降。第一，军人集团的衰落降低了农民和劳工集团的权力地位。在内战阶段的末期，军人集团已呈尾大不掉之势，高级将领发动政变、夺取政权的风险升高，成为政治精英集团面临的最大挑战。自奥夫雷贡政府以来，政治精英一直试图削减军事预算、削弱军

---

① 李昊旻：《右翼与民主：墨西哥现代右翼的政治影响》，博士学位论文，南开大学，2019，第68~70页。

队力量，激起数次大规模的军队叛乱。在农民、工人武装的支持下，政府击败了叛乱军队，并实现了对军队的削减与控制。墨西哥实现了文人政府对军队的掌控，消除了军事政变风险，这在拉美国家中极为罕见。但是，军人集团的衰落也导致农民、工人地位的下降，因为他们不再是权力结构中实现制衡的重要力量，从而丧失了结构性的战略地位，权力地位明显降低。第二，土地改革降低了农民集团的政治动员程度。这一时期，在土地分配中受益的农户达到200多万，还有大量农民处于申请土地的过程之中，他们基本上都加入了执政党革命制度党①，成为执政党党员，受控于政治精英集团。第三，革命制度党使用现代卡西克体制（Caciquismo）对农村、农民进行了严密控制。现代卡西克即在革命中出现的基层农村政治强人，他们是处于高层政治精英与农民之间的政治掮客，同时他们也掌握村社土地、信贷、财政资金、暴力等资源，可以有效控制农民的政治行为，降低了农民政治参与的独立性。在现代卡西克体制下，革命制度党不仅保持了农村的政治稳定，而且控制了大量农村选票，从而能够长期操控各级各类选举。② 第四，保守派政治精英削减了劳工集团的权力资源。卡马乔一上任便发起了对《劳工法》的修改，对罢工权进行了限制，并使解雇工人变得更容易，并允许将"社会分裂罪"罪名适用于发起罢工的工会领导人。卡马乔还对最大的工会组织墨西哥劳动者联合会（Confederación de Trabajadores Mexicanos）进行了清洗，联合会总书记、共产主义者隆巴尔多及其追随者被驱逐，更为保守的菲德尔·贝拉斯克斯（Fidel Velázquez）取代了他的位置。第五，工人运动内部的分裂削弱了劳工集团的力量。除主要工会墨西哥劳动者联合会之外，墨西哥地区工人联合会仍然存在并采取了更加亲政府的立场，右翼的国家行动党则成立了全国天主教劳工联合会，此外还有两个保守的全国性工会组织，这些组织之间展开了激烈竞争。激进派工会之间相互竞争政府的支持，激进派工会与保守派工会则相互竞争工人的支持。墨西哥劳动

---

① 革命制度党（Partido Revolucionario Institucional）始建于 1929 年，初期名称为国民革命党（Partido Nacional Revolucionario），1933 年改称墨西哥革命党（Partido Revolucionario Nacional），1946 年改称革命制度党至今。

② 高波：《农民、土地与政治稳定：墨西哥现代村社制度研究》，中国社会科学出版社 2016 年版，第 125~176 页。

者联合会内部也数次发生分裂，左翼力量遭到驱逐，这在整体上削弱了劳工集团的力量。在被纳入革命制度党的工人部之后，墨西哥劳动者联合会已经成为政治精英手中驯服的政治工具。

在这一时期的权力博弈中，政治精英集团加强了对农民、劳工、军人集团的掌控，权力资源得到显著扩张，权力地位明显提升，而农民、劳工、军人集团则处于附属地位，成为次级伙伴。经济精英集团所掌控的经济资源快速增加，由经济资源转化而来的政治资源也稳步增长，权力地位也呈现明显上升态势。要强调的是，两大强势利益集团即政治精英集团和经济精英集团的利益诉求既有重合又有分歧，并不完全相同，这决定了二者间既竞争又合作的关系。对于政治精英集团而言，保持最高政治权力是其目标，但其中也蕴含着对经济权力的追求，如通过国企、金融机构、经济管制机构等直接掌握经济权力。为取得民意支持、巩固政治权力基础，政治精英也往往需要进行财富和收入的再分配，这在激进派执政时尤其明显。而经济精英集团则力图避免政治精英对经济的干预及其再分配政策，二者之间由此会产生分歧与冲突。因此，政商关系是一个动态调整的过程，但通常具有阶段性特征。在墨西哥两大强势精英集团的长期竞争中，权力结构的调整出现周期性波动，即权力平等理论所提出的微波周期，左右翼政治精英与经济精英之间的关系呈周期性变化，但总体而言经济精英集团占据了上风。继卡马乔、阿莱曼和科蒂内斯连续三任保守派政府之后，民众利益受损，墨西哥激进派政治力量开始再动员。左翼力量领导人米格尔·恩里克斯·古斯曼（Miguel Henríquez Guzmán）在 1952 年大选中吸引了无地农民、独立工会、执政党内的卡德纳斯派等政治势力的支持，对科蒂内斯构成了威胁。到 1958 年大选前夕，包括农民大规模夺地运动、铁路工人大罢工等在内的民众抗议风潮兴起，导致了马特奥斯总统的左转。但随后执政的奥尔达斯总统又回归了保守路线，并使用武力镇压了抗议民众。由此引发的合法性危机动摇了革命制度党的执政基础，导致埃切维利亚总统的再度左转。但事实证明，马特奥斯、埃切维利亚的左转力度远远不及卡德纳斯。他们所分配土地的质量都明显不及卡德纳斯时期，马特奥斯还下令杀害了农民领袖鲁文·哈拉米略（Rubén Jaramillo）一家。1972 年，埃切维利亚政府试图进行税收改革，增加资本利得税和个人所得税边际税率，提高对高收入群体特别是资本的征税，改变以往累退性的税收结构。但改革草案遭到经济精英集团的激烈反对，政府全盘放弃改革计划，未将草案提交国会审议。在此后几年里，经济精英成立了企业家协调理事会（Consejo Coordinador Empresarial），该理事会囊括了以往所有重要的企业家组织，以舆论战、资本抽逃等方式共同对抗埃切维利亚政府的激进倾向，最终导致了墨西哥政治精英集团的彻底右转。①

在这种结构中，农民、劳工集团的利益受到损害。衡量农民集团利益得失的主要标准是土地平等程度。土地平等要从三个维度来看，即小农户占有土地的数量、质量以及农业政策的平等程度。在这一阶段，墨西哥大地产没有遭到彻底清算，绝大部分优质农用土地依旧保留在大地主手里。在分配给农民的土地中，95%的土地没有灌溉条件，75%的土地为坡地、林地、荒漠等不适宜农耕的土地。② 土地分配的执行力度明显下降。土地分配数量从卡德纳斯时期的近2000万公顷骤降至卡马乔时期的不到600万公顷，在接下来的两任保守派总统米格尔·阿莱曼和阿道夫·科蒂内斯（Adolfo Cortínez）期间，土地分配量不及500万公顷，到"宪法范围内的最左翼"总统阿道夫·洛佩斯·马特奥斯时期，土地分配量回升至1000万公顷以上，此后的古斯塔沃·迪亚斯·奥尔达斯（Gustavo Díaz Ordaz）总统、路易斯·埃切维利亚总统延续了这个势头，但所分配土地的质量明显下降。在保守派总统奥尔达斯执政期间，所分配的土地中只有9%的土地为耕地，其余均为荒地或不适宜农耕的荒漠和沙漠。在这一时期，墨西哥政府进行了较大规模的农业投资，其中95%以上的资本都投入了农田灌溉工程建设，在北部的几个州开发了近200万公顷的灌溉田，但同期分给村社的灌溉田不足30万公顷，绝大多数新开发的灌溉田都被出售给私人资本，变成了私营大农场。③ 1976年上台的洛佩斯·波蒂略（López Portillo）政府宣称要停止土地改革，土地分配至此陷入停滞。

---

① 李昊旻：《右翼与民主：墨西哥现代右翼的政治影响》，博士学位论文，南开大学，2019，第75~88页。

② Dana Markiewicz, *Ejido Organization in Mexico： 1934-1976* (Oakland：University of California Press, 1980), p. 29.

③ 高波：《农民、土地与政治稳定：墨西哥现代村社制度研究》，中国社会科学出版社2016年版，第106页。

表 6-1　墨西哥历届政府土地分配情况（1934~1976 年）

总统	在任时间	土地分配量（万公顷）	耕地占比（%）
卡德纳斯	1934~1940 年	1791	27
卡马乔	1940~1946 年	594	20
阿莱曼	1946~1952 年	484	21
科蒂内斯	1952~1958 年	494	26
马特奥斯	1958~1964 年	1136	19
奥尔达斯	1964~1970 年	1414	9
埃切维利亚	1970~1976 年	1624	—

资料来源：Tatiana Beltrán y Miguel de la Torre, *El Predominio de las Presiones Políticas sobre Un Ensayo de Racionalidad de las Decisiones Gubernamentales* (Ciudad de México：INAP, 1980), p. 78; Dana Markiewicz, *Ejido Organization in Mexico* (Oakland：University of California Press, 1980), p. 29。

在农业技术进步方面，联邦政府的科研投入也带有歧视村社农民的倾向。在玉米、小麦良种开发方面，墨西哥政府农业部与美国洛克菲勒基金会进行了合作，主要开发那些需要灌溉、机械化、化肥、除草剂和杀虫剂等条件配合的新品种，高昂的使用成本把村社农民排除在外，新品种主要供应私营大中型农场。1961 年，在洛克菲勒基金会撤出后，农业部国家农业研究所及其技术推广机构长期处于科研资金和人员匮乏的状态，完全不能满足国内农业发展的需要。[1]

金融扶持对农业发展也非常重要。在卡德纳斯时期，联邦政府成立了国家村社信贷银行，专门负责对村社农民的信贷支持。在联邦所有农业信贷机构中，国家村社信贷银行得到的贷款份额最多，达到 90%。但这一份额在卡马乔时期便降至 80%，此后长期保持在 60% 的水平。[2] 在卡德纳斯时期，能申请到贷款的村社农民约占全部村社农民的 20%~30%，其后 20 年里该比例降至 15%，到 20 世纪 60 年代进一步降至 10%，约 80% 的村社农民从未在全国村社

[1] Cynthia Hewwit de Alcantara, *La Modernización de la Agricultura Mexicana*, *1940-1970* (Ciudad de México：Siglo Veintiuno, 1978), pp. 52-53.

[2] Dana Markiewicz, *Ejido Organization in Mexico*：*1934-1976* (Oakland：University of California Press, 1980), pp. 30-31.

银行得到过贷款。① 与之相比，私营大农场则得到了充分的信贷支持。在1948~1953 年，私营大农场得到的信贷总量达到 10 亿比索（1960 年币值）。1960~1964 年，对私营大农场的信贷支持达到 20 亿比索。同期，村社农民得到的信贷总量只有 4000 万比索。②

私营大农场赢得了政府在信贷、技术、补贴等方面的大力支持，充分享受了 20 世纪五六十年代"绿色革命"的成果，形成了资本密集型的"新大地产经济"，广大村社农民则处于破产边缘。农业部的一份报告称：1960 年，墨西哥的农业生产已经两极分化。3.3%的农业单位生产了农业总产值的 54.3%，其他 50.3%的农业生产单位的产值只占总产值的 4.2%。其原因主要在于农业政策存在倾向性，政府把投资和技术进步导向了那些最具有生产潜力的地区，也就是私营大农场集中的北部和西北部地区。③ 墨西哥政府每十年的农业统计数据表明，从 20 世纪 50 年代到 70 年代，约 85%的村社农民只能维持糊口甚至不能糊口，79%的农村家庭收入达不到法定最低工资水平。④ 土地改革以失败告终，并于 1992 年以修宪方式被正式废止。因此，从土地质量和农业政策角度看，墨西哥并没有真正实现土地平等，因此也没有出现东亚式的家庭农场经济繁荣及其引致的劳动密集型工业化，而是形成了现代化的大农场和落后的小农经济并存的二元经济。

劳工集团同样承受了利益的重大损失，这在劳工收入指数的变化上得到了充分体现。城市最低工资水平指数在卡德纳斯政府时期为 103，到阿莱曼政府末期时已经猛降至 66。制造业工人的工资水平指数下降尤其明显，从卡德纳斯时期的 100 降至卡马乔时期的 50，在六年时间里下降了一半。在 1939~1955 年，工资在国民收入中所占的份额从 30.5%下降至 18.6%，而同期公司

① Susan R. Walsh Sanderson, *Land Reform of Mexico*, *1910 - 1980* (New York: Academic Press, 1984), p. 30.
② Lamartine Yates, *Mexico's Agricultural Dilemma* (Tucson: The University of Arizona Press, 1981), p. 194.
③ Lloyd G. Reynolds, *Economic Growth in the Third World*, *1850-1980* (New Haven: Yale University Press, 1985), p. 157.
④ Cynthia Hewwit de Alcantara, *La Modernización de la Agricultura Mexicana*, *1940-1970* (Ciudad de México: Siglo Veintiuno, 1978), pp. 112-113.

利润所占的份额从 26.2% 升至 36.9%。[1]

总的来看，这个阶段是革命成果的收获阶段，同时也是权力结构逐步再集中化、发展动力趋于弱化的阶段。通过土地分配、现代卡西克体制以及胡萝卜与大棒并用等方式，政治精英集团实现了对军人、农民、劳工集团的掌控，得到了长期的政治稳定和稳固的执政地位。在经济领域，墨西哥成为发展中国家里均衡增长的样板：农业保持了持续稳定增长，对外出口粮食和高附加值农作物，制造业则呈现高速增长的势头。这两方面的成就共同造就了所谓的"墨西哥奇迹"。但是，不彻底的革命所造就的奇迹难以长期持续。现代村社制度的失败、小农经济的破产以及工人工资水平的长期低迷共同导致了墨西哥收入分配的两极分化。在 1958～1977 年，收入最低的 40% 的人口在国民收入中所占的比例从 12.2% 降至 9.9%。[2] 这造成国内需求明显不足，由此导致经济长期增长动力不足和进口替代工业化的失败。大批破产农民流入城市，形成了大规模的非正规经济和城市贫民窟。从 20 世纪 70 年代起，墨西哥经济开始失去动力，只能靠举借外债维持增长，并在 1982 年陷入债务危机和"失去的十年"。[3] 从这一阶段土地改革的起伏也可以看到制度决定论的谬误：在制度框架没发生任何变化的情况下，墨西哥的土地改革经历了巨大的起伏，激进派总统与保守派总统执政期间出现了明显差异。这说明，是权力结构而非制度变化导致了土地改革的兴衰沉浮。

第三节　寡头霸权阶段（1982 年至 21 世纪初期）

第三阶段始于 1982 年债务危机，延续到 2000 年革命制度党败选下台及其后的一个短暂时期。在这一阶段，墨西哥的权力结构发生了明显变化。政治精

---

[1] Ruth Berins Collier and David Collier, *Shaping the Political Arena: Critical Junctures, the Labor Movement, and Regime Dynamics in Latin America* (Norte Dame: University of Norte Dame Press, 2002), p. 409.

[2] 莱斯利·贝瑟尔主编《剑桥拉丁美洲史》（第 7 卷），江时学等译，经济管理出版社 1996 年版，第 96 页。

[3] 高波：《农民、土地与政治稳定：墨西哥现代村社制度研究》，中国社会科学出版社 2016 年版。

英集团的构成成分改变，激进派政治精英彻底失势。1982 年债务危机没有引起深刻反思，反而被归咎于进口替代工业化政策的失败，这与美国、欧洲兴起的新自由主义浪潮有关。面对经济危机及新自由主义的严厉批评，倡导国家干预的凯恩斯主义退潮，进口替代政策被认为是政府对市场的盲目干预，注定会失败。提倡保护私有产权和经济自由化的理念大行其道，革命制度党内推行土地改革、政府调控经济的激进派被认为是引发危机的罪魁祸首，彻底丧失了政治地位和权力。卡德纳斯之子瓜乌特莫克·卡德纳斯（Cuauhtémoc Cárdenas）领导的激进派势力被开除出党，其不得不另立新党"全国民主阵线"（Frente Democrático Nacional）。① 至此，革命制度党内保守派与激进派的长期并存、相互竞争的格局终结，保守派在执政党内占据了统治地位。此时执政的保守派政治精英主要由技术官僚构成。技术官僚的主要特征包括接受过高等教育，拥有经济学、管理学学位，曾在美国留学，认同新自由主义理念，缺乏竞选公职的经历等。1982 年之后的三任总统德拉马德里、卡洛斯·萨利纳斯（Carlos Salinas）、埃内斯托·塞迪略（Ernesto Zedillo）都具有这些特征。这个集团在阿莱曼执政时期发轫，在长达 40 年的时间里通过亲属、师生、上下级关系结成了一个紧密的政治精英网络，其成员长期执掌财政部、计划与预算部、中央银行、国家外贸银行等财政金融部门。在 20 世纪后期墨西哥宏观经济恶化、增长乏力、对外资及国际金融机构依赖日益加深的形势下，依托其专业知识背景及其在美国政府、国际货币基金组织、世界银行高级管理层的人脉，该集团逐步占据了政府决策的核心位置并驱逐了激进派政治精英，掌握了最高政治权力。② 激进派政治精英开始团结形形色色的左翼力量，其中包括中左翼的墨西哥社会主义党（Partido Mexicano Socialista）以及更加激进的游击队运动、知识分子和学生组织等，试图在各级选举中击败执政党。与此同时，在革命制度党之外崛起了一个新的保守派政治精英团体，即代表企业家和教会等保守势力并通过国家行动党参加竞选的政治人物，他们开始在一些重要的地方选举中获得胜利，并赢得了一些国会议员席位。这些都意味着体制外的政治精英力量的

---

① 该党后改称民主革命党（Partido Revolucionario Democrático）并成为墨西哥主要政党之一。
② 李昊旻：《右翼与民主：墨西哥现代右翼的政治影响》，博士学位论文，南开大学，2019，第 98~105 页。

成长、政治权力的分散化以及政治结盟空间的扩大。

经济精英集团在这一阶段形成了集中化、金融化和垄断化的特征。在进口替代工业化时期，墨西哥制造业就出现了集中化的趋势，投资和产值日益集中在少数大公司手中，同时还形成了四大私营金融集团。进入 20 世纪 80 年代后，制造业和金融业的资本实现了合流，形成了所谓的金融资本集团，主要包括卡洛斯·斯利姆（Carlos Slim）的卡尔索集团（Carso）以及蒙特雷地区的阿尔法集团（Alfa）、维萨集团（Visa）和比特罗集团（Vitro）。这些大财团聚集了巨额资本和财富，子公司遍及各个重要的经济领域。他们之间往往相互持股并担任董事，结成了一个紧密的关系网络。从公司董事会社会网络图的密度来看，墨西哥财团之间的融合度高达 0.084，是拉美地区最高的，而智利、秘鲁、巴西、哥伦比亚分别只有 0.04、0.028、0.018 和 0.015。[①] 这说明墨西哥经济的垄断程度非常高。

这一阶段，保守派政治精英集团与经济精英集团结成了联盟。二者具有意识形态上的高度共识，并且相互支持，以确保对权力与经济利益的控制。保守派政治精英集团包括两个部分，即革命制度党内的保守派精英以及右翼政党国家行动党的领导层。经济精英集团则以金融资本集团为主。在这个联盟中，政治精英提供新自由主义经济政策和寻租机会，经济精英则为政客提供巨额政治资助，帮助他们赢得选举并掌握政治权力。大企业家组织墨西哥商业理事会（Consejo Mexicano de Negocios）、企业家协调理事会（Consejo Coordinador Empresarial）都会通过月度午餐会制度和总统协调相关政策。[②]

这一时期，农民集团的主要部分仍然受控于革命制度党的卡西克庇护主义体系，无地农民及破产农民多流向墨西哥城等大城市及美国，去寻找新的生存空间，大规模、有组织的独立农民运动没有出现，该集团的权力地位仍然低下。在南部的恰帕斯等州，农民土地受到新兴私人养牛业的侵占，出现一些抵抗组织，如 1994 年宣布武装反抗政府的恰帕斯民族革命军，但这些抵抗组织

---

① Julián Cárdenas, "Why do Corporate Elites Form Cohesive Networks in Some Countries, and Do Not in Others? Cross-national Analysis of Corporate Elite Networks in Latin America," *International Sociology*, Vol. 31, No. 3 (2016), pp. 346–347.

② 李昊旻：《右翼与民主：墨西哥现代右翼的政治影响》，博士学位论文，南开大学，2019，第 106~111 页。

没有产生全局性的影响。劳工集团的境况与之类似。尽管工人数量从 1940 年的 64 万上升至 1980 年的 258 万，但这个集团的权力地位并没有提升。这种状况首先源于债务危机的打击，严重的危机引发了高额通货膨胀、工资水平下降和失业率上升，剩余劳动力和非正规就业增加，这削弱了劳工集团的权力地位和谈判能力，也使他们更加依赖政府的保护。其次，保守倾向的政府对具有激进倾向的劳工运动进行了打压，如石油工人工会的领导人被逮捕，其领导层也遭到清洗。最后，革命制度党的庇护主义体系仍然在发挥控制作用，并把劳工集团与激进派政党、政治组织隔绝开来。[①]

在这一阶段的权力结构中，保守派政治精英集团与金融资本集团的结盟导致政治与经济权力的高度集中，而农民和劳工集团整体上处于被控制和涣散状态，权力地位处于历史低点，刚从执政党内分裂出来的激进派政治精英尚未对基层民众进行有效动员。[②] 因此，墨西哥的权力结构进一步失衡，保守派政治精英集团同时掌控了经济权力和最高政治权力，上升至霸权地位，其他利益集团难以对其进行有效制衡，这为寻租腐败型社会的成形提供了条件，也对墨西哥的发展绩效造成了显著的负面影响。

这期间寻租腐败的典型案例包括"外汇风险托管项目"和墨西哥电信私有化。外汇风险托管项目始于 1983 年，在本币币值不断下跌的情况下，政府以固定汇率为大型私营企业提供美元。金融资本集团从国有银行取得优惠贷款后即可低价从该项目购买美元以偿还外债，或者使用优惠贷款进行投机，获利后再购买低价美元并转移至国外。通过这个项目，金融资本集团看似将外汇风险全部转嫁给了政府，其实是转嫁给了社会，并获得了投机营利的机会，获利甚丰。在墨西哥电信（Telmex）私有化过程中，私营企业家卡洛斯·斯利姆与总统萨利纳斯及相关高官进行勾结，通过低估市值、虚假竞标等多种方式以超低价购得优质国有资产墨西哥电信公司，并获得了垄断经营特权，斯利姆也因此一跃而成为世界首富。[③]

---

① 莱斯利·贝瑟尔主编《剑桥拉丁美洲史》（第 6 卷，下），林无畏等译，当代世界出版社 2001 年版，第 383~394 页。

② Tina Hilgers, "Causes and Consequences of Political Clientelism: Mexico's PRD in Comparative Perspective," *Latin American Politics and Society*, Vol. 50, No. 4 (2008), pp. 123–153.

③ 李昊旻：《右翼与民主：墨西哥现代右翼的政治影响》，博士学位论文，南开大学，2019，第 107 页，第 154~170 页。

严重的寻租腐败必然损害经济效率。墨西哥经济进入停滞动荡期，经济年均增长率从 1960~1980 年的 3.7% 下滑至 1990~2000 年的 1.7%，在 2000~2020 年只有 0.5%。[①] 其间还发生了龙舌兰危机（1995 年）等多次金融货币危机，经济稳定性明显不足。这一时期，墨西哥经济缺乏内生动力，增长日益依赖石油出口和北部边境地区出口加工业的拉动，但二者均严重受制于外部经济环境。因此，在独立 200 年之后，墨西哥经济依然没有培育出自主增长能力，反而蜕变为典型的依附型经济体。

在政治发展领域，伴随着权力集中度的提高，墨西哥的各项政治指标均呈显著恶化趋势。以世界治理指数（WGI）来衡量，自 20 世纪 90 年代中期以来，墨西哥在所有六个领域的得分均有明显下滑。其中，政府效能分值在 1996~2020 年由 62 降至 46，腐败控制分值由 36 降至 21。政治稳定与暴力遏制分值从 21 降至 18，与拉美地区平均值 58 相去甚远，墨西哥曾经的政治奇迹已经不复存在。[②]

从一个世纪以来的权力结构与发展绩效变迁史来看，墨西哥堪称多数发展中国家的典型。在这类国家中，集中型权力结构已经延续了相当长的历史时期，底层民众虽然进行了激烈抗争，但始终未能打破坚固的传统权力结构，保守派精英集团一直把持着关键的经济、政治权力，长期维持排斥型发展模式。在某些特殊历史时期，这类国家也会出现底层动员能力增强、权力结构局部平等化以及左右翼轮流执政的"钟摆效应"等现象，但这种权力波动只具有表面意义，并不具备结构性变革的潜力。[③] 在发达国家行之有效的制度、政策在这些国家被扭曲，民主与市场外衣下是寻租、腐败和庇护主义的盛行，国家长期受困于发展陷阱不能自拔。

① Victor Bulmer-Thomas, *The Economic History of Latin America since Independence* (New York: Cambridge University Press, 2014), pp. 331, 426, 448.
② World Bank, "Worldwide Governance Indicators," http://info. worldbank. org/governance/wgi/ Home/Reports，访问时间：2021 年 11 月 2 日。
③ 关于钟摆效应的新论述可参见周强、蒋光明《经济危机与周期性政治重组》，《世界经济与政治》2021 年第 9 期，第 59~83 页。

第七章 美国：发达国家的发展周期

主流发展理论向来秉持路径依赖、良性循环等观念，认为发展不可逆转。诺思的社会秩序理论即认为，在开放准入秩序中，经济与政治领域的开放准入能够提高效率、激励创新并相互支持。因此，这种秩序会进入良性循环，不会出现发展逆转现象。但是，身为发达国家、超级大国的美国近年来出现了一些衰落的征兆，各种版本的美国衰落论也随之兴起。美国衰落了吗？如果有一些衰落的迹象，就其本质而言，这种衰落代表了发展逆转还是短期调整？主流发展理论无法解释这些问题，从权力结构角度进行的探究可以给出一个答案。

第一节 美国衰落了吗？

在经济领域，美国衰落的迹象比较明显。第一，美国经济的稳定性下降。美国在 2008 年发生了严重的金融危机，数家大型金融机构倒闭，美国政府不得不出资 7000 亿美元救市。危机的影响波及全球，对欧洲、亚洲某些国家产生了巨大冲击。这次危机被称为大萧条以来美国最大的经济危机，其影响至今仍未消除。第二，美国经济的长期增长速度放缓。在二战结束后的 30 余年里，即 1947~1980 年，美国经济年均增长率为 3.7%。而在 1980~2017 年，美国经济年均增长率降为 2.7%，降幅接近 30%。① 第三，美国的经济效率进入长期下降区间。长期以来，一个普遍印象是美国比欧洲福利国家的生产效率更高，因

---

① 约瑟夫·斯蒂格利茨：《美国真相：民众、政府和市场势力的失衡与再平衡》，刘斌等译，机械工业出版社 2020 年版，第 35 页。

而人均收入更高。但事实是在 1979~2005 年，美国的人均收入增长率与欧洲 15 个发达国家基本相同，而且每单位工作时间产生的国内生产总值比欧洲这 15 个发达国家还要低。这一趋势还在进一步加剧，在 2010~2016 年经济大衰退之后，美国的生产率增长不及发达国家平均水平的一半。根据经合组织的统计，美国更高的人均收入来自更多的工作时间投入。目前，美国人的工作时间比其他发达国家都要长，每人年均工作 1780 小时，而其他国家平均为 1759 小时，比法国（1514 小时）、德国（1356 小时）要长得多。[①] 第四，美国经济的长期增长潜力趋于弱化。根据世界银行发布的"人力资本指数"（测量一国在教育、健康等领域对其社会成员的投资），美国排第 24 位，不仅远远低于亚洲的日本、韩国和新加坡，也远低于加拿大及其他大部分欧洲发达国家。人力资本和物质资本投入是经济增长的直接来源，如果考虑到技术创新对长期增长的关键推动作用，人力资本的积累就更为重要。美国在这方面的落后将直接削弱其长期增长潜力。

在社会领域，由于收入分配的不平等日益严重，美国的社会矛盾在加剧。自 1980 年以来，美国的收入分配不平等程度急剧升高，最富有的 10% 的人群得到了收入增长总额的 75%，而其余 90% 的人口收入年均增长率不足 0.5%。值得指出的是，最富有的 1% 的人群独占了美国国民收入增长总额的近 60%。[②] 大致在同一时期，处于收入最底层的 20% 的美国家庭年均收入从 14900 美元增加到 16500 美元，在 30 年里只增长了 10%。处于中间位置的 20% 的家庭年均收入从 42900 美元增加至 52100 美元，年均增长率为 0.7%。如果考虑到这些中下层家庭增加的劳动时间投入，他们的收入其实并没有增长，而下层家庭的收入还有所下降。与此同时，最富有的 1% 的家庭年均收入从 33.71 万美元增加至 120 万美元，增长了近 3 倍。受益最大的是占 0.01% 的超级富豪家庭，他们的年均收入从 400 万美元增加至 2430 万美元，增长了 5 倍还多。[③] 到目前为

① 雅各布·S.哈克、保罗·皮尔森：《赢者通吃的政治：华盛顿如何使富人更富，对中产阶级却置之不理》，陈方仁译，格致出版社、上海人民出版社 2015 年版，第 14~15 页；约瑟夫·斯蒂格利茨：《美国真相：民众、政府和市场势力的失衡与再平衡》，刘斌等译，机械工业出版社 2020 年版，第 37 页。

② 托马斯·皮凯蒂：《21 世纪资本论》，巴曙松等译，中信出版社 2014 年版，第 303 页。

③ 雅各布·S.哈克、保罗·皮尔森：《赢者通吃的政治：华盛顿如何使富人更富，对中产阶级却置之不理》，陈方仁译，格致出版社、上海人民出版社 2015 年版，第 11~12 页。

止，美国的收入分配不平等问题比其他任何发达国家都要严重。如果计入财富的不平等，如住宅等资产的价值，美国的经济不平等还要更为严重。到 2020 年，美国最富的前 10% 的人群占居民财富总额的比例从 20 世纪末的 55.3% 升至 63.5%，最贫穷的 50% 的人群的财富占比则从 7.2% 降至 5.5%。[①]

除此之外，美国还存在明显的种族、民族和性别不平等。美国黑人受到系统性歧视，他们不仅缺少经济机会，而且长期受到教育质量低下、住房不足的困扰。《民权法案》带来的改善已经消耗殆尽，某些方面甚至发生了逆转。拉美裔美国人和女性也受到社会歧视，前者的平均工资水平仅为白人男性的 69%，后者只有男性收入的 83%。不平等还表现在社会流动性的明显下降，皮尤社会流动性研究项目发现，如今美国只有一半的人在与父母相同的人生阶段拥有更多财富。[②] 经济与社会的不平等正在撕裂美国社会，削弱美国的软实力。一方面，社会内部的裂痕扩大，凝聚力减弱，国家对外投放力量的能力受到限制。另一方面，贫困增加、社会不公让美国模式的吸引力下降。

在政治领域，政治衰败的迹象也日益突出，这表现在民众对政治的不满情绪上升、民粹主义兴起、政治极化愈演愈烈、选举争议及暴力抗议频现、政府治理能力下降、政治僵局难以打破、公民社会的退化等。美国经济社会的长期恶化趋势导致了广泛的政治不满，普通选民对政治精英的认同感下降，这体现为民粹主义势力的急剧上升。民粹主义的一个根本特征是反建制，即对现行体系的强烈不满和颠覆性主张。美国右翼民粹主义的代表是唐纳德·特朗普，他作为政治"素人"参选 2016 年美国总统，并打着"抽干华盛顿的沼泽"、清算政治精英的旗号进行竞选，出人意料地赢下了共和党初选，并击败热门候选人希拉里赢得总统大选。特朗普的反对者、左翼民粹主义者伯尼·桑德斯的影响力也迅速攀升。桑德斯来自偏远小州佛蒙特州，他在从政的大部分时间里既非民主党人也非共和党人，而属于不知名的左翼小党自由联盟党。虽然在 1990 年当选众议员，但他仍然处于政治边缘地位。后来他加入民主党并在党

①　拉里·M. 巴特尔斯：《不平等的民主：新镀金时代的政治经济学分析》，方卿译，上海人民出版社 2021 年版，第 10 页。

②　约瑟夫·斯蒂格利茨：《美国真相：民众、政府和市场势力的失衡与再平衡》，刘斌等译，机械工业出版社 2020 年版，第 37~45 页。

内初选中对希拉里构成了重大威胁。虽然他最终未能赢得民主党初选，但仍享有广泛的民意支持。特朗普与桑德斯的政治蹿升体现了美国民众对当前政治生态的不满。

美国政治衰败的另一个迹象是政治极化。在精英层面，共和、民主两党在意识形态上的差距拉大，共和党极端保守派的势力明显增强，党内温和派自20世纪90年代就趋于式微，共和党已经成为极端保守派主导的右翼政党。与此同时，民主党内虽没有出现明显的"左倾"化，但党派意识也明显增强。这导致两党在国会的合作几乎成为不可能，政治妥协难度增大，这导致立法进程的延缓与政治僵局的出现。这种党争还会以府院之争的形式体现出来，特别是当两党在预算问题上产生争执时，就会出现国会预算案"难产"、政府关门停摆的僵局。2018年与2019年之交，特朗普政府停摆达33天，创下有史以来的最长纪录。民众政治极化也日益明显，在2020年总统大选中，投票率达到66.8%，创1900年以来的新高，原因在于两党选民都不愿让对方的候选人胜选上台。在选举结果揭晓后，特朗普部分支持者拒不承认，并在2021年1月6日暴力冲击国会，凸显了极端的政治分裂现象。

政府治理能力的弱点首先体现在新冠疫情的失控上。自新冠疫情发生以来，美国政府没有出台有效的防控措施。截至2022年10月，美国官方报告的确诊病例接近8000万人，死亡人数接近百万，疫情演变为重大人道主义灾难。美国疾控中心对大范围血液样本的分析表明，感染者总数为1.4亿人。这个数字之所以大大超过官方报告的确诊病例，是因为大部分轻症或无症状感染者没有进行新冠病毒检测，另外很多居民自行检测的结果并没有汇总至官方数据库。其次，美国政府的经济治理能力也不突出。自奥巴马政府至特朗普政府都实施了一系列再工业化刺激政策，如减税、改善基础设施、增加教育投入、鼓励技术研发乃至贸易保护主义政策等。其中，2014年美国政府发布《振兴美国先进制造业2.0版》，提出通过支持创新、加强人才引进和改善商业环境等方式确保美国在先进制造业领域的全球主导地位。但十几年来美国的制造业并未有任何起色，制造业净增加值占国内生产总值的比例不仅没有上升，反而从2013年后持续下降，在2019年达到历史新低，从11.8%降至11%。而且在2007~2019年，美国制造业劳动生产率增速大幅下滑，从世纪之交的4%左右降至 0.4%，增长几乎陷入停滞状态。①

从经济、社会、政治领域的种种迹象来看，美国的确出现了衰落的趋势。但是，以往研究只是指出了衰落的表现，并没有深入发掘衰落的根源。因此，根据这些现象无法确认此次衰落是长期衰落还是短期衰落，是相对衰落还是绝对衰落，更无法据此对美国衰落的前景做出预测。毕竟，美国在 20 世纪初经历过大萧条之后又再次进入了发展的黄金时代，并登上了头号超级大国的地位。因此，必须使用新理论找到美国此次衰落的根源，然后才能预测美国未来的走势及其对世界大格局的影响。

第二节　周期 I：从殖民地时期到大萧条

从权力结构的角度来看，美国目前的衰落是长期衰落，即经济、政治、社会问题经过长期酝酿已经达到极为严重的地步，并将以大危机的形式爆发。从立国至今的 200 余年里，美国经历了至少两次权力结构周期以及与之相符的发展周期。第一个周期约从殖民地时期至大萧条时期，第二个周期约从大萧条时期至今。

美国的第一个权力结构变化及发展周期完全符合权力平等发展理论，也即是说，由权力结构平等实现土地平等，进而实现经济、政治发展。与拉丁美洲的殖民化相比，北美的殖民模式呈现出自身的特点。在拉丁美洲，西班牙、葡萄牙殖民者依靠有组织军事力量对原住民的政治中心进行了征服，并以暴力为基础建立了垂直的压迫型、剥削型统治体系，即依靠暴力强制占领了土地等自然资源，建立了由大庄园、贵重金属矿山、强迫劳动制度、垄断贸易组成的经济体系，以及由王室派出的高级行政官僚和司法官员、本地贵族共同主导的政治体系，经济、政治权力及暴力高度集中于一个小规模的统治集团手中，印第安人及后来的混血人群体处于被统治、被剥削的地位，这是一个权力高度集中的社会。但北美的殖民史则完全不同。来自欧洲的特别是英国的殖民者在北美

---

① 马慎萧、兰楠：《次贷危机后美国经济金融化趋势是否逆转?》，《政治经济学评论》2021 年第 2 期，第 177~179 页。

遇到的是一个没有集中的权力中心、人口密度更低的分散型土著人社会，他们得以在相对空白的地带开始殖民行动。英国的殖民模式为商业型殖民，由得到王室特许的公司而非军队进行，公司雇员与殖民者的力量并不悬殊，以至于殖民公司建立拉美式殖民体系的尝试遭到失败，最终形成了殖民者之间平等分配土地资源的模式。到 1650 年，私人占有土地的家庭农场制成为新英格兰的经济基础。其后，1862 年的《宅地法》《植树法》等一系列法令延续了土地的平等分配，并将其扩展到了广阔的中西部地区。① 也即是说，北美殖民地由权力结构的平等实现了土地平等，并长期延续了这种宝贵的土地平等。

经济史研究证明了土地平等如何为美国带来经济繁荣和包容共享的经济模式。在整个殖民地时期（从 17 世纪中期至 18 世纪中后期），殖民地很快就实现了经济繁荣，长期经济年均增长率达到 0.4% 左右，超过了同期英国的增长率（约 0.3%）。而且殖民地财富及收入的分配很均等，除了使用奴隶劳动的南部烟草种植园之外，整个中部及北部的经济平等程度要远远超过西属美洲殖民地，自由白人普遍享有很高的生活水平。亚当·斯密在《国民财富的性质与原因》中写道：没有哪个殖民地的进步比英国的北美殖民地快，大量的优质土地以及用自己的方式管理自己事务的自由似乎是英属北美殖民地繁荣的两大原因。"事实上，目前一半以上世界人口所在国家的平均收入低于 200 多年前美国自由人的收入。这对第三世界国家（包括印度、巴基斯坦、印度尼西亚以及非洲和南美洲的大部分地区）的大多数人来说都是如此。相对而言，无论是以今天世界上很多地区的标准还是以 18 世纪末世界上最先进地区的标准，美国自由殖民者的生活都非常好。"② 著名经济史学家、诺贝尔经济学奖得主诺思也强调了美国家庭农场经济对分工、专业化及工业化的促进作用，他对比了美国内战前南部种植园经济与西部自耕农经济的差异：种植园收益高度集中于奴隶主手中，他们主要从欧洲进口奢侈品，导致南部产业结构单一，城市发展停滞，奴隶及其子女也得不到教育，文盲率最高；繁荣而平等的西部自

---

① 加里·M. 沃尔顿、休·罗考夫：《美国经济史》（第 10 版），王钰等译，中国人民大学出版社 2013 年版，第 42~56 页。

② 加里·M. 沃尔顿、休·罗考夫：《美国经济史》（第 10 版），王钰等译，中国人民大学出版社 2013 年版，第 132 页。

耕农经济则产生了对本地生产的日用品的巨大需求，有力促进了分工、专业化和随之而来的技术创新，大众教育发展迅速，增加了人力资本，形成了外部经济，促进了工业化、城镇化和结构升级。① 因此，诺思着重指出："成功的农业商品生产会成为并且在一些国家已经成为经济增长、外部经济、城市化和工业化发展的首要动力。……把工业化和农业停滞联系起来的观点完全搞错了经济变迁问题，是对（美国）200 年经济史的重大误读。"②

这种包容型的经济繁荣把平等推到了社会的其他领域。正如托克维尔在 19 世纪初期在美国所看到的："美国人的社会状况是非常民主的。自各殖民地建立之初就具有这个特点，而在今天表现得尤为明显。在新英格兰海岸定居的移民，彼此之间极为平等。""在美国，人民不仅在财富上平等，甚至他们本身的学识在一定程度上也是平等的。……在美国，初等教育人人均可得到，而高等教育却很少有人问津。几乎所有的美国人都是小康之家，所以不难获得人类的最起码知识。因此，美国在其社会情况方面呈现出一种非凡的现象。人在这里比在世界上任何地方，比在历史上有记录的任何时代，都显得在财产和学识方面更近乎平等，换句话说，在力量上更近乎平等。……这种社会情况的政治后果是不难推断的。不能认为平等进入政界或其他界之后就不再发挥作用。不要以为人民会永远安于在其他方面均已平等而只有一个方面不平等的局面，他们早晚要在一切方面享有平等。他们的环境、来源、智慧，尤其是他们的民情，使他们建立并维护了人民主权。"③

从殖民地时期直到 19 世纪中期，美国的权力平等带来了土地平等，并由

---

① Douglass North, "Agriculture in Regional Economic Growth," *Journal of Farm Economics*, Vol. 41, No. 5 (December 1959), pp. 937–960. 著名华人经济学家杨小凯也高度重视分工即斯密式创新对长期增长的关键作用，他所创建的超边际分析和新兴古典经济学也是建立在分工基础之上的，但他没有深入发掘分工产生的源泉。杨小凯的相关论述见 Xiaokai Yang and Jeff Borland, "A Microeconomic Mechanism for Economic Growth," *Journal of Political Economy*, Vol. 99, No. 3 (June 1991), pp. 460–482; Jeffrey Sachs and Xiaokai Yang, "Market Led Industrialization and Globalization," *Journal of Economic Integration*, Vol. 17, No. 2 (June 2002), pp. 223–242; 杨小凯：《发展经济学：超边际与边际分析》，张定胜、张永生译，社会科学文献出版社 2003 年版。

② Douglass North, "Agriculture in Regional Economic Growth," *Journal of Farm Economics*, Vol. 41, No. 5 (December 1959), pp. 944, 950.

③ 托克维尔：《论美国的民主》（上卷），董果良译，商务印书馆 1988 年版，第 52、57~60 页。

土地平等实现了包容型、共享型经济发展，经济、社会、政治发展几乎齐头并进，几乎所有社会成员分享了经济繁荣带来的福利，一个落后、野蛮的殖民地迅速变成了民众生活普遍富足的先进社会。

但是，在这个过程中也开始出现经济分化。首先，南部先后形成的烟草、棉花种植园经济建立在奴隶制基础之上，南部地区是北美殖民地及后来的美国两极分化最为严重的地区，也是美国种族问题、保守派政治文化等一系列极其严重的问题的发源地。尽管内战后这一问题在一定程度上得到了解决，但没有得到根治，由此产生的种族主义、贫富分化、黑人大移民等现象对美国的历史走向产生了重大影响。其次，农业繁荣引发的早期工业化和城市化在城市地区形成了财富集中现象，早期分化出现。总的来看，这些问题仍然属于局部性、表层性的问题，没有危及美国模式的根本。真正重大的冲击发生在19世纪中后期，美国的权力结构出现了历史上第一次重大转折。

工业化对权力结构造成了全方位的冲击。从经济发展角度看，农业和家庭农场主集团的地位趋于下降是历史的必然趋势。美国经济发展虽然起始于农业繁荣，但农业繁荣带来的粮食增加、剩余劳动力增加、需求扩张必然导致经济多样化，随着技术进步又会演变为工业化。且由于恩格尔系数的作用，农业的增长空间远不如制造业。1869年，美国农业产值占总产值的53%，制造业产值占33%。到1890年，美国制造业产值已经超过农业。到1900年，制造业产值已经大大超过农业，前者已占到53%，后者降为33%。到19世纪90年代中期，美国已经成为世界工业的领导力量。1913年，美国工业产值已经占到世界工业产值的1/3以上。[①] 迅猛扩张的制造业带来了经济、政治、社会结构的巨大变化。

第一，家庭农场主集团的权力地位呈下降趋势。对于这个集团来说，他们经历的不仅是所占经济份额的下降，而且还有政治影响力的下降。在19世纪后期，家庭农场主集团试图通过提高组织化程度来重振其权力地位。在此期间出现了四个大规模的农民组织，分别是全国农场主保护协会（National Grange

---

① 加里·M. 沃尔顿、休·罗考夫：《美国经济史》（第10版），王钰等译，中国人民大学出版社2013年版，第378、424页。

of the Patrons of Husbandry，又称"格兰奇"）、绿背纸币运动、联盟运动和民粹主义运动。格兰奇致力于提高农场主的经济地位，会员一度达到 150 万人，但由于它严格禁止组织参与政治活动而走向衰落。绿背纸币运动、联盟运动致力于控制通货膨胀、农产品价格波动给农场主带来的不利影响，民粹主义运动源于农场主集团与劳工集团的合作，倡议以银行、铁路等的国有化来减轻资本对农业的剥削，这些运动维持的时间不长，先后走向衰落，这意味着美国农场主集团权力地位不可挽回地下降。

第二，工业与金融资本的结合提升了企业家集团的权力地位。到 19 世纪 90 年代中期，美国已经成为全球制造业第一大国，其工业产值是第二大经济体德国的两倍。到 1913 年，美国工业产值占了全球工业产值的 1/3 以上。与农业不同，制造业中的规模收益非常明显，即扩大生产规模至合理水平可以显著降低成本和提高收益。同时，铁路网络的扩张也迅速扩大了国内市场的规模。因此，美国制造业中迅速出现了越来越多的大型企业，到 1905 年，大型企业已经是美国制造业的典型特征。然而，大企业的野心并不止于获取规模收益，它们仍在扩张，试图获得垄断地位和垄断收益。这一时期出现了洛克菲勒的标准石油公司、卡耐基的联合钢铁公司以及美国烟草公司等一批垄断型大企业。到 1904 年，4% 的公司已经占据了工业总产值的 57%。历史学家詹姆斯·温斯顿（James Weinstein）指出，到 1904 年，不论以任何标准来衡量，大公司都已经主宰了美国经济。由此形成了由相互重叠的产权、交叉持股的董事会构成的公司共同体，这个共同体具有限制劳工权利和政府作用的共同愿望。

垄断型大企业的出现带来了财富及收入分配的分化，美国开始由一个平等的农业社会向不平等的工业社会转变。到 1892 年，美国已经有 4046 位百万富翁。① 收入分配集中化的趋势很明显，人口中最富有的 1% 的人群占有的收入份额从 1920 年的 11.8% 增加到 1929 年的 18.9%。② 大企业家还把影响力扩展到其他领域。他们向政治家提供选举资助，梅隆家族、皮尤家族和杜邦家族一直都是竞选资金的提供者，并借此与政治精英建立了密切关系。他们还收购报

---

① C. 赖特·米尔斯：《权力精英》，李子雯译，北京时代华文书局 2019 年版，第 110 页。
② Simon Kuznets, *Shares of Upper Income Groups in Income and Savings*（New York：National Bureau of Economic Research，1953）.

社，以控制公共舆论。更为重要的是，企业界开始联合组织集体行动。1895年，300 家大企业联合成立了"全美制造商协会"，把狭义上的个人经济权力扩展为阶级或集团的权力。这一时期，美国企业家集团的权力地位显著上升。

第三，劳工集团地位略有上升。由于快速的工业化进程，美国工人的数量迅速增加。在 1860 年，农民与制造业工人的比例为 3∶1。到 1910 年，该比例已经下降为 1∶1，工人的数量已经与农民持平。由于制造业劳动力需求的增长，劳工的经济地位、谈判能力有所提高，但这种优势受到移民潮的制约。在1880~1920 年，约 2300 万名移民涌入美国，其中大部分为经济活跃人口，他们占到制造业就业人数的 1/4、矿业就业人数的 1/3，有效压低了工资水平，特别是非熟练工人的工资水平。这一时期，劳工运动开始兴起，并形成了全国性的联合组织，如美国劳工联合会。在雇主的抵制和军警镇压下，劳工运动在起伏中逐渐发展，到 1905 年美国劳工联合会已经拥有了 150 万工会会员。快速发展的工业化和工会的努力一起，在一定程度上提高了美国工人的工资水平。从 1860~1890 年的 30 年里，工人实际收入增长了 50%。1890~1914 年，工人实际收入增长了 37%。[1] 但放在美国经济快速增长的大背景中来看，这个增速较为缓慢，无法与企业主阶层收入的快速增长相比，这造成了美国收入分配差距的扩大。

第四，政治精英集团的权力地位处于上升过程之中。美国立国的早期，在经济平等的支撑下，民众政治参与积极而且富有成效，普通公民对于基层自治有着很高的热情，这对于美国民主制度的巩固非常重要。但是，伴随着工业化、城市化进程的展开，以及贫富差距的拉大，美国政治体系开始呈现新的面貌。在新兴的城市中逐步出现了"机器型政党"政治。这其实是一种庇护主义政治：政客以公用事业工作职位、社区基础设施建设等恩惠吸引移民的选票，包括爱尔兰移民、捷克移民、犹太移民、意大利移民等群体。这些移民在刚抵达美国时非常贫穷、不会讲英语，聚居于临时搭建的贫民窟里，面临巨大的生存压力，普遍依赖政客的恩惠。同时，政客的政治运作往往需要从企业界取得

---

[1]　加里·M. 沃尔顿、休·罗考夫：《美国经济史》（第 10 版），王钰等译，中国人民大学出版社2013 年版，第 450~472 页。

资助，因此企业家集团是其金主，二者结成了政治同盟。移民群体得到的只是针对个人的小恩小惠，而非具有阶级性和长远性的立法和政策，最终得到最大利益的还是企业家集团。机器型政党具有腐败、政党分肥和一党垄断等特征，其典型为芝加哥市理查德·戴利建立的机器政党，其连续执政时间长达 25 年。①

可以看出，从殖民地时期到 20 世纪初期的大萧条，美国经历了一个权力结构变迁的长周期。殖民地初期的平等型权力结构产生了土地平等，并由土地平等实现了经济繁荣，从初期的农业繁荣逐步催生了经济的多样化，开启了美国的工业化进程，到 20 世纪初期美国成为一个内生动力强劲、国内市场规模庞大、经济结构趋于优化的开放型经济体，成长为全球最大的工业国和最大经济体，取得了显著的发展成就，改变了以英国为主的全球力量分配格局，成长为影响世界均势的关键国家。但是，在此期间，权力集中机制在发挥作用。经济领域的集中首先出现，伴随着贸易和工业化、金融业的扩张，一向以平等著称的美国开始出现经济分化，垄断已经成为制造业等多个行业的特征，股市的发展导致了更大程度的财富分化。与此同时，经济精英集团与政治精英集团在很大程度上结成了同盟，其影响主要体现在政府劳工政策方面。在 19 世纪末期，劳工运动受到企业家集团和政府的联手抵制，在争取 8 小时工作制等方面都遭到挫败，这导致了早期工会运动的起伏。这一时期还发生了重大的暴力冲突。1877 年始于匹兹堡的铁路工人罢工引发了全国大罢工，这次罢工遭到警察、州国民警卫队以及联邦军队的镇压，司法体系也站在资方一边，工人运动受到全面压制。在一战后的工会运动最高峰时期，工会组织也只动员了约 17% 的非农业劳动者。在 1877~1900 年，美国总统 11 次派出军队镇压罢工工人，州政府调遣国民警卫队介入了 160 次劳资纠纷。在美国早期发展阶段，社会中下层（包括中小农场主集团、劳工集团）的权力地位处于长期下降状态，而精英集团（以经济精英集团为主，也包括政治精英集团）的权力地位明显上升，这导致美国权力结构的失衡以及经济收益分配的失衡，社会鸿沟在 19 世纪末 20 世纪初急剧扩大，其后果就是堪称世纪危机的大萧条。

---

① 杰西卡·特朗斯汀：《美国城市的政治垄断》，何艳玲等译，格致出版社、上海人民出版社 2017 年版。

关于大萧条的起因，目前学术界的主流观点源于以弗里德曼、伯南克等为代表的货币主义。这一派认为，是美国政府或曰美联储的不当干预放大了股市崩溃的影响，也即是说，美联储不救助面临倒闭风险的银行并收缩货币供应量，从而把一次普通的周期性小危机放大为长期危机，形成了绵延十几年的大萧条。但这种理论无法解释的是：为什么货币供应量的微小收缩会产生如此之大的危机效应？危机为何会延续长达十几年的时间？更为合理的解释是：工业化的快速发展与收入分配差距的扩大同时出现，社会中下层的收入增速落后于制造业生产率的提升速度，有效需求不足以消化供给量的迅猛增加，形成了严重的生产过剩型危机。

大萧条是美国有史以来经历过的最为严重的综合性经济危机。从 1929 年到 1933 年，美国的实际国内生产总值下降了近 30%，工业产值下降了一半多。总投资低于资本折旧水平，实际资本存量减少。批发价格下降了 1/3，耐用消费品价格下降了 80%，非耐用消费品价格下降了 30%。失业率飙升，从 1929 年的 3.2% 升至 1933 年的 24.9%，失业人数从 150 万上升至 1150 万。与以往的经济危机相比，大萧条不仅具有空前的强度，而且持续时间长达十余年。到 1940 年即 11 年之后，耐用消费品产值才恢复到 1929 年水平，而失业率仍保持在 10% 左右的高位。[1] 大萧条给美国带来了深远的影响，其中最主要的就是推动权力结构发生巨大变化，并开启了一个新的发展周期。

第三节 周期 Ⅱ：大萧条至今

美国目前所处的世纪发展周期始于大萧条。在大萧条前夕，美国的收入分配不平等达到了历史最高点，超过 50% 的国民收入被占总人口 10% 的小集团占有。[2] 这映射了当时权力结构的集中型特征，也是产生大萧条的根源。自大

---

① 加里·M. 沃尔顿、休·罗考夫：《美国经济史》（第 10 版），王钰等译，中国人民大学出版社 2013 年版，第 578~580 页。

② 托马斯·皮凯蒂：《21 世纪资本论》，巴曙松等译，中信出版社 2014 年版，第 299 页；加里·M. 沃尔顿、休·罗考夫：《美国经济史》（第 10 版），王钰等译，中国人民大学出版社 2013 年版，第 562 页。

萧条至今，美国的权力斗争主要是在"劳工—自由派联盟"（泛左翼）与"公司—保守派联盟"（泛右翼）两大阵营之间展开的。

大萧条和二战所产生的危机效应严重削弱了保守派力量，一是表现为保守派政治精英的失势，二是社会下层的广泛动员。经济危机爆发后，自由放任的经济理念遭到广泛质疑，这对政治保守派造成了沉重打击。曾宣称美国经济制度"完美无缺"的共和党人、保守派总统胡佛在连任竞选中被民主党候选人富兰克林·罗斯福击败，一批自由派政治家如纽约民主党人罗伯特·瓦格纳当选参议员，这导致经济精英集团与政治精英集团间联盟的一定程度的破裂，促进了自由派政治精英与劳工集团之间新联盟关系的建立。这个联盟的意识形态倾向于加强政府干预、增进收入分配平等，目的是以平等扩大内需，推动经济从危机中复苏。经济危机带来的巨大压力还促成了经济精英集团内部的分化，公司共同体在危机的打击下分裂为极端保守派和温和派两个部分。其中，全美制造商协会（National Association of Manufacturers，NAM）是代表极端保守派的企业家组织，而美国商会（American Chamber of Commerce，ACC）则为温和派的代表。二者在劳工问题上出现重大分歧。温和派认为资本可以与工会共存，集体谈判也并非不可接受，他们愿意做出某些让步来换取政府在经济重组方面的支持，如放松对垄断的管制等。极端保守派则截然相反，对工会运动继续持强烈反对态度。经济精英集团内部的分裂削弱了其权力地位。

经济危机还刺激了社会下层的广泛动员、组织与抗争，其中就包括更具战斗性的产业工会联合会（Congress of Industrial Organizations，CIO）的出现，这些新成立的工会不满于老工会的妥协性，更倾向于使用罢工、联合抵制、破坏工厂设施设备等激进手段来争取劳工权益。在危机期间，这些行为会对工厂主产生更大危害。因此，经济危机与工会激进化趋势共同提高了劳工的权力地位。

保守派政治精英的失势、自由派政治精英的崛起、经济精英集团内部的分裂及劳工运动的激进化等变化一起推动了权力结构的平等化和罗斯福新政的实施，其中一项重要成果是1935年的《国家劳工关系法案》。这部法律进一步赋予劳工组织工会、工会代表工人进行集体谈判的权利，在该法案的助推下，美国工会会员数量从1933年的300万猛增至1945年的1500万，占到劳工总数的35.4%。1955年，美国劳工联合会（劳联）和产业组织大会（产联）合并成为全国性、跨行业的超大型工会组织，并在华盛顿努力推进亲劳工议程，获得了显著成效。强大的工会在选举中充分发挥了影响力，他们确定涉及工会会员核心利益的议题，为工会会员提供政治和政策信息。他们还赞助广播和电视广告，推动选民登记，鼓励会员充当志愿者，参加社区选举宣传和动员。在1960年差距微小的总统大选中，工会会员发放了1000万张国会投票记录传单和500万份广告，比较肯尼迪和尼克松在劳工问题上的记录，以推动劳工选票流向肯尼迪。"战后政党结构和发展过程最根本的变化是劳工组织进入选区及更高层次的选举活动。"1936~1968年，工会的政治捐款从不到200万美元增加到700万美元，其中大多数捐给了民主党人。依靠这些资源，美国工会将大批民主党候选人送入联邦及各州政府与议会，并明显提高了劳工的平均工资水平和最低工资标准。他们在20世纪50年代成功扩大了社会保障计划的覆盖范围，在1965年推动通过了老年医疗保险计划。[①] 这一时期民权运动兴起，学生运动与非洲裔美国人、妇女组织的抗争相呼应，劳工领袖也给予民权运动关键性的支持，有位国会议员曾表示：没有劳工组织，我们绝不可能通过《民权法案》，他们有力量，而民权团体缺乏这种力量。工会运动的发展进一步推动了美国权力结构的平等化。

这一时期的社会底层大动员使美国的权力结构从集中趋向于平等，推动了30年的包容型发展。1947~1980年，美国经济年均增长率达到3.7%。[②] 经济长期保持了稳定增长的势头，直到20世纪70年代末才被中东石油危机等外部冲击打破。低、中、高收入家庭的实际收入同步增加，都增长约一倍，实现了包容性增长。[③] 从政治参与角度看，在民权运动和1965年《公民权利法案》的影响下，非洲裔美国人的选民登记数量几乎翻倍，非洲裔美国人成为美国选举政治中的一股重要力量。[④] 可以说，是大危机推动了权力结构平等化，权力

① G. 威廉·多姆霍夫：《谁统治美国？：公司富豪的胜利》，杨晓婧译，外语教学与研究出版社2017年版，第218页。
② 约瑟夫·斯蒂格利茨：《美国真相：民众、政府和市场势力的失衡与再平衡》，刘斌等译，机械工业出版社2020年版，第35页。
③ 拉里·M. 巴特尔斯：《不平等的民主：新镀金时代的政治经济学分析》，方卿译，上海人民出版社2021年版，第8、229页。
④ 李道揆：《美国政府和美国政治》，商务印书馆1999年版，第700页。

平等又推动了包容型发展，从而形成了美国历史上的又一个黄金时代。

但从 20 世纪 70 年代开始，公司—保守派联盟开始加强反击。他们不仅通过在公司董事会交叉任职进行整合，而且在"商业圆桌会议、全美制造商协会、商业委员会、美国商会、美国经济发展委员会、世界大型公司联合会"等六大经济精英组织之中实现了联合，并且以某些大型公司和极端保守派企业家为核心形成了规模不等的行动网络，组织水平明显提高。在 1974~1980 年，企业家组织的会员增加了 2 倍，预算增加了 3 倍。以商业圆桌会议为例，1972 年，它由两个以打击劳工组织为重点的企业组织合并而成，并于次年纳入了"前进集团"（March Group），后者是尼克松时期政府与公司高管的碰头会。在短短的 5 年之内，商业圆桌会议囊括了财富 200 强公司中的 113 家，成为具有强大影响力的企业家组织，并以集体游说等多种方式维护企业的共同利益。① 他们试图再次把强大的经济权力转化为强大的政治权力。联盟的首要目标是俘获政治精英，其次是影响公众，使用的手段包括选举资助、政治游说、思想塑造、舆论引导、获取政府职位等。

一是在选举资助方面，大公司成立的政治行动委员会迅速增加，其主要功能就是为政治候选人提供捐助。此前，工会是选举资助的主要来源，为国会选举提供的捐款超出企业界。到 20 世纪 70 年代中期，二者基本持平。到 1980 年，公司政治行动委员会提供的政治献金已经大幅反超工会，达到后者的 3 倍。20 世纪 70 年代中期，近一半参议员的竞选资金来自工会政治行动委员会。到 80 年代中期，这一比例降到了 20% 以下。而且，从 70 年代末期开始，企业界改变了向两党混合捐款的模式，开始把大多数政治献金捐献给共和党挑战者和在职者。② 到 2012 年，企业界政治行动委员会为两党候选人捐出 3.3 亿美元，而工会捐款只有 0.58 亿美元，前者已经接近后者的 6 倍。③ 选举资助同时具有"胡萝卜"和"大棒"功能。企业界不仅用献金吸引候选人，而且

---

① 雅各布·S. 哈克、保罗·皮尔森：《赢者通吃的政治：华盛顿如何使富人更富，对中产阶级却置之不理》，陈方仁译，格致出版社、上海人民出版社 2015 年版，第 110~111 页。

② 雅各布·S. 哈克、保罗·皮尔森：《赢者通吃的政治：华盛顿如何使富人更富，对中产阶级却置之不理》，陈方仁译，格致出版社、上海人民出版社 2015 年版，第 112~113 页。

③ G. 威廉·多姆霍夫：《谁统治美国？：公司富豪的胜利》，杨晓婧译，外语教学与研究出版社 2017 年版，第 187 页。

会用资助竞选对手来威胁某些不合作的政治家。2003 年，保守派组织"支持税改的美国人"和"增长俱乐部"用这两种手法得到了 216 位众议员、42 位参议员反对增税的书面承诺。① 通过这种策略，保守派显著增强了对国会的控制，取得了一系列重大立法胜利。并且，在 20 世纪 40 年代之后，工会就再也未能取得立法胜利。相反，原有的亲劳工立法也逐步遭到废除。

二是在游说方面，联盟投入了更多资本。在对国会和联邦机构的游说中，2000 年，超过 1.2 万名说客共花费约 15 亿美元，其中工会花费了约 2730 万美元，其余大多数为企业界的游说花费，而最大的工会组织劳联—产联的全职说客只有 8 名。2009 年企业界对国会的游说支出达到 35 亿美元，是政治捐款的 10 余倍。由于媒体广告等费用都未被统计在内，实际支出应该远超此数额。②

三是在舆论引导方面，公司—保守派联盟大力资助智库、著名大学和主流媒体，组建"思想战争"网络，积极推广以反工会、反累进税、反经济管制为核心的保守派意识形态。保守派智库在强大财力的支持下快速发展。1973 年建立的传统基金会得到啤酒业巨头约瑟夫·库尔斯、冶金及武器制造业大亨约翰·奥林、报业巨子理查德·斯凯夫等极端保守派企业家的鼎力支持，其宗旨被确立为：在以自由企业、有限政府、个人自由、传统美国价值观及强大的国防为原则的基础上，制定并促进保守的公共政策。到 20 世纪 80 年代初，传统基金会的规模已经赶超了老牌基金会布鲁金斯学会。舆论引导的一个成功案例是传统基金会、遗产基金会等智库广泛开展的反税收宣传，它有效削弱了公众对遗产税、累进税的支持，成功推动了 20 世纪初期的两次重大减税立法。③另一个成功案例为学者资助计划。保守派大力资助新自由主义学派的学者，包括哈耶克、弗里德曼等人都得到保守派基金会的赞助，弗里德曼的思想不仅以

---

① 雅各布·S. 哈克、保罗·皮尔森：《赢者通吃的政治：华盛顿如何使富人更富，对中产阶级却置之不理》，陈方仁译，格致出版社、上海人民出版社 2015 年版，第 204~205 页。

② 雅各布·S. 哈克、保罗·皮尔森：《赢者通吃的政治：华盛顿如何使富人更富，对中产阶级却置之不理》，陈方仁译，格致出版社、上海人民出版社 2015 年版，第 267 页。

③ Theda Skocpol, Kenneth Finegold and Michael Goldfield, "Explaining New Deal Policy," *The American Political Science Review*, Vol. 84, No. 4（Dec. 1990）, pp. 1297-1315；G. 威廉·多姆霍夫：《谁治治美国？：公司富豪的胜利》，杨晓婧译，外语教学与研究出版社 2017 年版；约瑟夫·E. 斯蒂格利茨：《重构美国经济规则》，张昕海译，机械工业出版社 2017 年版。

通俗书籍的方式传播，而且被制作成电视专题片广泛传播，产生了深远的社会影响。此外，更为重要的一点是基督教保守派的兴起。福音派组织的积极扩张吸纳了很大一部分中产阶级选民，由于教会组织的影响，这部分选民更多地将注意力集中于非物质议题，即堕胎、同性婚姻等议题上，这就使得他们与共和党保持了一致。这些选民强烈反对堕胎和同性恋者，会把选票投给在价值观议题上持保守态度的共和党候选人，即便这些候选人在经济议题上极为保守并且损害了中产阶级的物质利益。基督教福音派为美国右翼提供了重要的选举基础，有利于右翼控制国会和其他由选举产生的政治职位。

四是在思想塑造方面，极端保守的奥林基金会花费 6800 万美元推广具有新自由主义性质的法经济学理论，除向哈佛、耶鲁等名校法学院捐赠巨款、建立奥林研究中心外，奥林基金会还定期举办学者、法官培训班，成功推动了法经济学理论由学术边缘向中心地位的转变。由同样保守的科赫基金会资助的"梅森法律教育项目"则用法经济学理论培训了全美 50 个州的 5000 多名联邦和州级法官。[①] 这些行动显著促进了司法界的保守化，从思想上俘获了司法界。[②]

五是在获取政府职位方面，除选举途径外，企业界精英及其政策顾问通过提供政治献金获取担任政府内阁级职位以及成为总统咨询委员会、国会咨询委员会、联邦咨询委员会（商务部、国防部等的政策咨询机构）成员的机会，从而将公司保守派的政策建议带入高层决策过程。

公司—保守派联盟一边扩张自身的权力资源，一边努力削弱工会的权力资源。从 1978 年开始，支持工会的立法被国会陆续废止。到 1988 年，工会参与率已经下降至 16.2%，不及 1945 年峰值的一半。到 2011 年，工会参与率进一步降至 11.8%，会员总数降至 1480 万。[③] 在代表社会中下层利益的组织里，工会是美国唯一拥有强大政治影响力的集团，其衰落意味着社会中下层权力地

---

① 银培萩：《暗金政治：慈善基金会如何塑造当代美国保守主义观念体系》，《复旦学报》（社会科学版）2021 年第 4 期，第 194 页。

② 简·迈耶：《金钱暗流：美国激进右翼崛起背后的隐秘富豪》，黎爱译，新星出版社 2018 年版，第 155～156、112～116 页。

③ G. 威廉·多姆霍夫：《谁统治美国？：公司富豪的胜利》，杨晓婧译，外语教学与研究出版社2017 年版，第 219 页。

位的显著下降。此外，具有自由派倾向的环境保护组织、妇女权利组织和公民权利组织的兴起并未能弥补工会衰落留下的政治空白。这些组织带有"后物质主义"色彩，对经济政策议题关注度不高，其游说范围比较狭窄，在保护社会中下层利益、推动经济平等方面没有发挥重要作用。左翼的政策研究网络力量也非常弱小。以"预算和政策优先中心"为例，该中心是为低收入美国人在预算分配和税收问题上代言的主要力量，受到自由派基金会的赞助。但是，与得到保守派基金会大力支持的右翼智库相比，其2000万美元的年收入较为微薄，不及传统基金会的1/3。而且，类似于"预算和政策优先中心"的自由派智库数量很少，远不及保守派智库、政策设计网络力量雄厚。总的来看，美国工会组织的衰落产生了深远的影响并将美国政治带入了恶性循环。这种影响不仅体现在劳工权利和经济利益的减少上，更为重要的是，其外溢效应进入政治领域：原本由工会组织进行的政治动员遭到明显削弱，工会不能再为劳工集团提供有效的选举激励和相关信息，这导致社会下层选民投票率的下降，处于社会底层的选民得不到政治信息、辅助与激励，政治参与的能力与意愿都呈下降趋势，进而导致自由派候选人的胜率下降和反劳工立法的增加，引发又一轮恶性循环。

美国权力结构的渐进性、累积性变化最终形成了显著的阶段性变化。在1980~2020年，美国权力集中度指数达到33，发展指数为69，已经属于权力集中型国家，也偏离了发达国家的"常规"。经济财富再次攻占政治领域，对政治决策产生了重大影响。对1991~2006年联邦众议院所有唱名投票的量化研究表明，公司政治行动委员会在每个会期都发挥了重要作用，工会政治行动委员会只在少数会期产生过影响，且受到前者的全面压制。[①] 另一项对1989~1994年联邦参议院唱名表决的研究表明，参议员对富有选民的回应明显超出对贫困选民的回应，处于收入分布前1/3位置的选民获得了比中间1/3选民高出近50%的权重，处于收入底层的1/3选民几乎没有得到参议员的任何回应。[②]

---

① G.威廉·多姆霍夫：《谁统治美国？：公司富豪的胜利》，杨晓婧译，外语教学与研究出版社2017年版，第186页。

② 拉里·M.巴特尔斯：《不平等的民主：新镀金时代的政治经济学分析》，方卿译，上海人民出版社2021年版，第262~263页。

通过掌控政治权力，公司—保守派联盟获得了巨大的经济回报。1981 年，在罗纳德·里根政府期间，国会通过了《经济复苏和税务法案》，大幅下调了资本增值税和最高所得税税率，最高遗产税税率也从 70% 削减到 50%。2001 年和 2003 年，在小布什执政期间，国会通过了史上最大规模减税法案，包括大幅降低累进税率、削减股息税和资本利得税、逐步废除遗产税等，联邦税收仅在 2001～2013 年就减少了 4.6 万亿美元，其中绝大部分被巨富阶层纳入囊中。但自 20 世纪 80 年代以来，劳工实际工资水平没有增长，最低工资的实际价值则减少了 45%。① 皮凯蒂的长时段研究验证了收入分配领域的重大变化：美国的收入不平等在大萧条前夕达到高峰后快速下降，并在 1950～1980 年达到谷底，自 1980 年起又快速回升，并在 2008 年金融危机前夕恢复到了 1929 年的水平。1977～2007 年，最富有的 10% 的人占据了国民收入增长总额的 75%，而 1% 最富有人群独占了总额的 60%，大公司高管是获益最大的集团。② 美国收入分配变化曲线与权力结构变化轨迹完全相符。

权力集中度的快速上升对发展绩效造成了显著负面影响。首先，经济增速放缓。从需求端看，不平等扩大导致中低收入者消费的实质性停滞和长期增长动力减弱。从供给端看，行业垄断程度明显提高，抑制了生产率的提高。斯蒂格利茨指出，尽管出现了多次重大技术革新，美国 1980～2017 年的年均增长率仍降至 2.7%，与前 30 年相比增速降幅超过 30%。③ 其次，增长的包容性下降。1974 年以来的 30 年间，低收入家庭的收入只增长了 10%，中等收入家庭增长约 30%，高收入家庭增长约 63%，只有 1.3 万名超级富豪的收入快速增长，30 年里增加了 4 倍。④ 最后，美国经济的稳定性也显著恶化，普通家庭的债务增长与金融监管的放松共同引发了 2008 年国际金融危机，其影响至今仍

---

① 拉里·M. 巴特尔斯：《不平等的民主：新镀金时代的政治经济学分析》，方卿译，上海人民出版社 2021 年版，第 163、229～231 页。

② 托马斯·皮凯蒂：《21 世纪资本论》，巴曙松等译，中信出版社 2014 年版，第 299～309 页。

③ 约瑟夫·斯蒂格利茨：《美国真相：民众、政府和市场势力的失衡与再平衡》，刘斌等译，机械工业出版社 2020 年版，第 35、55 页。

④ 拉里·M. 巴特尔斯：《不平等的民主：新镀金时代的政治经济学分析》，方卿译，上海人民出版社 2021 年版，第 9 页。

在发酵。[①] 政治发展同样发生逆转，近年来的政治极化、民粹主义复兴和政治僵局是美国政治退化的明显证据。

从美国案例可得出三个结论。其一，百年来美国经历了一个"世纪周期"，其间权力集中度的演变呈"U"形曲线，而发展绩效则呈倒"U"形曲线，二者具有强负相关关系，美国进入世纪周期的末段，即周期性衰落阶段。其二，1990~2010年，美国权力集中度快速上升，对发展绩效的影响主要体现为经济增速放缓、分配不均、动荡和政治退化，长期以来积累的物质财富总量尚未受到重大影响。因此，美国虽仍是发达国家，但已越过临界点，变成了权力集中型国家。其三，发达国家并非在发达之后才变得平等，而是因平等而发达，因不平等而衰落，美国在一定程度上代表了发达国家的发展趋势。其四，美国的法律/制度沿革是权力结构变化的后果，制度作为行为规范，其本身无所谓强弱，决定制度演变及实施的是权力结构。

[①]　托马斯·皮凯蒂：《21世纪资本论》，巴曙松等译，中信出版社2014年版，第387~442页；约瑟夫·斯蒂格利茨：《美国真相：民众、政府和市场势力的失衡与再平衡》，刘斌等译，机械工业出版社2020年版，第32~80页。

第八章　委内瑞拉：没有土地改革的权力集中型国家

从 1958 年到 20 世纪 80 年代初，委内瑞拉在"蓬托菲霍体制"（Punto Fijo System）下实现了长期经济繁荣与政治稳定，[①] 与同时期其他拉美国家经济危机和军事政变频发的局面形成鲜明对比，由此出现了"委内瑞拉例外论"。但自 20 世纪 80 年代中期以来，委内瑞拉的发展态势逆转，逐步落入了发展陷阱，直至今日仍频频爆发危机。这种"停停走走"（stop and go）的发展路径其实也是拉美国家的通病。如何解释发展中国家反复出现的经济、政治震荡与长期发展困境，是学术界面临的一大难题。

第一节　对委内瑞拉发展陷阱的既往解释

国际学术界对委内瑞拉危机根源的探讨有四种路径，即资源诅咒理论（resource curse theory）、外围资本主义危机理论（periphery capitalism crisis theory）、中等收入陷阱理论（middle income trap theory）和政治结构理论。

哈佛大学经济学教授杰弗里·萨克斯（Jeffrey Sachs）和安德鲁·沃纳（Andrew Warner）提出了资源诅咒理论，认为拥有丰富自然资源的国家难以取

---

① 1958 年，委内瑞拉三大主要政党民主行动党（AD）、基督教社会党（COPEI）和民主共和联盟（URD）在西北部的海滨小城蓬托菲霍（Punto Fijo）达成政治协议，主要内容包括反对军人统治、尊重选举结果、分享权力和非激进化等，在此基础上逐步形成的以民行党与基社党为主导的政党格局和民主体制，被称为蓬托菲霍体制。

得长期经济增长。[①] 资源诅咒理论通过四种机制对增长产生不利影响：资源大量出口使本币升值，导致非资源出口部门（通常为制造业）贸易条件恶化和萎缩，造成经济外部性的损失，如"干中学"带来的创新和生产率进步，这又被称为"荷兰病"（Dutch disease）；资源出口带来的财富效应会形成对国内非贸易部门产品（如房地产）的过度需求，推高要素价格，对制造业形成挤压；资源出口收入往往集中于政府手中，更容易诱发寻租、腐败和浪费行为，严重影响经济效率；资源产品国际市场价格水平的剧烈波动造成的经济冲击对经济增长有不利影响。[②] 资源诅咒理论还延伸到了政治领域。一些使用跨国回归分析的文献论证了石油、矿业出口会损害民主，导向威权主义。[③] 在这些研究中，委内瑞拉及其他拉美国家通常被当作资源诅咒的典型案例。

但资源诅咒理论招致了很多批评。加拿大维多利亚大学经济学教授香农·本德加斯特（Shannon Pendergast）等指出："在 19 世纪，土地资源丰裕的国家如加拿大、美国和澳大利亚真实工资水平最高，英国、德国和美国在工业化进程中严重依赖其煤铁资源，一些发达国家如加拿大和挪威至今仍把自然资源作为经济增长的主要动力。"[④] 其中挪威案例是对资源诅咒理论的经典反驳。

---

① Jeffrey Sachs, Andrew Warner, "Natural Resources and Economic Development: The Curse of Natural Resource," *European Economic Review*, No. 45 (2001), pp. 827-838.

② Jeffrey Sachs, Andrew Warner, "The Big Push, Natural Resource Booms and Growth," *Journal of Development Economics*, No. 59 (1999), pp. 43-76; T. Gylfason, "Natural Resources, Education and Economic Development," *European Economic Review*, No. 45 (2001), pp. 847-859; Erling Røed Larsen, "Escaping the Resource Curse and the Dutch Disease? When and Why Norway Caught Up with and Forged Ahead of Its Neighbors," *The American Journal of Economics and Sociology*, Vol. 65, No. 3 (July 2006), pp. 605-640.

③ Silje Aslaksen, "Oil and Democracy: More than a Cross-country Correlation?" *Journal of Peace Research*, Vol. 47, No. 4 (2010), pp. 421-431; Michael Ross, "Does Oil Hinder Democracy?" *World Politics*, No. 53 (2001), pp. 325-361; Terry Lynn Karl, "Petroleum and Political Pacts: The Transition to Democracy in Venezuela," *Latin American Research Review*, Vol. 22, No. 1 (1987), pp. 63-94; Terry Lynn Karl, "The Venezuelan Petro-State and the Crisis of Its Democracy," in Jennifer Mccoy, ed., *Venezuelan Democracy under Stress* (New Brunswick: Transaction, 1995), pp. 33-55.

④ Shannon Pendergast, Judith Clarke, Cornelis Van Kooten, "Corruption, Development and the Curse of Natural Resources," *Canadian Journal of Political Science*, Vol. 44, No. 2 (June 2011), p. 411.

长期以来，挪威经济在斯堪的纳维亚三国中最为落后，但自20世纪60年代末成为石油出口国之后，挪威经济增速明显加快，30年后人均收入水平已超过丹麦和瑞典。① 另外一些量化研究也表明，指标定义和数据搜集范围的改变都可以颠覆"资源有害民主论"。② 这些研究都试图指出，资源诅咒并非必然现象。事实上，委内瑞拉在1920~1980年也曾经实现了经济长期增长和一定程度的经济多样化，并在发现石油50年后实现了民主化，资源诅咒理论不能解释这些现象。③

外围资本主义危机理论的提出者是曾任联合国贸发会议第一任秘书长的阿根廷著名经济学家劳尔·普雷维什。普雷维什也从权力结构角度构建理论，他提出，随着民主化进程的深入，劳工阶级得到了更大的工会权力和政治权力，能够争取到更大份额的经济剩余，上层集团通过提高商品价格来争夺剩余，工资与价格的交替上升形成螺旋形通货膨胀，进而导致经济危机和混乱，上层集团以军事政变夺取政治权力，压制劳工的再分配要求，恢复经济秩序。但矛盾的根源并未消失，危机会反复出现，形成发展陷阱。④ 普雷维什的理论深刻揭示了发展进程中的矛盾与斗争，他的权力结构视角、政治经济学视角具有方法论上的重大启示意义。但他的理论也存在以下不足。其一，"上层集团—民众"两分法仍然以阶级为划分标准，划分标准过于粗略。阶级内部会分化为不同的利益集团，按地域、行业、种族、宗教、性别等标准形成的利益集团也很常见。著名依附论学者、巴西前总统卡多佐即指出，在更高的工业化阶段，"工业体系中的社会阶层和社会集团的结构开始出现分化，形成了一个更现代的和一个更传统的无产阶级。……（他们）在新的发展条件下重新确定了位

---

① Erling Røed Larsen, "Escaping the Resource Curse and the Dutch Disease? When and Why Norway Caught Up with and Forged Ahead of Its Neighbors," *The American Journal of Economics and Sociology*, Vol. 65, No. 3 (July 2006), p. 605.

② Stephen Haber, Victor Menaldo, "Do Natural Resources Fuel Authoritarianism? A Reappraisal of the Resource Curse," *The American Political Science Review*, Vol. 105, No. 1 (February 2011), pp. 1-26.

③ Jonathan Di John, *From Windfall to Curse: Oil and Industrialization in Venezuela, 1920 to the Present* (Pennsylvania: The Pennsylvania State University Press, 2009), p. 12.

④ 劳尔·普雷维什：《外围资本主义：危机与改造》，苏振兴、袁兴昌译，商务印书馆1990年版。

置，并在这一新时期的政策主张和意识形态中反映出各自的立场"。① 无论上层还是民众都会分裂为不同的利益集团，两分法过于简单，容易导致错误结论。其二，普雷维什设想，普选权会带来政治权力的平等化，进而导致权力斗争僵局和危机，这个假设并不完全符合政治现实。制度能够分配的权力比较有限，实际政治权力的分配取决于多个利益集团、多种权力资源之间的互动。② 而且民众并不直接掌握权力，他们要通过政治精英集团来发挥政治影响力。因此，这种理论的政治前提要在特殊情况下才能成立。其三，外围资本主义危机理论的经济前提是常态化的经济剩余不足，主要源于中心国家对外围国家的经济剥削。由于经济剩余不足以维持扩大再生产，精英与民众的分配矛盾会激化，并演变成危机。但是，外围国家受剥削的主要机制"初级产品贸易条件的长期恶化"受到强有力的质疑，经济剩余不足并非常态。更现实的状态是经济剩余总量的波动起伏。③ 可以说，由于政治、经济前提假设都存在缺陷，外围资本主义危机理论所提出的"社会性通货膨胀"并非发展陷阱的典型机制，包括拉美国家在内的外围国家并没有反复出现这种类型的危机，恶性通货膨胀的实际成因更为多样化。④ 二战后东亚新兴经济体从外围向中心地位的移动也部分证伪了外围资本主义危机理论。与普雷维什的理论相比，权力结构陷阱理论在利益集团划分方面更加贴近实际，而且权力结构的动态可变性能够解释发展态势的逆转，可以避免外围资本主义危机理论所具有的刚性。

中等收入陷阱理论来自世界银行经济学家印德尔米特·吉尔（Indermit Gill）和霍米·卡拉斯（Homi Kharas）。他们提出，在政府政策的扶持下，东亚多个经济体依赖生产要素（资本、劳动力）的水平扩张实现了经济快速增长，进入了中等收入水平经济体行列，但资本、劳动力等投入的增加会导致要

---

① 费尔南多·恩里克·卡多佐、恩佐·法勒托：《拉美的依附性及发展》，单楚译，世界知识出版社 2002 年版，第 149 页。

② Daron Acemoglu, James Robinson, *Economic Origins of Dictatorship and Democracy* (Cambridge, MA: Cambridge University Press, 2006).

③ Yael Hadass, Jeffrey Williamson, "Terms of Trade Shocks and Economic Performance 1870–1940: Prebisch and Singer Revisited," *NBER Working Paper*, No. 8188 (March 2001).

④ Victor Bulmer-Thomas, *The Economic History of Latin America since Independence* (New York: Cambridge University Press, 2014), pp. 233–241, 330–345, 382–388.

素边际生产率下降，阻碍这些经济体的持续增长，使它们落入中等收入陷阱。要摆脱陷阱，政府就要调整政策导向，转向鼓励专业化和创新的政策，并提供更高质量的教育，帮助经济体转变为规模经济驱动的新增长方式，才能跳出中等收入陷阱。拉美和中东地区陷入中等收入陷阱达几十年之久，至今不能摆脱，要归咎于政府错误的政策导向。① 这个理论承袭了新古典经济学的传统弊病，完全把政府政策当成外生变量，简单地把政府假定为无私、公正、只考虑社会整体利益的行为者。他们还假定，错误政策源于政府的无知，只要政府具备了相关知识，就一定会制定并实施正确的政策。中等收入陷阱理论既不考虑国家自主性问题，也不考虑相同政策在不同发展模式中的绩效差异，这一点受到新制度经济学、公共选择理论的严厉批评，也遭到实证研究的驳斥。新制度经济学的领军人物、麻省理工学院经济学教授阿西莫格鲁指出，一些非洲国家给予中央银行独立地位以降低通胀，结果却适得其反，因为政府在强势利益集团的压力下绕开央行，采用举债政策继续扩大公共开支。因此他表示："大多数经济学研究的聚焦点是（也应该是）狭窄的，它们试图研究一个特定环境中的特定因素。但发展经济学的研究视野应该是宽广的，我们应把经济发展问题放到一个更大的画面中去审视，把一般均衡和政治经济影响都囊括进来。""对于任何发展问题研究，政治经济学视角都是极端重要的，忽略这个视角就会走错方向。"② 中等收入陷阱理论视野狭隘，依然从纯经济的角度来研究发展问题，其解释能力和指导意义都具有很大的局限性。

政治学者试图从政治结构角度寻找危机的根源。美国圣母大学政治学教授米歇尔·柯佩芝（Michael Coppedge）提出了政党霸权（partyarchy）的概念，认为委内瑞拉的主要政党民主行动党（Acción Democrática，AD，下文简称民行党）、基督教社会党（El Comité de Organización Político Electoral Independiente，COPEI，下文简称基社党）的全国执委会控制了几乎所有政治候选人的提名，渗透并控制了社会组织，对议会党团施加严格的纪律，并通过

---

① Indermit Gill, Homi Kharas, *An East Asian Renaissance: Ideas for Economic Growth* (Washington DC: The International Bank for Reconstruction and Development / The World Bank, 2007).

② Daron Acemoglu, "Theory, General Equilibrium, and Political Economy in Development Economics," *The Journal of Economic Perspectives*, Vol. 24, No. 3 (Summer, 2010), pp. 18, 30, 27.

控制法官、检察官的任命掌控了司法体系，造就了总统和行政权事实上的独大局面，从而破坏了民主制度，逐渐导致了体系的危机。[①] 强有力的政党体系固然是蓬托菲霍体制的突出特征，但是，这种观点既没有探究霸权的根源，又忽略了政党霸权的弱点。首先，某些强大的利益集团对政党施加了重要影响，政党的自主性存疑。其次，主要政党对社会的控制并非天衣无缝，而是有很大的空白和盲区。[②] 以此来看，用政党霸权解释委内瑞拉的危机有失全面。

美国密歇根大学政治学教授丹尼尔·列文（Daniel Levine）等则从公民社会角度来解释危机。他认为，伴随城市化、教育普及以及经济流动性的增强，委内瑞拉公民社会组织也迅速发展，包括独立工会组织和邻里组织等。但是，已有的公民社会组织如企业家组织和传统工会组织等已经发展为牢固的既得利益集团，拥有体制化的参与渠道，反对新兴社会组织参与石油收入的分配。于是，快速发展的新社会组织与僵化的旧组织之间产生了矛盾，新兴力量对旧体系的冲击导致了政治危机。[③] 对这种理论的质疑主要来自两个方面。首先，公民社会的发育以及社会组织之间的冲突并不一定会导致危机，必须把这些冲突放到更大的经济、政治背景中才能解释冲突的性质及危机出现的原因。其次，尽管涌现了一些新兴社会组织，但由于委内瑞拉经济体系的排斥性日益增强，

---

① Michael Coppedge, *Strong Parties and Lame Ducks: Presidential Partyarchy and Factionalism in Venezuela* (Stanford, CA: Stanford University Press, 1994); Juan Carlos Rey, "La Democracia Venezolana y la Crisis del Sistema populista de conciliación," *Revista de Estudios Políticos* 74 (1991), pp. 533-578.

② Brian F. Crisp, Daniel H. Levine, "Democratizing the Democracy? Crisis and Reform in Venezuela," *Journal of Interamerican Studies and World Affairs*, Vol. 40, No. 2 (Summer, 1998), pp. 27-61; Jana Morgan, "Partisanship during the Collapse of Venezuela's Party System," *Latin American Research Review*, Vol. 42, No. 1 (2007), pp. 78-98; José Manuel Puente, Abelardo Daza, Germán Rios and Alesia Rodríguez, "Oil Wealth, the Changing Political Structure, and the Budget Process: The Case of Venezuela," in Mark Hallerberg et al., *Who Decides the Budget? A Political Economy Analysis of the Budget Process in Latin America* (Inter-American Development Bank, 2009), pp. 257-293.

③ Brian F. Crisp, Daniel H. Levine, "Democratizing the Democracy? Crisis and Reform in Venezuela," *Journal of Interamerican Studies and World Affairs*, Vol. 40, No. 2 (Summer, 1998), pp. 27-61; Luis Gómez Calcaño, "Los Movimientos Sociales: Democracia Emergente en el Sistema Político Venezolano," en *Venezuela hacia el Año 2000: Desafios y Opciones*, editado por J. A. Silva Michelena (Caracas: Editorial Nueva Sociedad-ILDIS, 1991), pp. 337-367.

工会组织总体衰落的趋势非常明显，非组织化和碎片化可能成为主流趋势。[①]因此，只从政治体系内部寻找危机根源会遗漏更重要的因素。

针对发展陷阱问题，权力平等发展理论提出的基本假设是：集中型权力结构会引发严重的政治庇护主义、寻租及腐败问题，降低民主体制和市场机制的质量，导致发展陷阱的形成；由于精英集团集体行动能力更强，拥有的权力资源更多，权力结构的演变存在集中化的自然趋势，偶发的平等化进程往往会被逆转；当精英集团在权力结构中占据霸权地位时，会形成寻租腐败型社会，并导致体系的危机；只有打破集中型权力结构，才有望摆脱发展陷阱。综合而言，从权力结构角度提出的发展陷阱理论采用了政治经济学视角，对利益集团做了更加切合实际的划分，并从权力资源的动态分配、利益集团博弈的角度探索发展问题，在理论框架上比以往的发展陷阱理论更加完善。

第二节　蓬托菲霍体制的建立

委内瑞拉蓬托菲霍体制的建立是新兴社会力量崛起、权力结构初步平等化的结果，经历了一个权力博弈、斗争、再均衡的过程。

一　20世纪前半期的集中型权力结构与民主化的失败

从20世纪初期到1945年，委内瑞拉逐步形成了高度集中的权力结构。这个过程始于石油发现和出口的迅猛增长，掌握中央政府的"考迪罗"（caudillo）胡安·比森特·戈麦斯（Juan Vicente Gómez）从中得到了巨大而稳定的财政资源，建立了现代化军队，并借此铲除了地方考迪罗势力，垄断了有组织暴力和丰厚的石油收入。其他利益集团如地主、企业家、劳工等都不足以与军队抗衡。由于"荷兰病"的影响，委内瑞拉的出口农业衰落，大地主集团的影响力削弱，开始转向进口商业，这与拉美其他国家强大的地主集团形成鲜明对比。当时的制造业尚处于萌芽阶段，新兴的企业家集团力量还比较弱

---

① Trudie Coker，"Globalization and Corporatism：The Growth and Decay of Organized labor in Venezuela 1900-1998," *International Labor and Working-Class History*，No. 60（Fall, 2001），pp. 180-202.

小。劳工集中于石油业，但石油业是典型的资本密集型、劳动节约型产业，劳工数量长期不足 2 万人，而且工会组织被政府禁止，地下工会发展缓慢，所以劳工集团的权力资源非常有限。中产阶级主要由专业人士、公共部门雇员和手工业者组成，规模尚小且具有依附性。农村人口约占总人口的 2/3，但组织化程度很低，力量分散。① 在这个高度不平等的权力结构中，军队拥有压倒性的权力资源，足以长期维持军事独裁统治。

但民行党的崛起改变了这个权力结构。民行党的主要创建者为罗慕洛·贝当古（Rómulo Betancourt），他是委内瑞拉现代史上最杰出的政治家，青年时期即投身于反对军事独裁的学生运动。他曾一度信奉马克思主义，政治立场较为激进。贝当古的战略眼光体现为对群众性政党建设的高度重视，他提出："不放过任何一个地区，不放过任何一个村镇，到处都要有党的组织。"在他领导下，民行党在 20 世纪三四十年代致力于全国范围的党组织建设，在每个村镇都设立了分部。② 在农业工人中开展的组织动员活动卓有成效，到 1945年民行党已经拥有 6000 多名农民党员。工会也是民行党的工作重点，但遇到了委内瑞拉共产党的有力竞争。1944 年，军政府着力打击共产党在工会中的影响力，民行党乘虚而入，控制了大部分工会组织。③ 到 1945 年，民行党已经成为委内瑞拉第一大政党，也是最大的有组织政治力量，成为权力结构中的重要角色。在委内瑞拉历史上第一次出现了代表下层民众的强大政治势力，其为委内瑞拉政治体系的重构提供了动力。

1945 年，民行党联合青年军官团体"军事爱国联盟"（Unión Patriótica Militar）推翻了戈麦斯政府。在随后进行的制宪大会选举和总统选举中，民行党分别获得 74% 和 78% 的选票，显示了巨大的政治优势。民行党认为大权在握，开始推行激进改革，主要包括：土地改革，征收大庄园闲置土地；提高外

---

① Edwin Lieuwen, "Political Forces in Venezuela," *The World Today*, Vol. 16, No. 8（August 1960），pp. 345–355.

② Javier Corrales, "Strong Societies, Weak Parties: Regime Change in Cuba and Venezuela in the 1950s and Today," *Latin American Politics and Society*, Vol. 43, No. 2（Summer, 2001），pp. 81–113.

③ 朱迪斯·尤厄尔：《1930 年以来的委内瑞拉》，莱斯利·贝瑟尔主编《剑桥拉丁美洲史》（第 8卷），中国社会科学院拉美所译，当代世界出版社 1998 年版，第 743 页。

国石油公司的税率；增加教育、医疗、住房等领域的公共投资；对食品和其他生活必需品实行限价政策，为贫民提供基本生活保障；鼓励成立工会组织，使地下工会合法化；等等。这些政策导致民行党力量迅速增强，加入该党的工会从 252 个增加到 1014 个，这意味着权力结构有发生颠覆性变化的可能，对其他各派势力都构成了严重威胁。[①] 为保持军队的特权地位，军事爱国联盟放弃了对民主制度的支持，于 1948 年再度发动政变，推翻了民行党政府，重建了军事独裁统治。可以说，这一时期的民行党高估了自身实力，试图颠覆石油收入的分配格局，对既有的权力结构形成了严重威胁。军队得到企业家集团、地主集团等保守势力的支持，具有了压倒性优势。民行党不掌握暴力，麾下的劳工组织尚不足以控制主要经济部门，难以与保守联盟抗衡。由于权力结构的失衡，这次民主改革尝试以失败告终。

二　权力联盟的变化与蓬托菲霍体制的建立

在 1948～1958 年，委内瑞拉的权力结构继续变化。这十年间，在石油出口的刺激下，委内瑞拉国民经济年均增速达到 7%，明显高于拉美国家平均速度。[②] 工业化进程明显提速，工业产值 10 年中增长约 5 倍，主要集中于非贸易部门。[③] 在总投资构成中，私人投资占国内生产总值的比例（17.2%）要远远超过公共投资（10.5%），已经成为拉动经济增长的主要力量，这导致企业家集团的影响力显著增强。[④] 企业家集团的组织水平也明显提高，1946 年成立的委内瑞拉工商界联合会（FEDECÁMARAS，Federación de Cámaras y Asociaciones de Comercio y Producción de Venezuela）吸纳了各地区、各行业的私营企业家组织，形成了全国性的利益协调、表达机构。按照奥尔森的集体行

---

① Jonathan Di John, *From Windfall to Curse: Oil and Industrialization in Venezuela, 1920 to the Present* (Pennsylvania: The Pennsylvania State University Press, 2009), p. 199.

② M. F. Hassan, "Growth, Unemployment and Planning in Venezuela," *Economic Development and Cultural Change*, Vol. 15, No. 4 (July 1967), p. 453.

③ Jorge Salazar-Carrillo, *Oil in the Economic Development of Venezuela* (New York: Praeger, 1976), p. 119.

④ Jonathan Di John, *From Windfall to Curse: Oil and Industrialization in Venezuela, 1920 to the Present* (Pennsylvania: The Pennsylvania State University Press, 2009), p. 19.

动理论，小规模的利益集团比大规模的利益集团更容易克服"搭便车"问题，集体行动能力更强。① 企业家集团拥有的经济和社会资源远远超过其他利益集团，当他们具备集体行动能力时，他们的资源优势又得到整合与放大，形成了强有力的权力中心，其在权力结构中的地位明显提高。

与之相比，劳工集团的权力地位在此期间并没有明显提升。这个集团的权力资源主要取决于其规模、组织化程度以及劳动力稀缺程度。尽管这一时期工业化发展迅猛，但城市工人数量没有同步增长。原因在于，企业家集团倾向于使用机器替代工人，要求政府采取优惠汇率政策来降低资本货的进口价格，所以委内瑞拉的工业化进程很快就出现资本密集—劳动节约型特征。在 1945～1957 年，委内瑞拉工业产值增长 240%，工业就业却只增长了 28.7%，工业就业人员从 18.8 万增加到 24.2 万。② 这意味着劳工集团的政治潜力没有明显提升。另外，政党格局也发生了明显变化。中右翼的基督教社会党和中左翼的民主共和联盟（Unión Republicana Democrática，URD）等一些政党模仿民行党的发展策略，大力开展基层组织建设，党员队伍扩展较快。与此同时，民行党遭到军政府的残酷镇压，先后两任总书记遇害，几千名党员遭到监禁，贝当古等主要领导人流亡海外，实力有所削弱。③ 民行党虽然保持了第一大党的地位，但政党体系开始出现多元化倾向。总体来看，由于内部分裂，新兴政治精英集团的权力地位也没有得到提升。

从 1957 年开始，不同权力中心之间合纵连横，展开了一场对决。由于腐败猖獗和管理混乱，佩雷斯·希门尼斯（Pérez Jiménez）军政府陷入财政危机，但此时希门尼斯却希望修宪以实现无限期连任，这引发了各政党的公开抗议和军队内部的权力之争。企业家集团也反对希门尼斯继续执政，因为他把政府的重大投资项目都给了少数几个企业家密友，在关乎企业家集团整体利益的关税问题上对美国做出了重大让步，拒不采取保护国内市场的政策。在各方反

---

① 曼库尔·奥尔森：《国家兴衰探源：经济增长、滞胀与社会僵化》，吕应中等译，商务印书馆 1999 年版。

② Fred Jongkind, "Venezuelan Industry under the New Conditions of the 1989 Economic Policy," *European Review of Latin American and Caribbean Studies*, No. 54 (June 1993), p. 67.

③ Harry Kantor, "The Development of Acción Democrática de Venezuela," *Journal of Inter-American Studies*, Vol. 1, No. 2 (April 1959), pp. 237–255.

对下，希门尼斯被迫流亡海外，但军队并不想就此放弃政治权力，以沃尔夫冈·拉腊萨瓦尔（Wolfgang Larrazábal）为首的军官团企图继续执政。企业家集团吸取了希门尼斯时期的教训，担心军事独裁者及其小圈子会走向极度腐败而损害私营部门的整体利益，不愿继续支持军人统治。贝当古也意识到，民行党缺乏"武装手臂"，仅靠社会动员和选举不能确保政治权力，必须与企业家集团和其他政党合作才能与军队抗衡。他与企业家集团代表在纽约进行秘密谈判，软化了激进立场，做出了保护私有产权等各项承诺。民行党也不再继续谋求政治霸权，在 1958 年 10 月与基社党、民主共和联盟等党派达成《蓬托菲霍协议》，约定共同反对军事政变、分享政治权力。各政党还达成了"最低限度的共同纲领"，确定了保护私有产权、以私人资本作为经济增长的主要动力、土地征收必须事先补偿、对本国私人资本进行保护和扶持，以及增加社会开支、实施进步的劳工政策等原则，后来这些内容都被写入 1961 年宪法。[①] 至此，新兴政治精英集团、劳工集团与经济精英集团结成了新的权力联盟，共同反对军人统治。民行党、基社党、民主共和联盟、共产党联合动员组织了大规模罢工和游行示威，试图推翻军政府。军政府实施暴力镇压，导致 250 多人被杀、数千人受伤，但大规模抗议活动持续升级，工商界联合会也对军政府发出了撤资、罢市等威胁，委内瑞拉陷入经济瘫痪和社会失序状态。军政府同时面临政治、经济双重压力，失去了社会主要利益集团的支持，单纯依靠暴力无法重建社会秩序，被迫同意放弃政治权力。可以说，在十年的权力结构变动之后，新兴政治经济权力联盟拥有了制衡军队/有组织暴力集团的权力，这才为推翻军事统治、建立文人政府和民主制度提供了可能。[②]

由此可见，1958 年蓬托菲霍体制的建立是主要利益集团权力消长变化、

---

① Terry Lynn Karl, "Petroleum and Political Pacts: The Transition to Democracy in Venezuela," *Latin American Research Review*, Vol. 22, No. 1 (1987).

② 诺贝尔经济学奖得主、著名经济学家诺思等学者提出，有效制约暴力是进入开放性社会秩序的关键门槛条件。但对于如何制约暴力，诺思并没有给出答案，委内瑞拉的民主化进程为解决这一理论难题提供了启发。相关论述参见道格拉斯·C. 诺思、约翰·约瑟夫·瓦利斯、巴里·R. 温格斯特《暴力与社会秩序：诠释有文字记载的人类历史的一个概念性框架》，杭行等译，格致出版社、上海三联书店、上海人民出版社 2017 年版。

重新整合、激烈斗争的结果。民行党等群众性政党的崛起代表了社会下层组织化程度的提高和权力地位的上升，但他们仍无力单独对抗军队的暴力。1948～1958年企业家集团的崛起代表了权力结构的重大变化，群众性政党与企业家集团结盟形成了新的权力中心，打破了军事暴力主导的旧权力结构，为民主制度的确立奠定了基础。《蓬托菲霍协议》是当时权力对比的精确体现，为参与各方划定了收益边界。企业家集团是获益最大的集团，政治精英集团和社会下层做出的让步更大。

因此，蓬托菲霍体制并不是对既有权力结构的颠覆，而是一次局部调整。军人集团被剥夺了部分政治权力，但他们并没有退出权力核心，也没有受到清洗，原来的高级将领仍然掌握着军队。企业家集团的权力地位在原有基础上得到进一步提升，有更多资源可资利用，而新晋的政治精英集团要仰赖企业界的资源才能阻止军人重新执掌政权。因此，权力结构的平等化仍然是初步的，能否得到巩固取决于权力角色之间的进一步互动。

第三节　蓬托菲霍体制的权力结构与功能

蓬托菲霍体制是由一系列制度和组织机构综合而成的体系，主要利益集团按照规则加入不同的组织机构，共同分享石油收入和发展红利。在那些尚未得到明确划分的开放性领域，以及在发展过程中创造出的新空间内，各方则展开较量与争夺，力图实现本集团的利益最大化。

一　蓬托菲霍体制的基本权力架构及运转机制

在蓬托菲霍体制中，主要利益集团包括政治精英集团、经济精英/企业家集团、军人集团和有组织劳工集团。首先，政治精英集团由总统、主要政党高层领导人、政府高级官员和国会领导人组成，他们控制了正式的国家权力和石油收入的分配权。这个集团采取以石油收入换政治支持的策略：他们为企业家集团提供产权保护和各种经济扶持政策，换取政治认可、经济增长与就业；为有组织劳工集团提供就业岗位、高工资和社会福利，换取选票与服从。在石油收入的支持下，这种策略行之有效。两大主要政党民行党与基社党构建了广泛的民众基础，能够长期在大选及国会选举中得到绝大多数选票（见表 8-1）。其中，中左翼的民行党比中右翼的基社党具有更广泛的选民基础，在 1958~1988 年的 7 次大选中，民行党 5 次获胜。

表 8-1　1958~1963 年主要政党历次大选得票率

单位：%

政党	年份							
	1958	1963	1968	1973	1978	1983	1988	1993
民行党	49.18	32.81	27.64	48.65	43.30	55.38	52.75	23.23
基社党	15.18	20.18	28.68	35.35	45.28	32.66	40.08	22.11
民主共和联盟	30.67	17.50	11.82	3.07	1.07	1.30	0.69	0.59

资料来源：José Molina, Carmen Pérez, "Evolution of the Party System in Venezuela, 1946-1993," *Journal of Interamerican Studies and World Affairs*, Vol. 40, No. 2 (Summer, 1998), p. 6.

　　政治精英集团还通过扩大官僚机构和经济干预范围来进一步扩大自身的权力。到 20 世纪 70 年代中期，官僚机构的规模已经是 10 年前的 3 倍。政府使用多种手段进行经济干预，并建立了庞大的国有企业部门，70 年代排名前十的大企业中有 6 个是国企。但国企都处于产业链上游，不与私企竞争，而是起辅助作用。[①] 快速扩张的官僚队伍和国企雇员群体都被政治精英纳入了庇护主义网络。

　　其次，企业家集团逐步成为权力联盟中最具影响力的利益集团。这个集团拥有雄厚的经济资源，在 20 世纪 80 年代之前，私人投资都是经济增长的主要推动力（见图 8-1）。除经济资源外，委内瑞拉的主要媒体也都被大型财团控制，在经济、政治生活中发挥着极为重要的影响。私立的教育机构也成为企业家集团进行意识形态同化的重要渠道。企业家集团利用这些资源向政治精英集团进行渗透。他们为两大主流政党的领导人提供竞选资金，以此换取了巨大的政治影响力。工商界联合会领导人与总统通过月度会晤机制，就政府的重大经济决策进行定期协商。财政部长、中央银行行长等经济内阁的关键职位一般由

---

① James Petras, Morris Morley, "Petrodollars and the State: The Failure of State Capitalist Development in Venezuela," *Third World Quarterly*, Vol. 5, No. 1 (January 1983), p. 8.

企业界领袖担任，代表企业界全程参与最高决策。大型国企的管理权也经常被授予私营企业家，公私部门间由此建立了紧密的联系。大财团的影响力尤为显著，卡布里莱斯（Capriles）商业集团旗下的报纸和电视台拥有广泛的社会影响力，成为他们进行政治交易的筹码。该集团向基社党提供舆论支持，从基社党换取了多个国会议员席位。[①] 企业家集团还与政治精英集团保有密集的非正式交流渠道，包括各种社交聚会、宴会等。企业家集团与军队中的保守派也保持着传统的结盟关系，因而在很大程度上能够控制武装力量。因此，政治精英集团不得不竭力维持与企业家集团的联盟，以防止企业家与军人联手颠覆文人政府，这进一步放大了企业家集团的权力。在蓬托菲霍体制中，经济精英集团的权力资源持续扩张。

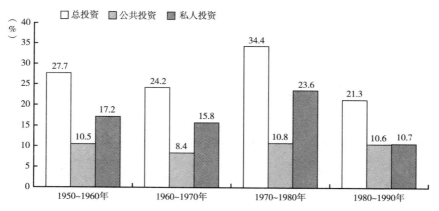

图 8-1　委内瑞拉公共与私人投资占国内生产总值的比重（1950～1990 年）

资料来源：笔者自制。数据来自 Jonathan Di John, "Economic Liberalization, Political Instability and State Capacity in Venezuela," *International Political Science Review*, Vol. 26, No. 1（2005），p. 112。

再次，军队是蓬托菲霍体制中的重要角色。委内瑞拉的现代军队是由独裁者戈麦斯缔造的，并与大地主集团、企业家集团等保守势力之间长期保持密切关系。它从未实现完全职业化，也一直没有放弃干预政治的"权力"。由于暴

① Diego Abente, "The Political Economy of Tax Reform in Venezuela," *Comparative Politics*, Vol. 22, No. 2（January 1990），p. 203.

力所具有的"最终否决权"性质，军人集团在权力结构中的地位很高。为笼络军队，民主政府向其划拨了石油收入中的较大份额，用于装备采购和军官福利的提高。高级将领还可以参与国家经济规划等重大决策，他们中的很多人被任命为内阁部长或大型国有企业的管理者，从中得到重大的个人收益。因此，军官团的主流保持了对蓬托菲霍体制的忠诚，零星出现的小规模政变企图未能动摇体系的整体稳定。

最后，有组织劳工集团的成分较为复杂，其内部分为各不相同的利益集团。其中的中产阶级包括专业人士、公共部门雇员等，虽然规模很小，但他们具有专业技能并占据了社会的战略性工作岗位，组织化程度较高，因而具有较强的谈判能力，可以在石油收入分配中得到合理的份额。蓝领工人分为城市工人和农业工人两大部分。民行党早期对农业工人依赖程度较深，但随着农业衰落和农村人口大量向城市移民，城市人口在 20 世纪 60 年代初已经占到总人口的 63%，城市工人群体迅速扩大。以委内瑞拉劳动者联合会（Confederación de Trabajadores de Venezuela，CTV）为主的工会组织依托城市工人群体发展壮大，成为民行党的主要选举基础。他们得到最低工资、集体合同、带薪休假、8 小时工作制等一系列劳工立法和基本生活用品价格管制等福利保障，以选票作为对民行党的回报。与军事独裁时期相比，有组织劳工集团的权力地位提高，能够参与分享石油收入，这是权力结构向平等化方向迈出的重要一步。

联盟中的利益集团还通过一些制度化的机制参与石油收入的分配。总统政策咨询委员会是制定重要政策时成立的临时沟通机制，1959~1989 年成立的这类委员会达到 330 个，吸纳各主要利益集团的代表参加，主要包括私营企业界、工会和中产阶级专业人员。其中，私营企业界代表来自委内瑞拉工商界联合会，劳工代表则来自民行党控制的委内瑞拉劳动者联合会。公共分权机构由政府部门之外的经济类公共机构组成，包括中央银行、国有企业、信贷机构、地区发展公司等，也是分配石油收入的渠道之一。委内瑞拉工商界联合会和劳动者联合会都在公共分权机构管理层派驻代表并参与政策制定，央行管理委员会、委内瑞拉投资基金（Fondo de Inversiones de Venezuela）管理层都有它们的代表（各利益集团的参与比例见图 8-2）。这些正式与非正式的制度、机制、机构组成了一个巨大的网络，向权力联盟的成员输送利益，维持体系的稳定。

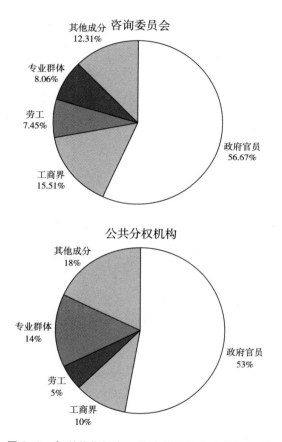

图 8-2　各利益集团在公共决策机构中的参与比例

资料来源：笔者制作。数据来自 B. Crisp, D. Levine, "Democratizing the Democracy? Crisis and Reform in Venezuela," *Journal of Interamerican Studies and World Affairs*, Vol. 40, No. 2（Summer, 1998）, p. 37。

二　蓬托菲霍体制的积极作用

权力结构的初步平等化带来了显著的经济、政治绩效。从需求侧来看，在蓬托菲霍体制确立的前 20 年里，石油价格在小幅震荡中持续上行，石油收入呈递增趋势，相当一部分资源流向了社会中下层。在 20 世纪 80 年代之前，委内瑞拉一直是拉美收入分配最平等的国家之一。较为平等的收入分配保证了旺盛的国内需求，为工业化提供了动力。从供给侧来看，进口替代工业化是这一时期经济政策的主流。从贝当古时期开始，政府建立贸易壁垒，限制外国商品进口，还单方面废除了 1952 年与美国签订的互惠贸易协定，为国内企业减轻了竞争压力。在石油收入的支持下，政府为私营企业提供税收减免、优惠信贷和补贴等便利，并使用政府采购等手段支持国货，政府还在水力发电、公路建设等基础设施领域进行了大量投资。这些举措推动了工业化的快速发展，到 1968 年，委内瑞拉制造业产值增长近 3 倍，进口消费品的比例则明显下降。① 石油收入较为平等的分配有利于经济增长和经济多样化，帮助委内瑞拉在一定程度上克服了资源诅咒。在政治领域，60 年代兴起的左翼游击队没有得到民众的响应，很快被军队镇压。委内瑞拉民主体制保持了长期稳定，竞争性选举定期举行，被国际社会誉为"教科书式的民主"。与其他拉美国家相比，委内瑞拉在这个时期的政治发展成就非常突出。

从表 8-2 可以看出，这期间绝大多数拉美国家都发生了军事政变，其中 7 个国家的政变次数在 3 次及以上，玻利维亚则达到 7 次之多。除委内瑞拉外，只有 3 个国家没有发生过军事政变，即墨西哥、哥伦比亚和哥斯达黎加。但这一时期的墨西哥政治体制通常被视为威权或半威权体制，而且在 1968 年发生了墨西哥城大屠杀事件，参加街头抗议的数百名青年学生遭军队杀害，国内政治冲突加剧。哥伦比亚则在很多年里处于内战状态，出现了"哥伦比亚革命武装力量"（FARC）等几支强大的左翼游击队，这些左翼游击队与政府军和右翼准军事组织展开了激烈的武装斗争。只有哥斯达黎加在这一时期既保持了民主制度，又避免了军事政变，政治发展成就堪与委内瑞拉相比。以此来看，"委内瑞拉例外论"并非虚言，这一时期的蓬托菲霍体制的确起到了凝聚政治共识的作用。

---

① Fred Jongkind, "Venezuelan Industry under the New Conditions of the 1989 Economic Policy," *European Review of Latin American and Caribbean Studies*, No. 54（June 1993）, p. 68.

表 8-2　拉美国家发生政变年份（1958~1989 年）

国家	年份						
玻利维亚	1964	1969	1970	1971	1978	1978	1980
厄瓜多尔	1961	1962	1966	1975			
阿根廷	1962	1966	1976				
秘鲁	1962	1968	1975				
危地马拉	1963	1982	1983				
萨尔瓦多	1960	1961	1979				
洪都拉斯	1963	1972	1978				
巴西	1964						
巴拿马	1968						
智利	1973						
乌拉圭	1973						
苏里南	1980						
巴拉圭	1989						

注：1. 此处仅包括政变成功的案例，不包含抗议、示威、内战等。
　　2. 表中的"拉美国家"不包括加勒比岛国。

资料来源：笔者制作。数据来自 Octavio Humberto Moreno Velador, Carlos Alberto Figueroa Ibarra, "Golpismo y Neogolpismo en América Latina," *Iberoamérica Social*, Número Especial, Vol. 3 (2018), p. 122。

第四节　蓬托菲霍体制的危机

蓬托菲霍体制建立之后，三种因素影响了权力结构的后续变化：民行党受到约束，放弃了原来的激进立场；人口增长等因素降低了劳工集团的权力地位；在权力结构中占优的企业家集团竭力实现权力与利益的最大化。这三种因素共同导致了政治庇护主义、寻租型经济和国家机构的腐败低效，权力结构平等化的势头逆转，权力联盟的垄断性、封闭性和排斥性越来越强，逐步将体系导向危机。

一　政治权力的再集中化

推动权力结构再集中化的重要动力来自政治庇护主义网络的成长。政治庇护主义指的是一种不平等的政治等级关系，政治恩主（patron）在其中处于主导地位，以物质利益换取附庸（client）的支持，附庸处于被支配地位。如果政治精英与民众之间形成了庇护主义关系，就意味着公民社会组织丧失其独立性，既不能对政治精英进行监督、问责，也不能对经济精英形成制约，从而助长寻租与腐败问题。在蓬托菲霍体系中，工会是公民社会的主体，也是社会中下层的代表，本应发挥重要的制衡作用，巩固体系的平等化趋势。但在实际运作中，工会被民行党逐步纳入了庇护主义关系网络。

蓬托菲霍体制建立后，民行党领导人便放弃了激进改革和大规模的再分配政策，并将青年学生团体等激进派驱逐出党，转而采用更"便宜"的庇护主义方式来控制工会组织，即向工会会员提供更加稳定的就业岗位和更高的工资，向工会领导人提供政府或国会议员职位，以换取劳工集团的服从。劳工集团此时面临两种选择：一是接受民行党的恩惠，成为其政治附庸；二是坚持独立立场，努力扩大组织规模，增强谈判地位，争取更大的整体利益。劳工集团选择了前者，原因在于人口压力和理性人思维。

诺思提出，人口变化会影响劳动力的相对价格，从而改变他们的谈判地位。[①] 德国莱比锡大学高级研究员克里斯丁·赛弗（Kristin Seffer）对墨西哥庇护主义网络的研究也表明，人口增长和劳动力过剩削弱了劳工和工会的权力地位，有利于墨西哥革命制度党与工会之间庇护主义网络的建立，损害劳工的阶级利益。[②] 处于人口爆炸阶段的委内瑞拉也出现了同样的情况。自1960年以来的半个世纪是委内瑞拉人口高速增长的时期，总人口数从814万（1960年）猛增至3000万（2014年），几乎翻了两番。[③] 与此同时，资本密集型工业化模式对劳动力的吸纳能力不足，造成了严重的就业问题。1965~1983年，委内瑞拉失业率长期保持在7.4%左右。1984~1989年，失业率进一步上升至10.5%。与失业问题相比，非正规就业问题更为严重。在1975~1980年，非正规就业已经占到总就业人口的32%。从1980年到1990年，这个比例进一步升至39.5%。[④] 大

---

① 道格拉斯·C. 诺思：《经济史中的结构与变迁》，陈郁等译，上海三联书店、上海人民出版社1994年版。

② Kristin Seffer, "Clientelism: A Stumbling Block for Democratization? Lessons from Mexico," *Latin American Perspective*, Vol. 42, No. 5 (2015), pp. 198-215.

③ 世界银行，https://data.worldbank.org.cn/country/venezuela-rb? view = chart，访问时间：2019年7月10日。

④ Jonathan Di John, "Economic Liberalization, Political Instability and State Capacity in Venezuela," *International Political Science Review*, Vol. 26, No. 1 (2005), p. 120.

批劳动力长期处于就业不足状态，劳动力过剩问题日益加重，严重削弱了劳工集团的权力地位和谈判能力。这一变化在收入分配上得到了充分体现，劳动收入占国民收入的比例呈长期下降趋势，从 20 世纪 60 年代初的 59.43% 降至 1990 年的 33.44%，降幅接近一半，资本收入则相应地从 40.57% 升至 66.56%。[1] 对劳动者个人而言，民行党政府提供的就业保障和物质利益越来越具有生死攸关的意义，政治精英的权力资源升值，控制劳工集团的能力逐步提升。

同时，工会的集体行为也渗透着理性人思维。奥尔森提出：即便对劳动力的需求上升，工会也不愿意让工人人数按比例增加，因为吸收新会员会使老会员的边际产量及工资下降，损害其直接利益。[2] 委内瑞拉劳动者联合会的行为完全符合这一理论。为维持高工资水平，劳动者联合会与工商界联合会共同支持资本密集型工业化，鼓励政府长期维持资本货进口的优惠汇率政策，反对劳动密集型工业化。因此，这一时期的工业化无法大量吸收新增劳动力。为维护既得利益，劳动者联合会不仅不在非正规就业者中发展组织，而且对新出现的独立工会进行打压，竭力维护自己的垄断地位和既得利益，变成了具有封闭性和排斥性的狭隘利益集团，代表性也越来越差。[3]

在这个过程中，民行党、基社党两大政党的领导层也出现了寡头化的倾向。"寡头统治的铁律"是德国著名政治学家、曾任芝加哥大学教授的罗伯特·米歇尔斯（Roberto Michels）提出的论断。他通过实证研究证明，在激烈的政治斗争中，普通党员会对政党领导人的才干、政治经验产生依赖，因此，一小群意志坚定的政党领导人会长期在位并形成寡头统治。[4] 委内瑞拉两大党

① Trudie Coker, "Globalization and Corporatism：The Growth and Decay of Organized Labor in Venezuela, 1900–1998," *International Labor and Working-Class History*, No. 60 (Fall, 2001), p. 189; Edgardo Lander, Luis Fierro, "The Impact of Neoliberal Adjustment in Venezuela, 1989–1993," *Latin American Perspectives*, Vol. 23, No. 3 (Summer, 1996), p. 63.

② 曼库尔·奥尔森：《国家兴衰探源：经济增长、滞胀与社会僵化》，吕应中等译，商务印书馆 1999 年版，第 74 页。

③ Trudie Coker, "Globalization and Corporatism：The Growth and Decay of Organized Labor in Venezuela, 1900–1998," *International Labor and Working-Class History*, No. 60 (Fall, 2001), p. 193.

④ Roberto Michels, *Political Parties：A Sociological Study of the Oligarchical Tendencies of Modern Democracy* (New York：Free Press, 1962).

的第一代领导人都长期在位，他们因推翻军人统治、建立民主体制而享有崇高威望，并且掌握着大量财政资源。他们使用"胡萝卜＋大棒"的方法来驯服工会及其他社会组织的领导人，竭力巩固自己的权力地位。委内瑞拉劳动者联合会的活动经费来自政府拨款，忠诚的工会领导人会得到国会、州议会议员席位和政府职务，个别"不听话"的工会领导人会被驱逐出工会，甚至遭到羞辱和人身安全威胁。

在这些因素的共同作用下，主要工会组织"委内瑞拉劳动者联合会"被纳入了庇护主义网络，对民行党高度服从。调查显示，劳动者联合会全国执委会 80％以上的成员认为，必须在得到民行党领导机构（党内的劳工局）批准之后，全国执委会才能讨论相关立法、政治抗议、罢工等事项，而且劳工局对其决议拥有否决权。90％以上的全国执委会成员表示，他们从未反对过民行党高层的决定。① 在驯服了工会组织之后，长期在位的政党领导人掌握了行政、立法、司法机构所有重要职位的提名权，可以打破三权之间的制衡。"民行党的全国执委会统治国家"，这是蓬托菲霍体制内不成文的规矩。

城市贫民群体是委内瑞拉增长最快、规模最大的社会群体，但这个群体庞大而松散，缺乏经济、社会资源，组织水平和集体行动能力最低，拥有的权力资源最少，其数量优势在政治上并没有得到发挥，基本上被排斥在权力联盟和石油收入的分享范围之外。对这个群体，民行党和基社党采取了成本最为低廉的控制方式，即用小额现金、小礼物和小型公共工程等方式收买其选票。因此，委内瑞拉最大的社会群体被权力联盟联手边缘化了。在蓬托菲霍体制存续的 30 余年里，可以看出国家与社会、公民社会内部的力量对比逐步走向失衡的演化轨迹。美国哈佛大学政治学教授帕特南对意大利政治的经典研究表明，发达的公民社会组织是民主制度正常运转的基石，发育良好的公民社会组织对于利益辨识、利益表达、问责必不可少。② 在蓬托菲霍体制中，一小撮政治精英掌控政治权力，工会组织被纳入庇护主义体系，受到自上而下的控制，城市

---

① Michael Coppedge，"Parties and Society in Mexico and Venezuela：Why Competition Matters，" *Comparative Politics*，Vol. 25，No. 3（April 1993），pp. 253-274.

② 罗伯特·D. 帕特南：《使民主运转起来：现代意大利的公民传统》，王列等译，中国人民大学出版社 2015 年版。

贫民群体处于涣散状态，委内瑞拉没有形成一个独立自主、积极活跃的公民社会，难以对政治精英实施监督与制约。大众传媒本应发挥政治监督作用，但由于主流媒体掌握在私营企业家手中，经济精英与政治精英的合流又在很大程度上破坏了媒体监督。来自民主体制、公民社会和媒体的制衡统统失效，这就为寻租和腐败开辟了巨大的空间。

二　经济权力的再集中化

寻租型社会指的是企业家集团利用其权力向政府广泛寻租，寻求包括税收减免、关税保护、优惠贷款、优惠汇率、直接补贴及其他有利的宏观、微观经济政策，以得到高于市场竞争条件下的利润。世界银行前首席经济学家、美国约翰·霍普金斯大学经济学教授安妮·克鲁格指出，失控的寻租活动会广泛蔓延，形成"政治恶性循环"，政府在越来越多的经济领域设租，企业家把主要精力用于竞争性寻租，由此给社会带来的损失总额要远远超过租金本身。寻租活动一旦越过临界点，就会形成寻租型社会，市场体系配置资源的能力被全面破坏，企业的创新动力转换为寻租动力，经济丧失长期增长能力。寻租与腐败的区别在于，前者往往是在法律范围内进行的合法行为，而后者则是非法行为。但企业家有时会使用非法手段寻租，因此寻租与腐败往往合流。① 蓬托菲霍体制建立之后，企业家集团逐步在权力结构中占据了主导地位，极大地增强了寻租能力。但是，由于政治精英集团与经济精英集团的利益并非完全一致，寻租活动往往是在激烈的权力斗争中开展的。经过 20 世纪 70 年代的三次重大权力斗争，企业家集团大大扩展了寻租的领域和"边界"，把委内瑞拉转变成了寻租型社会。

第一次权力斗争发生在 1973 年。时任总统卡洛斯·安德烈斯·佩雷斯（Carlos Andrés Pérez）宣布了"以需求扩张带动经济发展"的政策，利益分配向劳工集团倾斜，最低工资水平平均提高了 1/3 到 1/2，政府还颁布了《反不

---

① Anne O. Krueger, "The Political Economy of the Rent-Seeking Society," *The American Economic Review*, Vol. 64, No. 3 （June 1974）, pp. 291 - 303; J. M. Buchanan, "Rent Seeking and Profit Seeking," in J. M. Buchanan, R. D. Tollison and G. Tullock, eds., *Toward a Theory of Rent-Seeking Society* （College Station：Texan A&M University Press, 1980）, pp. 3-15.

正当解雇法》，以防止雇主解雇劳工来降低工资成本。这些政策受到工商界联合会的强烈反对，企业界谴责政府恶化投资环境，并以减少投资、资本抽逃、囤积商品等手段来对抗政府的需求扩张政策，导致物价水平急剧上升。① 半年后，佩雷斯政府屈服于企业界的压力，宣布政策重点转向"增长与生产力提高"，企业界获得一系列重大让步，包括政府对私营企业发放超过 30 亿美元的优惠贷款、减免对投资的征税、放宽融资条件、搁置《反垄断法》等，并且首开先例邀请企业界代表参与价格管制领域的立法。工商界联合会专门发表声明，对政府的系列政策"深表满意"。②

通过这次斗争，委内瑞拉政府的基本经济政策导向确定为"支持资本"，再分配被置于次要地位。对私营企业界的保护和补贴进一步得到提高。1961～1988年，在政府贸易保护政策和高额补贴的刺激下，尽管平均产能利用率只有 50%，但委内瑞拉私营大型制造业企业的数量仍然从 196 家增长到 961 家，超过 80% 的企业没有进行过研发投入。在这近 30 年的时间里，委内瑞拉制造业劳动生产率的年均增长速度从 3.6% 降至 0.7%，根本无法与韩国同期年均 9.4% 的增长速度相比。过度保护和补贴政策造就了一个极端低效的经济体。1988 年取消保护政策和补贴后，1/3 的大型制造业企业在短期内便破产倒闭。在接受补贴最多的汽车制造、金属制品和机电产品行业，企业倒闭率接近 50%。③ 这些事实完美印证了克鲁格的寻租理论：在租金支持下，无效率的企业可以在次优水平运营并获利，创新动力会蜕变为寻租动力，整个经济体都会丧失自生能力。

第二次权力斗争决定了政府对金融业的管制水平。在企业界的要求下，委内瑞拉私营银行业长期受到国家的严密保护，得以避免外来竞争并谋取巨额利润，金融业成为寻租活动的主要领域之一。在企业界的操纵下，银行监管机构

---

① 普雷维什曾对这种类型的经济危机做出分析，他指出，企业界与政府再分配政策的对抗会导致工资与物价交替上升，引发超级通货膨胀和经济秩序的崩溃，会使政府丧失执政合法性并引发军事政变。参见劳尔·普雷维什《外围资本主义：危机与改造》，苏振兴、袁兴昌译，商务印书馆 1990 年版。

② Terry Lynn Karl, *The Paradox of Plenty: Oil Booms and Petro-States* (California: University of California Press, 1997), pp. 133-136.

③ Jonathan Di John, *From Windfall to Curse: Oil and Industrialization in Venezuela, 1920 to the Present* (Pennsylvania: The Pennsylvania State University Press, 2009), pp. 271-284.

建设被长期忽视，机构规模非常小，预算也非常少，根本不足以执行监管职能，导致银行监管长期缺位，已出台的法律也得不到执行。缺乏监管的私营银行利用各种投机行为获得超额利润，降低了金融效率，制造了严重的金融风险。1977年，银行业大肆进行房地产投机，导致通货膨胀失控，经济陷入过热状态。政府试图以收紧信贷、加强监管来遏制房地产投机行为，遭到工商界联合会的强烈反对，被迫中止紧缩政策的实施。房地产投机和其他金融寻租行为最终导致了1994年的银行业大危机，政府不得不拿出相当于国内生产总值18%的巨额资金救市。[①] 金融界的寻租活动不仅造成了重大的经济损失，而且降低了金融行业及经济整体的效率。

　　第三次权力斗争确立了委内瑞拉税收制度的基本原则。税收制度向来是企业界寻租的重点领域，委内瑞拉对个人及公司规定的所得税的超低税率是政治精英对企业家集团的重大让步。1978年，面对石油价格下跌、公共债务和财政赤字上升、通货膨胀加剧等的困难局面，佩雷斯政府提出税收改革议案，准备大幅提高所得税税率，这触动了有产者的根本利益。企业家集团通过工商界联合会进行了周密部署，表达了他们的强烈反对态度。首先，他们控制的电视台、报纸等主流媒体对议案进行了猛烈抨击，并把矛头指向议案的首倡者、财长赫克特·乌尔塔多（Hector Hurtado），迫使乌尔塔多辞职。其次，在他们的斡旋下，议案协调人一职转由前财长、私有银行董事长卡梅隆·罗利亚（Carmelo Lauria）担任，企业家集团把"内部人"安插进了核心决策圈。再次，对总统佩雷斯和国会领导人展开密集的游说活动，有些企业家曾为佩雷斯提供过巨额竞选资助，他们的游说活动对总统决策产生了重要影响。复次，对政府发出经济威胁，包括资本抽逃、减少投资、制造人为的商品短缺局面和经济混乱等。最后，他们还暗示政治精英，委内瑞拉的民主体制并不稳固，出现经济动荡后，军队有可能联合企业界发动军事政变。在企业家集团的重压之下，这次税收改革以失败告终。议案核心条款被大幅修改，针对高收入者的个

---

① Jonathan Di John, "Economic Liberalization, Political Instability and State Capacity in Venezuela," *International Political Science Review*, Vol. 26, No. 1 (January 2005), pp. 107-124; James Petras, Morris Morley, "Petrodollars and the State: The Failure of State Capitalist Development in Venezuela," *Third World Quarterly*, Vol. 5, No. 1 (1983), pp. 13-14.

人所得税增幅由 46% 降为 8.76%，公司所得税大幅降低，股票分红被排除在征税范围之外。拉美地区最低的所得税税率因此得以长期维持，委内瑞拉政府脆弱的财政地位不仅没有得到提升，反而日益下降，这成为诱发经济危机的重要因素。[①] 这次冲突之后，没有任何一届政府再敢于挑战企业家集团在税收领域的寻租权，直至蓬托菲霍体系终结。税收领域的寻租会产生重大的政治经济影响，这是发展陷阱的重要成因。由于企业家集团的压力，委内瑞拉及其他拉美国家都长期实行累退性税收制度，至今仍然如此。[②] 由此形成财政薄弱和治理能力低下的"弱国家"，是引发财政、金融和政治危机的主要诱因之一。

在权力结构失衡、缺乏监督的情况下，国家机构的腐败低效也会给经济、政治发展造成重大危害。在蓬托菲霍体制运行的初期，腐败现象尚不严重。伴随着权力结构的日益集中化，腐败活动逐步演化为体制化腐败，遍及各个领域和各个层次。其中，国有企业、公共工程、金融领域的腐败尤其严重。委内瑞拉国有经济领域是腐败低效的重灾区，大型国有企业的管理者都出自政治任命而非专业选拔，裙带关系盛行，管理者管理能力低下且极端腐败。[③] 政府投资520 亿美元的瓜亚纳工业综合体项目缺乏整体规划，建筑工期严重延误，而且政府与外国公司签订了很多不合理的合同，爆出大量腐败丑闻。到 20 世纪 80年代初，综合体已陷入巨额亏损，年均亏损额超过 2 亿美元。总体来看，到1977 年委内瑞拉已有超过 40% 的国有企业处于亏损状态，需要依靠央行和国有投资基金的巨额补贴才能生存。[④] 公共工程项目如基础设施建设、建筑项目、

---

① Diego Abente, "The Political Economy of Tax Reform in Venezuela," *Comparative Politics*, Vol. 22, No. 2 (January 1990), pp. 199-216; James Petras, Morris Morley, "Petrodollars and the State: The Failure of State Capitalist Development in Venezuela," *Third World Quarterly*, Vol. 5, No. 1 (January 1983), pp. 7-27.

② Comisión Económica para América Latina y el Caribe (CEPAL), *La Hora de la Igualdad: Brechas por Cerrar, Caminos por Abrir* (Santiago de Chile, 2014).

③ 委内瑞拉经济学家阿劳霍曾指出："我们这一代委内瑞拉人见证了一个新寡头集团的上升，56个政治任命的人每年掌管着 193 亿玻利瓦尔的支出，经济大权掌握在他们手中。" Mauricio García Araujo, *El Gasto Público Consolidado en Venezuela* (Caracas: Artegrafía, 1975), p. 13.

④ James Petras, Morris Morley, "Petrodollars and the State: The Failure of State Capitalist Development in Venezuela," *Third World Quarterly*, Vol. 5, No. 1 (1983), p. 15; Terry Lynn Carl, *The Paradox of Plenty: Oil Booms and Petro-States* (California: University of California Press, 1997), pp. 145-147, 174, 290.

政府采购等都没有正规的招投标程序，合同的分配掌握在各级官员手中。据估计，腐败官员得到的回扣约为合同金额的 20%。腐败案件涉及从总统到各级官员的整个官僚体系。佩雷斯总统身边围绕着"十二使徒"（一小群企业家密友），他们包揽了诸如古力水电站、苏利亚钢铁厂、加勒比水泥厂等大型政府投资项目的建设合同。海梅·卢辛奇（Jaime Lusinchi）总统（任期 1984~1989 年）的情人则以"头号权力掮客"著称，并卷入多起重大腐败丑闻。金融领域的腐败低效行为主要集中于外债发行、发展基金、银行救助、外汇管理等领域。为扩张权力和索取回扣，拥有自主对外借贷权的公共分权机构展开了举借外债的"竞赛"，其债务以高利率的短期债务为主，多投入于非生产性用途领域，导致公共外债激增和偿债能力低下。1978~1986 年，公共外债占国民生产总值的比例从 17.1% 猛增至 50.5%，委内瑞拉成为拉美第三大债务国，国家债务风险明显上升。政府设立的工业化促进基金和农业投资基金被私营企业家用于房地产和金融投机活动，甚至直接存入外国银行，极少用于提升生产能力。私营银行利用监管漏洞向内部人大量放贷，然后宣布为坏账并向政府申请救助基金，在腐败官员的帮助下这些银行得到了巨额救助。20 世纪 80 年代的"特殊汇率制度"（RECADI）则成为腐败"黑洞"，这一制度形成了外汇价格的双轨制，不法企业向官员行贿，获得政府低价外汇后转手倒卖，从中获利超过 110 亿美元。[1]

总之，由于经济、政治精英集团占据了权力结构中的霸权地位，委内瑞拉的寻租、腐败活动失控，逐步演变为寻租腐败型社会，民主体制和市场机制遭遇双重失灵，维持政治共识和经济增长的能力趋于瓦解。从委内瑞拉案例中还可以得出一个重要的理论补充。寻租理论认为，企业家集团寻租的主要方式是院外集团的游说和行贿。但在委内瑞拉案例中，企业家集团的寻租方式更加多

---

[1]　James Petras, Morris Morley, "Petrodollars and the State: The Failure of State Capitalist Development in Venezuela," *Third World Quarterly*, Vol. 5, No. 1 (1983), pp. 7 – 27; Leslie Gates, "Venezuela: Corruption in a Petrostate," in Stephen Morris, Charles Blake, eds., *Corruption and Politics in Latin America* (London: Lynne Rienner Publishers, Inc., 2010), p. 163; Jonathan Di John, "Economic Liberalization, Political Instability and State Capacity in Venezuela," *International Political Review*, Vol. 26, No. 1 (2005), pp. 107 – 124; Fred Jongkind, "Venezuelan Industry under the New Conditions of the 1989 Economic Policy," *European Review of Latin American and Caribbean Studies*, No. 54 (1993), pp. 65–93.

样化，而且并非如此"平和"。资本抽逃海外、减少投资、减少市场供应等常用的"经济战"方式，辅之以舆论战和政变威胁，以向政府施压，这些手段的综合运用在重大寻租活动中非常有效。

自 20 世纪 80 年代中期之后，由于国际市场石油价格的长期低迷，委内瑞拉经济社会状况全面恶化，进入危机频发时期。国民经济增长乏力，伴随着石油价格的波动而剧烈起伏，在石油价格走低时，经济往往陷入负增长，整个 80 年代的平均增速仅为 1.1%。宏观经济动荡，年通胀率长期保持在 30% 以上，甚至达到 84%（1989 年）。财政赤字和公共外债飙升，国家处于债务危机边缘。① 失业人口和非正规就业人口快速增加，收入分配急剧恶化，贫困人口超过总人口的半数，极端贫困人口占到总人口的 1/3，贫民窟居民达到 830 万（1989 年），接近总人口的半数。②

危机从经济社会领域蔓延至政治领域。1988 年开始的新自由主义改革取消了对燃油和食品价格的补贴，这危及了城市贫民群体的生存。1989 年初，加拉加斯爆发大规模骚乱，政府使用武力镇压，造成数千人受伤和 350 多人死亡。1992 年，绝迹多年的军事政变再度爆发。委内瑞拉例外论破灭，政治稳定时代结束。两大传统政党的支持率急剧下滑，1993 年之后，民行党和基社党已经无力角逐大选，衰落为无足轻重的小党。至此，参与签署蓬托菲霍协议的政党已全部退出历史舞台，这也意味着蓬托菲霍体制的正式终结。

从权力结构角度对委内瑞拉蓬托菲霍体制的建立、成效与危机进行分析，可以得出新的结论。社会是在利益集团的斗争中运行的，是否落入发展陷阱也是由这种斗争的结果决定的。在 20 世纪初期的委内瑞拉，军政府依托石油收入和暴力维持了对一个农业社会的独裁统治。新兴经济、政治精英集团的出现及有组织劳工力量的壮大推动了传统权力结构的初步平等化，形成了对暴力的

---

① 从 1970 年至 1991 年，委内瑞拉政府开支增长 86 倍，公共债务增长 513 倍，见 Terry Lynn Carl, *The Paradox of Plenty: Oil Booms and Petro-States* (California: University of California Press, 1997), p.146。

② 收入最低的 40% 的人口占总收入的比例从 13%（1970 年）降至 8.4%（20 世纪 90 年代平均值），贫困家庭比例从 20%（1980 年）快速上升至 51%（1995 年），见 Jonathan Di John, *From Windfall to Curse: Oil and Industrialization in Venezuela, 1920 to the Present* (Pennsylvania: The Pennsylvania State University Press, 2009), pp. 20, 30。

有效制约，建立了蓬托菲霍体制。由经济精英集团、政治精英集团、军队和有组织劳工组成的四方联盟分享石油收入，造就了二十年的经济繁荣和政治稳定局面。但随着时间的推移，权力结构平等化趋势逆转。经济、政治精英集团的权力资源持续扩张，二者结成了寻租腐败联盟。劳工集团被纳入政治庇护主义网络，沦为二流伙伴，丧失了制约其他利益集团的能力。因此，到20世纪80年代中期，精英集团已占据霸权地位，委内瑞拉形成寻租腐败型社会，封闭性、排斥性日益增强，大多数社会成员被边缘化，经济效率低下，政治共识瓦解，体系逐步走向崩溃。

委内瑞拉蓬托菲霍体制的兴衰起伏并非例外，它其实是拉美、非洲及其他地区众多发展中国家经历的一个缩影。很多非洲国家仍处于"初级产品出口＋暴力"的高度不平等结构之中，拉美及其他地区的国家则往往处于权力结构初步平等化被反复逆转所带来的周期性震荡之中。虽然在具体表现上有些差异，但这些国家在本质上高度一致，都处于集中型权力结构所造成的发展陷阱之中。

与当下流行的资源诅咒、中等收入陷阱等理论不同，权力结构理论认为，发展陷阱不取决于资源禀赋、收入水平、制度与政策，恰恰相反，所有这些因素都要经过权力之网的"过滤"之后才能找到自己的位置。高度不平等的集中型权力结构构成了真正的发展陷阱。发展还是危机，取决于利益集团之间的权力博弈。由于精英集团所具有的权力资源优势，权力的集中化是一种自然趋势，不平等的权力结构是人类社会的常态，这也解释了为什么绝大多数国家仍处于发展陷阱之中。当精英集团占据霸权地位时，就会形成寻租腐败型社会，以公平竞争为宗旨的市场机制变成寻租泛滥的权贵资本主义，民主变成寡头统治的遮羞布，社会也会进入经济政治危机高发期，甚至会引发体系的崩溃。如果不能打破集中型权力结构、建立平等型权力结构，一个社会就会长期陷入发展陷阱而不能自拔。任何利益集团都不是天生的"恶棍"，它们只是在尽可能地追求自身利益的最大化，为此不惜损害他者和整体利益，甚至危及自身。

从权力结构角度对发展陷阱的探讨仍然是初步的，需要更多的实证研究来验证已有假说，并为进一步的理论建设提供支持。其中，以定性或定量方法对更多地区、国别发展经验展开研究，以及深入的跨国比较研究都是有价值的研究方向。

结　论

　　发展的主体是人。人不仅是理性人，而且是拥有不同权力资源、处于权力网络之中的"权力人"。由"权力人"组成的利益集团的互动在时空中展开，权力对比、权力斗争决定了人与物的关系（产权）、人与人的关系（统治），产生了特定的行为模式（文化）和行为规则（制度）。如何在互动中产生合作、竞争与包容，避免剥削、排斥与冲突，是至关重要的理论与现实问题。

　　既往理论对发展深层决定性因素的探讨已经超越了技术创新、制度、政府作用、文化等因素，深入利益集团权力博弈层面。在此基础上，本书提出了权力平等发展理论：在集中型权力结构中，国家会落入长期发展陷阱，即排斥型发展状态；当权力结构趋于极端不平等时，会引发经济社会危机、战争等巨变，权力精英受到削弱，民众突破集体行动障碍，进行大规模动员与组织，从而打破集中型权力结构并推动土地平等；土地平等可以开启经济与政治发展的良性循环，实现包容型发展；在动态中，权力集中机制会逐步抑制权力分散机制，推动权力再集中化和发展周期的终结。

　　本书还对理论假说进行了多维度的实证检验。首先，本书构建了以权力集中度指数和发展指数为核心的指标体系，搜集了全球 61 个国家的长期面板数据，使用斯皮尔曼秩相关方法和回归分析方法证明了权力集中程度、土地平等程度和发展绩效之间的强相关关系，并证明这种关系在全球范围的长期广泛存在。其次，通过对韩国、墨西哥、美国、委内瑞拉权力结构的演变分析，验证了两种发展机制以及权力结构的周期性变化机制，以点带面，为量化研究提供了佐证。

从这四个国家的兴衰沉浮可以看出，权力结构、权力博弈并不是抽象的学术概念，而是实实在在存在于每一个社会、影响着我们每一个人的生活的现实。天下熙熙，皆为利来；天下攘攘，皆为利往。究竟谁能得利、谁会失利，就取决于权力博弈。那些平民与精英能够相互制衡的国家往往能够实现发展，而那些平民受制于精英的国家往往会困于发展陷阱之中难以自拔。权力博弈每天都在我们身边发生，权力结构也在时时刻刻发生变化，由量变到质变的那一刻，便是一个国家命运的转折点。

由于部分数据缺失，中国并没出现在量化研究中，但中国的发展经历充分证明了权力平等与发展的关系。此前对中国改革开放以来的迅速发展的解读主要包括市场化改革理论、地方政府竞争理论、中性政府理论和新结构经济学等，但这些理论往往经不起其他国家发展经验的检验，也不能对改革开放前后两个阶段做出一贯的解释。[①] 权力平等发展理论认为，中国共产党领导的革命与土地改革是中国迅速发展的根本动因：新民主主义革命彻底打破了传统的集中型权力结构，消灭了地主阶级，实现了耕者有其田，并以此为基础建立了平等型权力结构；新中国成立早期的人民公社制度没有完全落实土地平等，压抑了发展潜力；1978 年开始的农村改革真正实现了土地平等，由此引发了中国农业经济的爆发式增长和乡镇企业的异军突起，为中国发展提供了全新路径和初始动力。正因如此，中国的市场化改革才与俄罗斯、拉美国家及非洲国家出现了明显的绩效差异，中国地方政府才拥有了开展"锦标赛"的资源，中国经济才逐步培养了国际竞争力。从权力结构、土地平等的角度出发，可以对中国改革开放以来的迅速发展做出全新的、合理的解释。

权力平等发展理论对多种发展类型都具有解释能力。作为一种基础理论，它不仅可以判断具体国家所处的发展阶段、演变方向并制定相应的战略，而且可以据此对国际战略格局、国家间关系的走向做出预估。对美国、俄罗斯、日

---

① 对这些理论的论述参见张维迎《市场的逻辑》，上海人民出版社 2010 年版；周黎安《晋升博弈中政府官员的激励与合作》，《经济研究》2004 年第 6 期，第 33~40 页；贺大兴、姚洋《社会平等、中性政府与中国经济增长》，《经济研究》2011 年第 1 期，第 4~17 页；林毅夫《新结构经济学——重构发展经济学的框架》，《经济学》（季刊）2010 年第 1 期，第 1~32 页。

本、印度等重要国家国内权力结构、发展态势的研判对于评估国际战略大环境以及中国处理与相关国家的双边关系都具有重要参考价值。对亚非拉发展中国家权力结构、发展走向的分析则有利于促进共同发展的伙伴关系，对中国推进"一带一路"倡议、全球发展伙伴关系及人类命运共同体建设也具有重要意义。

主要参考文献

一 中文文献：

阿马蒂亚·森：《以自由看待发展》，任赜、于真译，中国人民大学出版社 2002 年版。

阿马蒂亚·森：《论经济不平等》，王利文、于占杰译，中国人民大学出版社 2015 年版。

阿齐兹·拉纳：《美国自由的两面性》，王传兴、赵丽娟译，上海人民出版社 2021 年版。

安德烈·冈德·弗兰克：《依附性积累与不发达》，高铦、高戈译，译林出版社 1999 年版。

彼得·什托姆普卡：《社会变迁的社会学》，林聚任等译，北京大学出版社 2011 年版。

伯尼·桑德斯：《我们的革命：西方的体制困境和美国的社会危机》，钟舒婷、周紫君译，江苏凤凰文艺出版社 2018 年版。

盖尔·约翰逊：《经济发展中的农业、农村、农民问题》，林毅夫、赵耀辉编译，商务印书馆 2004 年版。

贡德·弗兰克：《白银资本：重视经济全球化中的东方》，刘北成译，中央编译出版社 2013 年版。

赫拉尔多·L. 芒克、理查德·斯奈德编著《激情、技艺与方法：比较政治访谈录》，汪为华译，当代世界出版社 2022 年版。

黄宗智：《长江三角洲小农家庭与乡村发展》，中华书局 2000 年版。

杰拉尔德·M. 梅尔、詹姆斯·E. 劳赫主编《经济发展的前沿问题》（第 7 版），黄仁伟等译，上海人民出版社 2004 年版。

卡尔·波兰尼：《巨变：当代政治与经济的起源》，黄树民译，社会科学文献出版社 2017 年版。

《马克思恩格斯选集》（第四卷），中共中央马克思恩格斯列宁斯大林著作编译局编译，人民出版社 2012 年版。

拉尔夫·A. 奥斯丁：《非洲经济史：内部发展与外部依赖》，赵亮宇、檀森译，上海社会科学院出版社 2019 年版。

兰斯·E. 戴维斯、道格拉斯·C. 诺思：《制度变迁与美国经济增长》，张志华译，格致出版社、上海人民出版社 2019 年版。

林毅夫：《自生能力、经济发展与转型：理论与实证》，北京大学出版社 2004 年版。

罗伯特·A. 达尔：《民主及其批评者》，曹海军等译，中国人民大学出版社 2016 年版。

罗伯特·达尔：《谁统治?：一个美国城市的民主和权力》，范春辉、张宇译，江苏人民出版社 2019 年版。

马克斯·韦伯：《新教伦理与资本主义精神》，于晓等译，生活·读书·新知三联书店 1987 年版。

曼瑟·奥尔森：《集体行动的逻辑》，陈郁、郭宇峰、李崇新译，格致出版社、上海三联书店、上海人民出版社 2014 年版。

热拉尔·迪梅尼尔、多米尼克·莱维：《新自由主义的危机》，魏怡译，商务印书馆 2015 年版。

斯坦利·L. 恩格尔曼、罗伯特·E. 高尔曼主编《剑桥美国经济史：殖民地时期》（第一卷），巫云仙等译，中国人民大学出版社 2018 年版。

斯坦利·L. 恩格尔曼、罗伯特·E. 高尔曼主编《剑桥美国经济史：漫长的 19 世纪》（第二卷），王珏等译，中国人民大学出版社 2008 年版。

速水佑次郎、弗农·拉坦：《农业发展：国际前景》，吴伟东等译，商务印书馆 2014 年版。

威廉·鲍莫尔、罗伯特·利坦、卡尔·施拉姆：《好的资本主义，坏的资本主义：增长与繁荣的经济学》，刘卫、张春霖译，中信出版社 2016 年版。

吴敬琏：《吴敬琏改革论集》，中国发展出版社 2008 年版。

西奥多·舒尔茨：《经济增长与农业》，郭熙保译，中国人民大学出版社 2015 年版。

西蒙·库兹涅茨：《各国的经济增长：总产值和生产结构》，常勋等译，商务印书馆 1999 年版。

小瓦尔迪默·奥兰多·基：《政治、政党与压力集团》，周艳辉、陈家刚译，浙江人民出版社 2021 年版。

亚当·普沃斯基：《民主与市场：东欧与拉丁美洲的政治经济改革》，包雅钧等译，北京大学出版社 2005 年版。

约瑟夫·斯蒂格利茨、沙希德·尤素福：《东亚奇迹的反思》，王玉清等译，中国人民大学出版社 2013 年版。

约瑟夫·E. 熊彼特：《经济发展理论》，王永胜译，立信会计出版社 2017 年版。

詹姆斯·C. 斯科特：《农民的道义经济学：东南亚的反叛与生存》，程立显等译，译林出版社 2013 年版。

张夏成：《韩国式资本主义：从经济民主化到经济正义》，邢丽菊、许萌译，中信出版社 2018 年版。

张宇燕、高程：《美洲金银和西方世界的兴起》，中信出版社 2016 年版。

张宇燕：《经济发展与制度选择：对制度的经济分析》，中国人民大学出版社 2017 年版。

赵梅主编《美国公民社会的治理：美国非营利组织研究》，中国社会科学出版社 2016 年版。

二 英文、西班牙文文献

Amsden, Alice H., *Asia's Next Giant: South Korea and Late Industrialization* (New York: Oxford University Press, 1989).

Amsden, Alice H., "Diffusion of Development: The Late-Industrializing Model and Greater East Asia," *The American Economic Review*, Vol. 81, No. 2 (1991), pp. 282-286.

Bates, Robert H., "The Economics of Transitions to Democracy," *Political Science and Politics*, Vol. 24, No. 1 (1991), pp. 24-27.

Bates, Robert H., John H. Coatsworth and Jeffrey G. Williamson, "Lost Decades: Postindependence Performance in Latin America and Africa," *The Journal of Economic History*, Vol. 67, No. 4 (2007), pp. 917-943.

Boudon, Raymond, "Why Theories of Social Change Fail: Some Methodological Thoughts," *The Public Opinion Quarterly*, Vol. 47, No. 2 (1983), pp. 143-160.

Canon, Barry, *The Right in Latin America: Elite Power, Hegemony and the Struggle for the State* (New York and London: Routledge, 2016).

Cardoso, Fernando Henrique y Enzo Faletto, *Dependencia y Desarrollo en América Latina: Ensayo de Interpretación Sociológica* (Buenos Aires: Siglo Veintiuno Editores, 2011).

Cardoso, Fernando Henrique, "Empresarios Industriales y Desarrollo Nacional en Brasil," *Desarrollo Económico*, Vol. 8, No. 29 (1968), pp. 31-60.

Cardoso, Fernando Henrique, "Industrialization, Dependency and Power in Latin America," *Berkeley Journal of Sociology*, Vol. 17 (1972-73), pp. 79-95.

Cardoso, Fernando Henrique, "Political Regime and Social Change: Some Reflections Concerning the Brazil Case," *Boletín de Estudios Latinoamericanos y del Caribe*, No. 30 (1981), pp. 3-20.

Chalmers, Douglas A., Maria do Carmo Campello de Souza and Atilio A. Boron eds., *The Right and Democracy in Latin America* (New York: Praeger, 1992).

Collier, Ruth Berins and David Collier, *Shaping the Political Arena: Critical Junctures, the Labor Movement, and Regime Dynamics in Latin America* (Norte Dame: University of Norte Dame University, 2002).

Domhoff, G. William, *The Power Elite and the State: How Policy Is Made in America* (New York: Aldine De Gruyter, 1990).

Evans, Peter, *Embedded Autonomy: States and Industrial Transformation* (Princeton: Princeton University Press, 1995).

Gereffi, Gary, "Rethinking Development Theory: Insights from East Asia and Latin America," *Sociological Forum*, Vol. 4, No. 4 (1989), pp. 505–533.

Giddens, Anthony, "Power in the Recent Writings of Talcott Parsons," Vol. 2, No. 3 (1968), pp. 257–272.

Huber, Evelyne, Dietrich Rueschemeyer and John D. Stephens, "The Paradoxes of Contemporary Democracy: Formal, Participatory, and Social Dimensions," *Comparative Politics*, Vol. 29, No. 3 (1997), pp. 323–342.

Huntington, Samuel P., "How Countries Democratize," *Political Science Quarterly*, Vol. 106, No. 4 (1991–1992), pp. 579–616.

Linz, Juan J., "Patterns of Land Tenure, Division of Labor, and Voting Behavior in Europe," *Comparative Politics*, Vol. 8, No. 3 (1976), pp. 365–430.

Munck, Gerardo L., "The Past and Present of Comparative Politics," Working Paper #330–October 2006.

O'Donnell, Guillermo, "Reflections on Contemporary South American Democracies," *Journal of Latin American Studies*, Vol. 33, No. 3 (2001), pp. 599–609.

O'Donnell, Guillermo and Leandro Wolfson, "Acerca del Estado, la Democratización y Algunos Problemas Conceptuales: Una Perspectiva Latinaoamericana con Referencias a Paises Poscomunistas," *Desarrollo Económico*, Vol. 33, No. 130 (1993), pp. 163–184.

O'Donnell, Guillermo and Philippe C. Schmitter, *Transitions from Authoritarian Rule: Tentative Conclusions about Uncertain Democracies* (Baltimore and London: The Johns Hopkins University Press, 1986).

Pomeranz, Kenneth, *The Great Divergence: China, Europe and the Making of the Modern World Economy* (Princeton: Princeton University Press, 2000).

Rueschemeyer, Dietrich and James Mahoney, "A Neo-Utilitarian Theory of Class," *American Journal of Sociology*, Vol. 105, No. 6 (2000), pp. 1583–1591.

Schneider, Ben Ross, *Business Politics and the State in Twentieth-Century*

Latin America（Cambridge：Cambridge University Press，2004）.

Skocpol, Theda, "Social Revolutions and Mass Military Mobilization," *World Politics*, Vol. 40, No. 2（1988）, pp. 147-168.

Skocpol, Theda, Kenneth Finegold and Michael Goldfield, "Explaining New Deal Labor Policy," *The American Political Science Review*, Vol. 84, No. 4（1990）.

Stepan, Alfred, "Political Development Theory：The Latin American Experience," *Journal of International Affairs*, Vol. 20, No. 2（1966）, pp. 223-234.

Stepan, Alfred and Cindy Skach, "Constitutional Frameworks and Democratic Consolidation：Parliamentarianism versus Presidentialism," *World Politics*, Vol. 46, No. 1（1993）, pp. 1-22.

Thelen, Kathleen, "Historical Institutionalism in Comparative Politics," *Annual Review of Political Science*, Vol. 12（1999）, pp. 369-404.

Wade, Robert, "What Can Economics Learn from East Asian Success," *The Annals of the American Academy of Political and Social Science*, Vol. 505（1989）, pp. 68-79.

Yeo, Andrew, "Signaling Democracy：Patron-Client Relations and Democratization in South Korea and Poland," *Journal of East Asian Studies*, Vol. 6, No. 2（2006）, pp. 259-287.

后　记

　　完成这部书稿时，感觉就像重写了一篇博士毕业论文，其中的艰辛一言难尽。回首 6 年前，我告别外交一线，进入中国社会科学院拉丁美洲研究所，正式开始新发展理论建构工作。选择这个主题，对我来说意味着巨大的困难和风险。人到中年，不要说升官发财，连高级职称都还没评上，跟同龄人相比已经大大落后了。不去踏踏实实地"小步快跑"、多积攒几篇小文章去评职称，反而要去挑战一众名满天下的国际学术权威，试图在基础理论领域做出创新，其难度可想而知。拿出所剩无几的宝贵时间去做一件大概率要失败的事情，这已然不是理性的"投资"，而是一场豪赌。一旦失败，可能连翻身的机会都不会有了。可是情怀使然，初心使然，知其不可为而为之，这也算是对生命价值的另一种理解吧。

　　幸运的是，在这条遍布荆棘的道路上跋涉时，我得到了众多师友真诚的支持和帮助，让我有机会在学术创新之路上迈出了第一步。要感谢的人很多，其中，中国社会科学院拉丁美洲研究所前所长吴白乙老师、前党委书记王立峰老师、现任所长柴瑜老师、党委书记王荣军老师、副所长袁东振老师、副所长高程老师等堪称我的学术"保护伞"，他们倾力搭建了拉美所充满活力的学术平台，并为我的研究提供了重要启迪和帮助。我多次被他们的睿智、无私和真诚所打动，对他们雪中送炭式的帮助充满感激之情！

　　构建新发展理论需要大型量化实证研究的检验和支持，这种海量信息的处理不是单打独斗能够完成的。拉美所助理研究员李昊旻老师是我的首要合作者，她在数据搜集及分析、案例撰写、团队协调方面发挥了不可或缺的作用，更可贵的是，她的尖锐提问和大胆质疑迫使我的理论逻辑变得更加简洁清晰，使书中很多地方的表达方式也更为合理。因此，这里要对李昊旻老师表示衷心感谢！团队中的数据处理专家也为我们的量化研究提供了有力的技术支撑。高效的团队产生了高质量的作品，我们的早期成果已经以论文形式在顶级学术期刊上发表，为专著写作打下了坚实的基础。

本书的写作过程历时 5 年，其间产生了一系列阶段性成果并在多家享有盛誉的学术期刊上发表。在此谨向《世界经济与政治》编辑部前主任徐进老师、主任杨原老师、编辑郭枭老师高水平的审校工作表示衷心感谢！徐进老师对学术研究规律的深刻理解显著提升了我们论文的规范性和完整性。此外，《世界经济与政治》匿名评审专家给我们的论文提出了富有建设性的意见和建议，对提升论文质量颇有裨益，在此向这位不知名的"幕后英雄"致敬！秉持"兼容并包"的北大精神，《国际政治研究》编辑部主任庄俊举老师推动我的论文向多学科融合的方向探索，体现了他深厚的学术素养和高度的责任担当。《现代国际关系》副主编黄昭宇老师强调"学术要深入浅出、贴近现实"，对我的启发很大。通观这些高水平的编辑工作者，他们的共同特点是以"不近人情的严苛"和"建设性的指导"创造了办刊者与作者之间的良性互动，促进了期刊与作者的共同进步，在此要向他们的工作艺术表示诚挚的敬意！

本书能够顺利出版，要特别感谢社会科学文献出版社副总编辑刘维广老师，国别区域出版分社社长张晓莉老师、总编辑高明秀老师的大力支持，他们积极认真的工作态度和高效严谨的编审工作为本书的出版提供了最重要的保障！

高波

2023 年 2 月 8 日

图书在版编目（CIP）数据

权力结构与国家发展：国家兴衰的政治经济学／高波著．--北京：社会科学文献出版社，2023.5

（中国社会科学院文库．国际问题研究系列）

ISBN 978-7-5228-1831-3

Ⅰ.①权… Ⅱ.①高… Ⅲ.①政治经济学-研究
Ⅳ.①F0

中国国家版本馆 CIP 数据核字（2023）第 088897 号

中国社会科学院文库·国际问题研究系列

权力结构与国家发展：国家兴衰的政治经济学

著　者／高　波

出 版 人／王利民
责任编辑／高明秀
文稿编辑／田正帅　陈　冲
责任印制／王京美

出　　版／社会科学文献出版社·国别区域分社（010）59367078
　　　　　地址：北京市北三环中路甲 29 号院华龙大厦　邮编：100029
　　　　　网址：www.ssap.com.cn
发　　行／社会科学文献出版社（010）59367028
印　　装／三河市龙林印务有限公司

规　　格／开　本：787mm×1092mm　1/16
　　　　　印　张：12.5　字　数：195 千字
版　　次／2023 年 5 月第 1 版　2023 年 5 月第 1 次印刷
书　　号／ISBN 978-7-5228-1831-3
定　　价／99.00 元

读者服务电话：4008918866